Franz Prinz zu Sayn-
Wittgenstein

Fahrten ins Elsaß

Franz Prinz zu Sayn-Wittgenstein

Fahrten
ins
Elsaß

PRESTEL VERLAG MÜNCHEN

© Prestel-Verlag München 1967
Fünfte Auflage 1976
Passavia Druckerei AG Passau
ISBN 3 7913 0273 6

Für Gabriele

INHALT

9–29
EINLEITUNG

Widmung und Auftakt 9 – Notizen zur Geschichte des Elsaß 12
Die Landschaften des Elsaß 24

31–78
DAS OBERELSASS

Präludium Ottmarsheim 32 – Rudolf von Habsburg 35 – Der
Sundgau 39 – Mömpelgard – Montbéliard 45 – Abstecher nach
Ronchamp 50 – Thann 56 – Gebweiler 61 – Murbach 64 – ›Grand
Ballon‹ oder Sulzer Belchen 76

79–101
EXKURS ZWISCHEN DEUTSCHLAND
UND FRANKREICH

Ausflug ins Markgräflerland 80 – Breisgau aus der Vogelschau 88
Das rosa Schloß 89 – Im Kaiserstuhl 93 – Breisach 97

103–136
COLMAR

Colmar 104 – Das Dominikanerinnenkloster Unterlinden 113
Mathis der Maler 118 – Colmarer Einzelheiten 134

137–203
DIE WEINSTRASSE

Über den Wein im Elsaß 138 – Zwischen Gebweiler und Colmar 143 – Durch das Fechttal 145 – Reichenweier 150 – Rappoltsweiler 165 – Die Hohekönigsburg 168 – Schlettstadt 171 – Ebersmünster 174 – Andlau 177 – Stotzheim 180 – Burgruine Andlau 186 – Oberehnheim 188 – Rosheim 190 – Josel von Rosheim 193 Der Heilige Berg 198

205–264
STRASSBURG–STRASBOURG

Aus Straßburgs Geschichte 206 – Das Münster Unser Lieben Frau 218 – Rundgang durch die Stadt 228 – Die Bürgerhäuser 229 – Straßburger Fayence 235 – Fortsetzung des Stadtrundganges 239 – Das Elsaß bei Tisch 255

265–339
DAS UNTERELSASS

Das Breuschtal 266 – Oberlin und das Steintal 270 – Maursmünster 278 – Zabern 280 – Der Kardinal und das Halsband 287 Der Herzog von Enghien 293 – Über die Zaberner Steige 298 Das Hanauer Land 315 – Buchsweiler 319 – Bärbel von Ottenheim 321 – Burgen in den Vogesen 325 – Hagenau und Weißenburg 333

341–352
ANHANG

Benützte und zitierte Literatur 342 – Namen- und Ortsregister 344 – Verzeichnis der einfarbigen Tafeln 350 – Dank

WIDMUNG UND AUFTAKT

Es gibt Landschaften und Städte, deren Namen ein eigentümliches Behagen wecken. So ging es mir als Kind zum Beispiel mit Traunstein – das klang wie Traum, Raunen, nach etwas ganz und gar Märchenhaftem, oder mit Straßburg – da gab es einst Borkenschokolade, verpackt in appetitlichen Holzkästchen und geschmückt mit dem farbigen Bild des Münsters, oder mit dem Kaiserstuhl – dort stellte ich mir einen bärtigen Kaiser im vollen Ornat vor, der auf seinem Thron von der Höhe des Berges weit über das Land schaut. Als ich dann die Orte kennenlernte, sahen sie ganz anders aus, aber das Behagen an den Namen ist geblieben.

Diese Reise soll uns in Gebiete führen, die genug solch wundersamer Namen tragen, die reich an Geschichte, Sagen und landschaftlichen Schönheiten sind, so daß man gerne wissen möchte: was haben diese Städte, Klöster, Schlösser und die Menschen, die dies schufen, einst erlebt. Reisen wir also mit Ruhe, dann wird sich die Fülle der Eindrücke zu Bildern von unverlierbarer Einprägsamkeit ordnen, gerahmt von den Türmen der großartigen Münsterkirchen.

Es war während der wenigen heißen Tage eines verregneten Sommers, als wir zum erstenmal ins Elsaß fuhren, um die Lektüre des großen Bilderbuchs zu beginnen, dessen linke Seite, das Elsaß, mit der rechten, Baden, durch den Rhein wie durch einen Falz verbunden ist.

Unsere Erinnerungsbilder werden heute weitgehend vom Auge der Kamera bestimmt, aber wer hat nicht die

Erfahrung gemacht, daß er sich plötzlich der einst mit eigenen Augen gesehenen Bilder so deutlich erinnert, als sei es gestern gewesen, daß er den Wind zu spüren vermeint, der über das Land läuft, Wald- und Wasserdüfte schmeckt und Farben sieht? Für solche Erinnerungen haben die Menschen Zeichen gesetzt: Totenmale, Standbilder, Kirchen, Klöster, Burgen. Wie Erzählungen aus fernen Jahrhunderten stehen diese Zeichen im Land, wie Lettern, aus denen wir die Geschichte der Völker ablesen können.

In dem Land, das wir durchreisen wollen, finden wir an solchen Zeichen alles, was zu Europas Geschichte und Gegenwart gehört: ein großes, ergreifendes Ineinanderwirken von Natur und menschlichem Werk und eine wichtige politische Aufgabe für die Zukunft. »Wo sich heute noch der laute und wirre Wettstreit der Eitelkeiten tummelt«, sagte René Schickele schon 1928 in einer Rede, »kann morgen der Garten der deutsch-französischen Freundschaft im Licht stehen. Das kann nur hier sein, wenn das Motiv der Freundschaft ehrlich gemeint sein soll«.

Dieses Ziel, von dem Schickele träumte, glauben wir heute fast schon erreicht zu haben. Jedenfalls war das unser Gefühl, als wir in den letzten Jahren das Elsaß bereisten. Wir entdeckten dies Land auf unseren Fahrten kreuz und quer nicht nur als eines der schönsten Länder unserer europäischen Heimat, sondern auch als einen herrlichen Garten zwischen Rhein und Vogesen einerseits, zu dem das badische Gebiet zwischen Schwarzwald und Rhein andererseits wie ein Zwillingsbruder gehört. Im Elsaß reist man in Frankreich – und wird doch auf Schritt und Tritt an Deutsches erinnert; und rechts des Rheins trifft man oft auf Dinge, die einem gleichsam einen Vorgeschmack auf Frankreich geben. Es ist wie ein Weiterwandern auf denselben Straßen, in derselben Landschaft.

Genauso ist es auch mit den Sitten der Bevölkerung – mit der Gastfreundschaft vor allem. Unsere erste Fahrt galt Reichenweier – Riquewihr –, wo wir übernachten wollten. Nirgends aber gab es ein Zimmer: Der Wirt des ›Cerf‹ telephonierte daraufhin sofort mit seiner Tante in Ostheim, die uns dort im ›Hôtel de la Gare‹ aufzunehmen versprach. Trotz einer unruhigen Nacht – die Züge donnerten mit infernalischem Pfeifen vorüber – hatte die freundliche Wirtin den ›Chèque sourire‹, den man uns an der Grenze zum Verteilen an freundliche Gastgeber überreicht hatte, ehrlich verdient, so herzlich war die Aufnahme, so vortrefflich der Kaffee zum Frühstück, so gut das hausgemachte Gelee und die knusprigen Semmeln. Das war der Anfang unserer Elsaßfahrten. Als wir uns in allen Zungen des Landes verabschiedeten, fiel mir ein alter Elsässer Vers ein, den ich – in leichter Abwandlung – als eine Art Motto diesem Buch vorausschicken möchte:

> *Voulez-vous spaziere gehn*
> *im pays d'Alsace?*
> *Oui Monsieur, das kann wohl être,*
> *wenn als des Vergnügens maître*
> *du mich führst de place en place*
> *dans le beau pays d'Alsace.*

NOTIZEN ZUR GESCHICHTE
DES ELSASS

Ein Volk entwickelt seine nationalen Eigenschaften im Zusammenleben oder im Streit mit anderen Völkern. In unaufhörlicher Wechselwirkung des Ganzen auf den Einzelnen, des Einzelnen auf das Ganze bildet sich das Leben einer Nation und die Geschichte eines Landes. Als erstes geschichtlich bestimmbares Volk erschienen am Oberrhein im ersten Jahrtausend v. Chr. die Kelten und siedelten an seinen Ufern. Sie legten mächtige Fluchtburgen an, drangen in die Schweiz vor und durch die ›Burgundische Pforte‹ nach Frankreich, von wo sie nach England übersetzten. Ihre Wanderungen sind im 4. Jahrhundert v. Chr. zum Stillstand gekommen, und nun erscheinen die germanischen Völker auf der historischen Bühne. Pytheas, ein Kaufmann aus Marseilles, gab den ersten griechischen Bericht über germanische Völkerschaften nach Rom. Er nennt sie Teutonen und bezeichnet sie als Bernsteinhändler. Seinem Reisebericht wurde aber nicht recht geglaubt, und niemand ahnte, daß jene sagenhaften Völker ganz Italien und Spanien in Angst und Schrecken versetzen würden.

Gustav Freytag berichtet, der erste, zufällig erhaltene Ausspruch eines Deutschen aus dem heutigen Mecklenburg sei 109 v. Chr. in Rom getan worden. Und zwar habe dieser, als man ihm das Bildnis eines alten italischen Hirten zeigte und fragte, was er davon halte, geantwortet: »Einen solchen Menschen möchte ich nicht geschenkt haben, selbst wenn er lebendig wäre.« Nun aber begann die Wanderung der Germanen und damit beginnt eine turbulente Zeit in der Geschichte Europas. Zimbern und Teutonen überschritten zuerst den Rhein, zogen durch das Rhônetal und schlugen die römischen Heere. Das Reich wurde von Entsetzen über den ›Furor teutonicus‹ geschüttelt, bis Marius sie in blutigen Schlachten vernichtete, die Zimbern 101 bei Vercellae, die Teutonen 102 bei Aquae Sextiae.

Es folgten zu Beginn des 1. vorchristlichen Jahrhunderts die Sueben im Rheinland. Wir hörten schon in der Schule von den Feldzügen des suebischen Heerkönigs Ariovist, den Cäsar im Jahre 58 zwischen Thann und Altkirch im Elsaß besiegte. Cäsar trat damals als Schutzherr der Kelten auf. Zum ersten Mal erscheint der Rhein als politische Grenze des römischen Galliens in Cäsars Bericht. Die Gebiete zu beiden Seiten des Stroms machten nun eine verschiedenartige Entwicklung durch. Das linksrheinische Ufer war durch seine Zugehörigkeit zur Provinz Gallien stark von der mittelmeerischen Kultur beeinflußt, während das rechte Ufer zunächst in der Hauptsache als militärisches Glacis diente, bis das Vordringen Roms auch die rechtsrheinischen Gebiete in seine Gewalt brachte. Die friedliche Kolonisation, die ›Pax Romana‹, begann und hielt lange an. Zur Zeit des Tacitus, dessen ›Germania‹ die wichtigste Quelle über germanische Stämme und ihre Lebensformen ist, lag die Ostgrenze des römischen Reichs am Rhein, die Nordgrenze an der Donau.

Seit dem ersten germanischen Vorstoß nach Westen, der mit dem Sieg Roms endete, saßen nun die germanischen Stämme jenseits des Limes, dieses imposanten Grenzwalls, der in einer Länge von 548 Kilometern verlief. Er begann unterhalb von Rheinbrohl, führte dann über Ems zum Taunus, folgte ein Stück dem Main, bog dann südwärts bis nach Lorch in Württemberg ab, um sich von da durch das Remstal, über Aalen, durchs Altmühltal zur Donau hinzuziehen. Mit über 1000 Wachttürmen besetzt und geschützt durch Kastelle, wie zum Beispiel die Saalburg im Taunus, war er eines der großartigsten Festungswerke der Geschichte.

Die Alemannen durchstießen diesen Grenzwall 233 nach Christus. Sie konnten noch einmal zurückgeworfen werden, kamen aber um 260 wieder und besetzten diesmal das Land zwischen Donau und Rhein, das sogenannte ›Dekumatland‹, das die Römer später ›Alemannia‹ nannten. Dieses ›Dekumatland‹, – die Bedeutung des Namens ist noch nicht geklärt –, erstreckte sich von der Wetterau nördlich von Frankfurt bis zum Bodensee und vom Rhein bis zur Iller. Damals, um 300 nach Christus, drangen Alemannen über den Rhein in die Schweiz und das Elsaß vor, das sie ›Alisaz‹ nannten, was vermutlich »Land der anderen« bedeutet. Damit waren vermutlich »die über dem Rhein Wohnenden« gemeint, denn die Alemannen saßen auch rechts des Rheins – in Baden, in Württemberg, in der Nordschweiz und drängten weiter nach Westen vor.

Noch einmal wurde das römische Imperium der germanischen Invasion Herr, als der Flavier Julian Apostata die Alemannen unter ihrem König Chnodomar 357 in der großen Schlacht bei Straßburg schlug. Als Julian, dem von seinem kaiserlichen Vetter Constantius II. die Cäsarenwürde im westlichen Teil des Reiches verliehen worden war, in Gallien eintraf, stieß er auf endlose Flüchtlingskolonnen, auf zurückgehende, schlechtausgerüstete Truppen, auf brachliegendes Ackerland und verwüstete Dörfer. Es gelang ihm, mit den Franken ein Abkommen zu treffen, das ihm Köln zurückgab, dann wandte er sich gegen die Alemannen, die sich, wie erwähnt, beiderseits des Rheins festgesetzt hatten. Amianus Marcellinus, Tribun im römischen Heer, hat die Schlacht von Straßburg geschildert:

Vor dem Alemannenheer ziehen die Könige, der gewaltige Chnodomar am linken Flügel, wo er den größten Schlachtendrang erhofft, das Haar mit feuerfarbenem Band umhüllt, im Glanz der Waffen erstrahlend, ein hünenhafter Mann; er reitet – der Riesenstärke seiner Arme vertrauend – seinem Volk auf schäumendem Roß voran; seine Hand schwingt einen Wurfspieß von ungeheurer Länge. Den rechten Flügel führt sein Brudersohn Agenarich ... Wild klingen die Tuben: langsam rückt das Fußvolk des linken Römertreffens vor; aber der Führer dieser Truppe hält unweit der Gräben an, in denen andere Germanen sich versteckt halten, und er bleibt stehen, besorgt um einen Hinterhalt. Noch einmal reiten die Ordner der Schlacht in beiden Heeren die Scharen entlang und mahnen zu tapferem Kampf ...

Gegen Abend war die Schlacht zugunsten der Römer entschieden.

Da stürzten die Germanen zurück zu dem schlüpfrigen Ufer des Rheinstroms, die Rettung in der Flut zu suchen. Am Ufer stehen die Römer und schauen wie im Amphitheater auf den Kampf der Männer im Wasser, wie den einen die Rüstung auf den Grund zieht, wie der schwache den starken Schwimmer hinabzerrt. Jauchzend schleudern die Römer ihre Geschosse auf die Schwimmenden; nur die stärksten ringen sich, auf ihren Schilden treibend, zum anderen Ufer hinüber. König Chnodomar wird in einem Gehölz gestellt; er tritt heraus und ergibt sich. Nach ihm bieten noch zweihundert seiner Fürsten und Gefolgsleute, denen es Schmach war, den Sturz des Königs zu überleben, ihre Hände den Fesseln dar.

Es war der letzte große Sieg des römischen Reichs, und Julian stieß, ehe er die Kaiserwürde (361) errang, immer wieder in germanisches Gebiet vor, um die römische Macht zu sichern. Aber die Germanen betrachteten das römische Land nicht mehr als Beute, die man aufgeben kann, sondern schon als Heimat, die man nicht verlieren will, oder, wie der Chronist Sebastian Münster es ausdrückt: »Schwaben, Bayern, Savoyer, Burgunder und Lothringer wollen, wenn sie einmal in diesem Land gewesen sind, es nicht mehr verlassen und hier ihre Heimat haben.« Sie wußten zudem, wie schwach das römische

Reich inzwischen geworden war. Nach und nach fielen die römischen Provinzen diesseits der Alpen in die Hand der unaufhaltsam vordringenden germanischen Stämme, wo nun auch Bayern, Franken, Burgunder und andere Stämme ihre Reiche gründeten. Der Rhein jedenfalls bildete keine Völkergrenze mehr, doch kämpfte man um ihn als das wichtigste und verkehrsmäßig am meisten entwickelte Stromgebiet Westeuropas.

Eine bedeutende Rolle bei der Konsolidierung der germanischen Länder spielte die Kirche, denn die Begegnung mit dem Christentum brachte für die neuen Völker die allmähliche Abkehr von den alten Göttern. Daß die Kirche Galliens den Zusammenbruch des römischen Reichs überlebte, ist für die Ausbreitung des Christentums und der römischen Zivilisation unter den Germanen entscheidend geworden. Die kirchliche Organisation war so fest gegründet, daß sie in diesen ersten Jahrhunderten nie aufgehört hat zu funktionieren, und zudem war sie die einzige Institution, welche antike Bildung in den rheinischen und süddeutschen Missionsgebieten zu vermitteln vermochte. Auch am Oberrhein hatte es schon in den römischen Garnisonen christliche Gemeinden gegeben, die von den das Land überschwemmenden Germanen zunächst zerstreut wurden. Erst die Niederlagen der alemannischen Heere bei Straßburg erschütterten den alten Götterglauben, und als der Frankenkönig Chlodwig sich Ende des 5. Jahrhunderts taufen ließ, folgten nach und nach auch die anderen germanischen Stämme seinem Beispiel. Doch noch im 7. Jahrhundert stießen iro-schottische Missionare im alemannischen Raum auf hartnäckigen Widerstand. Erst als der Ire Columban 610 in den burgundischen Vogesen das Kloster Luxeuil gründete, wurde von dort aus der Oberrhein dem Christentum gewonnen, doch berichtet die ›Vita‹ Columbans, daß er auf seinem Weg zum Bodensee bei den Alemannen am Zürichsee noch immer Getaufte und Ungetaufte bei einem Bieropfer an Wotan antraf. Diese Reste räumten seine Nachfolger aus, die Heiligen Fridolin und Trudpert vor allem. Im 8. Jahrhundert wurde der hl. Pirmin zum Missionar des Alemannen-Landes. Er gründete das Kloster Reichenau, doch auch Maursmünster, Murbach und Neuweiler im Elsaß, Gengenbach und Schwarzach, das später in die badische Ortenau verlegt wurde.

Hand in Hand mit der Christianisierung vollzogen sich die politischen Veränderungen. König Chlodwig hatte das Elsaß seinem Reich als Grenzmark einverleibt und unter merowingischer Herrschaft vollzog sich die Synthese germanischen Volkstums mit römischer Kultur und Zivilisation. Das Land wird als Teil seines Reiches in Gaue eingeteilt, woran noch heute Namen wie ›Sundgau‹ erinnern. In der Mitte des 6. Jahrhunderts besteht bereits ein selbständiges Herzogtum Elsaß, das unter Herzog Eticho I. mit dem Rhein als Grenze sich gegen Alemannien absetzt. Bei Fredegar, dem angeblichen Verfasser einer fränkischen Geschichte bis zum Jahre 642, die jedoch von mehreren Verfassern geschrieben und bis 768 als eine Art karolingische Hauschronik fortgesetzt wurde, erscheint zum ersten Mal im Schrifttum der Name Elsaß als ›pays des Alseciones‹.

Der Nachfolger der Merowinger, Karl der Große, erweiterte das fränkische Reich bis zur Elbe und bis nach Wien. Der Rhein blieb also nicht Grenze. Um sein Erbe stritten sich seine Enkel Lothar, Pipin und Ludwig. Sie zwangen 833 nach dem Kampf auf dem ›Lügenfeld‹ bei Colmar ihren Vater, Kaiser Ludwig den Frommen, der sein Reich 817 unter sie aufgeteilt hatte, zur Abdankung, weil er die erste Teilung des Reiches zugunsten seines Sohnes aus zweiter Ehe, Karls des Kahlen, umgestoßen hatte. Karl der Kahle und Ludwig der Deutsche teilten nun das Reich zum zweiten Mal im Vertrag von Straßburg 842, und zwar war der Vertrag von seiten Karls des Kahlen in altfranzösischer, von seiten seines Gegners in althochdeutscher Sprache abgefaßt. Die Tendenz, einer Sprachgrenze zu folgen, ist also deutlich erkennbar, und seitdem sind die Länder germanischer und romanischer Zunge geschieden. Die ›Straßburger Eide‹, die ein anderer Enkel Karls des Großen, Nithard, selbst mitangehört hat – »in lingua romana et lingua theodisca« – waren nicht von Bestand, da sie einseitig die Teilung in West und Ost zwischen Karl dem Kahlen und Ludwig vornahmen. Die anderen, vor allem Lothar, fühlten sich benachteiligt. Schon ein Jahr später kam es zu einer neuen Lösung.

Der 843 zu Verdun geschlossene Vertrag brachte dann die Dreiteilung des Reichs. Kaiser Lothar, der älteste der Brüder, erhielt das von Italien bis zur Nordsee reichende lotharingische Zwischenreich, ›Austrasien‹ genannt, während der westlich davon gelegene Reichsteil ›Neustrien‹ hieß. Der Vertrag von Mersen schließlich, 870, teilte nach Lothars Tod dieses Zwischenreich unter Karl den Kahlen und Ludwig den Deutschen.

Das Elsaß gehörte damit hinfort zum deutschen Reich und wurde von den Kaisern als Lehen vergeben. Kaiser Heinrich III. belieh damit einen Grafen von Egisheim, der wahrscheinlich vom alten Herzogshaus der Etichonen abstammte. Nach dem Untergang der staufischen Herrscher zerfiel das Land in eine große Zahl geistlicher und weltlicher Territorien. Die Landgrafschaft Niederelsaß kam an das Bistum Straßburg, die Landgrafschaft Oberelsaß, vor allem der reiche Sundgau war habsburgisch. Dieser wurde 1468 an Herzog Karl den Kühnen von Burgund verpfändet und fiel nach dessen Tod bei Nancy an Habsburg zurück.

Zu Beginn der elsässischen Geschichte standen also die Auseinandersetzungen zwischen Römern und Germanen, nach dem Tode Karls des Großen aber tauchte zum ersten Mal der Gegensatz Frankreich-Deutschland auf, der sich durch die Rivalität zwischen den Nachfolgern Karls, dann zwischen den deutschen Kaisern und französischen Königen mehr und mehr verschärfte und vor allem unter den Habsburgern die europäische Politik weitgehend bestimmte.

Die Besitzungen dieses Hauses lagen zu beiden Seiten des Oberrheins, in der Schweiz, im Elsaß, im Breisgau, und im 13. Jahrhundert war Habsburg neben den Staufern das mächtigste Geschlecht in diesem Teil des Reichs, denn auch die Staufer setzten sich als Erben des Grafen von Egisheim im Elsaß fest, von dem Bischof Otto von Freising gesagt hat, im gesegneten Land von Basel bis Mainz ruhe nun die stärkste Kraft des Reichs. Als das »geliebteste seiner Erbländer« bezeichnet Friedrich II. das Elsaß.

Nach dem Niedergang des staufischen Hauses brachte Habsburg weitere Landgebiete in Südbaden und im Sundgau an sich, doch der gesamte als ›Vorderösterreich‹ später bekannt gewordene habsburgische Landkomplex zwischen Arlberg, Breis- und Sundgau blieb Streubesitz und konnte nie zu einem zusammenhängenden Territorium ausgebaut werden.

Die dritte große Dynastenfamilie, die wir am Oberrhein finden, ist das Herzogshaus der Zähringer, das wir schon früh in den höchsten Reichsstellungen finden und von denen die Markgrafen, späteren Großherzöge, von Baden im Mannesstamm abstammen. Die Zähringer gründeten Freiburg, Offenburg, Villingen, Breisach, Rottweil, Bern und manche andere Stadt. Nach dem Aussterben der herzoglichen Linie fiel das Erbe, das heutige südliche Baden, an die Grafen von Urach, Stammväter der Fürsten von Fürstenberg und der ausgestorbenen Grafen von Freiburg, sowie an die Grafen von Kyburg, die wiederum von Habsburg beerbt wurden. Die Zähringer Markgrafen dehnten ihre Herrschaft allmählich nach Süden aus und gewannen 1803 für die Markgrafschaft Baden rechtsrheinische Teile der Bistümer Konstanz, Basel, Straßburg und Speyer, sowie kurpfälzische Ämter mit Heidelberg, Mannheim und die großherzogliche Würde.

Neben diesen großen fürstlichen Häusern gab es in dem Gebiet, das wir bereisen wollen, weitere Herrschaften, so die Grafen von Geroldseck, das Kloster St. Blasien, die Reichsstädte Gengenbach, Zell am Harmersbach, das Reichstal Harmersbach mit seiner einzig im Reich dastehenden Bauernrepublik, im Elsaß die Abtei Murbach, das Bistum und die Reichsstadt Straßburg, seit 1354 die ›Dekapolis‹ – den Zehnstädtebund – der Reichsstädte Colmar, Hagenau, Schlettstadt, Rosheim, Landau, Oberehnheim, Weißenburg, Münster im St. Gregoriental, Kaysersberg und Türkheim, die Grafschaften Rappoltstein und Hanau-Lichtenberg, die Freiherren von Fleckenstein und die Reichsritterschaft beiderseits des Rheins. Von den geschichtlichen Ereignissen des späteren Mittelalters und der neuern Zeit, in denen diese Mächte und Kräfte ihre Rolle spielten, wird auf unseren Fahrten immer wieder die Rede sein, wenn wir an den jeweiligen Schauplätzen stehen werden. Hier können wir sie also übergehen. Nur von dem wichtigsten historischen Komplex – dem Verhältnis der beiden Nachbarstaaten, Frankreich-Deutschland, soll noch ganz kurz die Rede sein.

Wir wiesen schon darauf hin, daß der Gegensatz Habsburg-Frankreich die Rheinlande ständig in Atem hielt. Schon zu Beginn des 14. Jahrhunderts verlangte der französische König die ›natürlichen Grenzen‹, wozu der Rhein gehörte, als eines der wichtigsten Objekte französischer Politik, die ihr Ziel dann 1648 im Westfälischen Frieden erreichte. Frankreich fielen die Landgrafschaften im Unter-

und Ober-Elsaß, Sundgau, Breisach und die Hoheitsrechte über die ›Dekapolis‹ zu, doch war es gehalten, die reichsunmittelbaren Stände in ihren Freiheiten zu belassen. Der französische Gesandte in Münster und Osnabrück, Servien, schrieb damals seinem König: »Je crois, qu'il se faudra contenter que chacun explique le traité comme il l'entend.«

Nach wie vor betrachteten sich die elsässischen Reichsstädte als Glieder des Reichs, ihr oberster Rechtsschutz war immer noch das Reichskammergericht, und Frankreich besaß nur das Vogteirecht über die ›Dekapolis‹, welche die Eidesleistung auf den König lange verweigerte. 1671 erkannte das Schiedsgericht des Reichstags, welchen die ›Dekapolis‹ angerufen hatte, die Hoheit Frankreichs in der Landvogtei an, und 1673 wurde der städtische Widerstand mit Waffengewalt gebrochen. Der Glanz der Reichsfreiheit war dahin. Sieben Jahre später erklärte Ludwig XIV. seine Souveränität über Straßburg, das im September 1681 kapitulieren mußte. Im Frieden von Rijswijk, 1697, wurde sie für das ganze Elsaß legalisiert.

»Quel beau jardin!« rief der König aus, als er im Reisewagen die ›Zaberner Steige‹ herabrollte in die liebliche Ebene um Straßburg. Es hätte nun zu einem fruchtbaren Austausch deutsch-französischer Kultur einsetzen können, aber man traute sich gegenseitig nicht recht, und so ging diese günstige Gelegenheit ungenützt vorüber. Der Friede von Lunéville 1801 sicherte dann Frankreich das gesamte linke Rheinufer, und von nun an war der Rhein wirklich zur Grenze zwischen den beiden Nationen geworden.

Seit der zweiten Hälfte des 19. Jahrhunderts entwickelte sich das Stromgebiet zum wichtigsten Wirtschaftsgebiet Mitteleuropas mit seinen Sundgauer Kalilagern, Lothringer Erzen, Saar- und Ruhrkohle, Elsässer Textilfabrikation, Stahl- und Eisenindustrien, Schiffahrt. Im Kriege 1870/71 gewann Deutschland das Elsaß zurück, verlor es aber 1919 wieder durch den Versailler Friedensvertrag, besetzte es erneut 1940, um es fünf Jahre später wiederum zu verlieren.

Dieses Hin- und Hergeworfensein zwischen den Mächten, die jedesmal versuchten, der Bevölkerung jeweils ihren eigenen Stempel aufzudrücken, möge eine Anekdote beleuchten. Als die Deutschen das Elsaß besetzten, mußte sich Monsieur Lagarde ›Herr Wache‹ nennen. Als die Franzosen zurückkehrten, wurde der Name wieder französisiert, er hieß nun ›Monsieur Vache‹, bis die Deutschen erneut einrückten und ihn zwangen, sich ›Kuh‹ zu nennen. Da rief der geplagte Mann: »... so geht das nicht weiter! Wie, glauben Sie, werde ich wohl das nächste Mal heißen?« Er würde nämlich ›Cul‹ heißen, was auch soviel wie ›Hintern‹ bedeutet.

Inzwischen ist das Elsaß infolge seiner geographischen und ethnologischen Stellung zwischen Frankreich und Deutschland zu einem Zentrum europäischer Verständigungsarbeit geworden. In Straßburg tagt der Europarat, und die sprichwörtlich gewordene Figur des ›Hans im Schnakenloch‹, der, zwischen zwei Völkern hin- und hergezerrt, jeweils nicht wollte, was er hatte, und nicht hatte, was er wollte, ist damit hoffentlich zu einer Gestalt der Vergangenheit geworden. An der Landschaft zu beiden Seiten des Rheins soll es wahrhaftig nicht liegen. Hüben und drüben ist der Rhythmus der Rheinebene gelassen und freundlich. Beide Länder, Elsaß sowohl wie Baden, sind Länder der Brücken, der Übergänge, im wörtlichen wie im geistigen Sinn. Wir wollen uns auf unseren Fahrten bemühen, die Gemeinsamkeiten, nicht die Gegensätzlichkeiten der beiden Rheinufer kennenzulernen, von denen René Schickele gesagt hat:

Es ist die Landschaft, die im Simplizissimus Grimmelshausen, auf einem Vorberg des Schwarzwalds sitzend, als die Gegend schildert, in welcher die Stadt Straßburg mit ihrem hohen Münsterturm, »gleichsam wie das Herz mitten in einem Leibe beschlossen, hervorprangt«, und die Philesius am Ende des fünfzehnten Jahrhunderts in seinem Vogesengedicht überaus anmutig besang: »Hier wächst lieblicher Wein – auf sonnengesegneten Hügeln ...«

Wird nicht jeder Badener, dem ich das Gedicht vorsage, lächeln wie einer, dem man von seiner vertrauten Liebe spricht? Nicht minder erkennen wir Elsässer in Hebels Gedichten und Geschichten und selbst in Thomas Bildern den Abglanz unserer Täler und Hänge. Daß sie dennoch verschieden sind, erhöht den Reiz der Familienähnlichkeit. Links des Rheins sind die Menschen lebhafter, glatter, aufgeweckter in jeder Beziehung, die Berge spröder und abseitiger. Auf dem rechten Ufer verhält es sich gerade umgekehrt. Da sind die Berge ein einziger, weitgeöffneter Park, alte Rast- und Erholungsstätten, wo schon alle Sprachen der Erde geklungen haben, die Bewohner aber sind eckiger, unzugänglicher, vielfach noch ganz in sich versunken. Der Fremde sieht den Unterschied greifbarer bei den Menschen, wir Alemannen empfinden ihn stärker in der Natur ... Im übrigen sehen die meisten, wie sie sehen wollen, nämlich politisch. Weshalb über keinen Erdenfleck so viel albernes Zeug geschrieben und gesagt worden ist wie über diesen.

DIE LANDSCHAFTEN
DES ELSASS

Im Tertiär, einem der großen Abschnitte der Erdgeschichte, dessen Beginn etwa 60 Millionen Jahre zurückliegt, brach der Mittelteil eines Gebirgsmassivs über der oberrheinischen Ebene ein. Wasser füllte den breiten Graben, das erst in Millionen Jahren langsam zurückging und zum Rhein wurde. Nur die Randzonen des Gebirges blieben stehen: der Schwarzwald, die Vogesen und eine schwache Erhebung zwischen beiden: der Kaiserstuhl. In der Eiszeit suchte sich der Rhein seinen Weg nach Norden und füllte allmählich den tiefen Graben mit Schotter auf. Diese natürliche Bildung des Flußbetts ist durch die große Rheinkorrektur, die nach den Plänen des badischen Obersten Tulla 1817-1874 zwischen Basel und Mannheim durchgeführt wurde, ganz verändert worden. Im oberen Stromlauf wurden die Wasser in einer festen Rinne gesammelt, auf der mittleren Strecke alle größeren Krümmungen des Stroms durchstochen, wodurch die Länge des Flußlaufs zwischen den beiden Städten von 353 auf 272 Kilometer verkürzt wurde. Das Wasser war das Lebenselement der alten Rheindörfer gewesen, denn vor der Korrektion betrieben sie hier einen rentablen Fischfang, vor allem den Salmenfang. Heute ist davon kaum etwas übriggeblieben.

Schauen wir heute von den Schwarzwaldhöhen nach Westen, sehen wir noch etwas anderes, eine scharfe weiße Linie, die das liebliche Landschaftsbild jäh zerschneidet. Es ist der Kieseldamm des ›Grand Canal d'Alsace‹, des Rheinseitenkanals, dessen Bau 1948 begonnen worden ist. Er gab der Fischerei den Rest.

»Der Rhein Teutschlands Strom nicht Teutschlands Grenze«: Dieser von Ernst Moritz Arndt in der napoleonischen Zeit geprägte Satz hat lange Zeit die Gemüter beiderseits des Stromes in Aufregung gehalten. Die Geschicke der an seinen Ufern liegenden Länder werden, so hoffen wir, in Zukunft auf friedliche Weise von den beiden benachbarten Völkern bestimmt werden, nachdem sie sich jahrhundertelang dieses Gebietes wegen gestritten haben.

In der geschichtlichen Entwicklung Frankreichs und Deutschlands hat der Rhein, wie wir sahen, stets eine bedeutende, oft eine verhängnisvolle Rolle gespielt. Betrachtet man den Strom geographisch und nicht politisch, so ergibt sich ein anderes Bild. Nicht nur als trennendes, auch als bindendes Element fließt er nach dem Sturz über die Schaffhausener Felsen durch die fruchtbare Ebene und verknüpft beide Ufer zu einem einander sehr verwandten Landschaftsbild von großer Schönheit und Üppigkeit, an dessen Reichtum der Fluß beträchtlichen Anteil hat.

Folgen wir nun der Richtung des Rheins, so schließt rechter Hand der Schwarzwald, der eine Höhe von über 1400 m erreicht, das Bild ab – linker Hand tut das der Wall der Vogesen, deren höchster Berg, der Große oder Sulzer Belchen – der ›Grand Ballon‹ – der ebenso wie sein Namensvetter im Schwarzwald 1400 m übersteigt. Bei Basel tritt der Schwarzwald steilabfallend dicht an den Strom heran, – gegenüber öffnet sich die ›Burgundische Pforte‹ zwischen Jura und Vogesen, das große Völkertor, durch das Kelten, Römer, Germanen und Hunnen gezogen sind. Von beiden Seiten eilen dem Rhein Flüsse zu, – hier Wiese, Elz, Dreisam, Kinzig, Rench, Murg und Neckar, – dort Ill, Moder, Sauer, Selzbach, Lauter, Queich- und Speierbach. Auwälder, weite Wiesen und Felder, Städte, Dörfer, Schlösser und Klöster begleiten den Fluß, und an den Gebirgen steigen die Rebhänge empor.

Zwei Zugänge führten einst von Westen her in die oberrheinische Tiefebene, einmal die bereits erwähnte ›Burgundische Pforte‹, sodann die ›Zaberner Steige‹ zwischen Vogesen, Hardt und Unterelsaß. Zwei Städte sind diesen Toren vorgelagert: Basel und Straßburg, und zwischen ihnen auf dem östlichen Ufer des Rheins sitzt die ehemalige Reichsfestung Breisach dicht über dem Fluß. Vor hundert Jahren noch muß das Rheintal ein ganz anderes, viel romantischeres Bild geboten haben, denn der Strom floß, ehe sein Lauf reguliert wurde, in unzähligen Schleifen und Armen um grüne Inseln dahin. Diese »wildverzweigten Gewässer«, wie sie Alfons Paquet in seiner schönen Schilderung einer Schiffsfahrt von Basel nach Kehl genannt hat, sind heute technisiert und der Blick vom ›Isteiner Klotz‹ am rechten Rheinufer, einst eine feste Burg der Basler Bischöfe gegen ihre eigene Stadt, hat viel von seinem Zauber eingebüßt. Immerhin eröffnet er noch immer den Blick in den Südwesten des Landes: das Oberelsaß.

Zwischen Jura, Vogesen und Rhein schiebt sich hier ein sanftgewelltes Hügelland, *der Sundgau*, ein sehr fruchtbares Gebiet, einst die Kornkammer der Schweiz genannt, und daher dicht besiedelt mit wohlhabenden Dörfern, über die hinweg man in blauer Ferne die Höhen des Gebirges ahnt.

Die *Südvogesen* sind, ebenso wie ihnen gegenüber der Schwarzwald, eines der herrlichsten Waldgebirge Europas.

Es ist ein richtiger Wald, erfüllt mit dem Geruch von Harz, Moos und Pilzen, von grünendem und welkem Geißblatt, Tannennadeln, Himbeeren und blühendem Brombeergebüsch; ein Wald, der nach Regen, Quellen, Gewittern, Hitze und Kälte, lauen Lüften, Wild und Jäger, Hund und Hase, nach gerolltem, entrolltem, braunscheckigem Farnkraut riecht; kurzum ein Wald, der von morgens bis abends und abends bis morgens Wohlgerüche ausströmt ... so schreibt schon Marcel Haedrich vor hundert Jahren.

Hochrücken und Hochgipfel der Südvogesen gehen dann nach Norden zu in die *Zentralvogesen* über und sind – wieder entspricht dies dem Schwarzwald – durch Brandrodung baumlos und von Weideflächen bedeckt.

Der Gebirgszug nimmt dann im *Unterelsaß*, nördlich der ›Zaberner Steige‹, einen anderen Charakter an. Dort ist er ein Buntsandsteingebiet mit wunderbaren Laubwäldern, heißt ›Hardt‹ oder ›Wasgenwald‹ und zieht weit in die Pfalz hinein.

Vor dem Gebirge liegt eine Hügelzone; sie ist es, welche hauptsächlich die Weingärten trägt, wohl die heiterste und lieblichste Landschaft des Elsaß, auch die bekannteste, vor der sich die weite Rheinebene erstreckt, mit Äckern und Wiesen, mit Auwäldern und langen Reihen von Pappeln, deren Blätter silbrig im Wind glänzen. Jacques Dieterlin sagt über sie:

Bei den Häusern eines Dorfes, das einen guten Eindruck macht, halte ich an, um das Wesen der Ebene besser begreifen zu lernen. Man erkennt hier einen maßvollen Sinn, einen nach Vollendung strebenden Eifer, der nirgends anders besteht. Man fühlt hier ein Bedürfnis nach Ungezwungenheit, Ruhe und vor allem eine tiefe Befriedigung über das Erreichte. Nichts weist auf Untätigkeit oder Gleichgültigkeit hin, alles bezeugt hingegen vernünftiges Schaffen und maßvoll überdachte Arbeit. In den Bächen, die sorgfältig zwischen die Wiesen geleitet werden, in den Weiden, Hecken und beschnittenen Büschen neben den Straßen, in den Obstbäumen mit kalkweißen Stämmen und der tadellosen Reihenordnung der Felder liest man überall ruhige Klugheit, Weisheit, Glauben ...

Nördlich von Straßburg, bis Weißenburg, wieder eine ganz andere Landschaft, auch unterschieden durch die Bauweise der Dörfer. Dort liegt der *Hagenauer Forst*, dehnen sich Felder und weite Wiesen an Rhein und Ill, ein Land von verschwiegener, fast etwas schwermütiger Schönheit und geheimem Zauber.

Den »maßvollen Sinn«, das Bedürfnis nach Ruhe und Ungezwungenheit, den Dieterlin hervorhebt, findet man bei einer Reise durch das Elsaß auch in den vielen kleinen Städten, die für das Land so bezeichnend sind, und man hat den Eindruck, daß sie eigentlich ländliche Städte geblieben sind, denn neben einem vornehmen Patriziat der Reichsstädte sind es Winzer, Handwerker und Bauern, die ihnen das Gepräge gegeben haben. Befestigungen, Tore und Türme erinnern oft allein daran, daß der Ort einmal ›Stadt‹ gewesen ist, so ›dörflich‹ mutet er an, doch fühlt man in den Gassen und Straßen, vor reich geschnitzten Fachwerkhäusern, vor üppigen Rats- und Amtshäusern, vor den breiten Einfahrtstoren in die Höfe immer wieder, daß sich hier Städtisches und Ländliches zur Einheit zusammengeschlossen, und daß sie einmal eine Zeit der Blüte gehabt haben. Etwas Ruhiges, Beharrendes ist ihnen eigen, etwas, das weder ›Deutsch‹ noch ›Französisch‹ zu nennen ist, sondern das wir als ›Elsässisch‹ empfinden dürfen. Diese Städte und Städtchen gleichen sich sehr, trotz mannigfaltiger Verschiedenheiten, denn man sieht es einem Ort sogleich an, ob er ein Ort der Winzer oder der Ackerbürger ist. Unter den elsässischen Städten nehmen die Reichsstädte den ersten Platz ein, denn als Glieder der ›Dekapolis‹ hatten sie mit hoher Politik zu tun, hatten sie den Kampf um ihre Selbständigkeit führen müssen. Wir werden den elsässischen Städten auf unseren Wegen von Süden nach Norden in Fülle begegnen und Halt machen, wo es sich lohnt – doch lohnt es sich eigentlich überall.

> *Drey Schlösser auf einem Berg*
> *Drey Kirchen auf einem Kirchhoffe*
> *Drey Städt in einem Thal*
> *Drey Offen in einem Sahl*
> *Ist das gantz Elsass überall*

DIE LANDSCHAFTEN DES ELSASS

Machen wir uns also auf, um die Landschaften dieses reichen Landes kennenzulernen.

Wir erreichen das Elsaß (von Norden nach Süden gezählt) auf folgenden Wegen: Wenn die Fahrt nicht über Karlsruhe-Lauterburg oder durch die Pfalz nach Weißenburg geht, so findet man Rheinbrücken und -fähren an folgenden Stellen: 1. bei Rastatt für die Nordvogesen, 2. von der Autobahnausfahrt Bühl, um Hagenau zu erreichen, 3. bei Kehl hinüber nach Straßburg, 4. bei der Autobahnausfahrt Lahr zu den Fähren von Ottenheim und Kappel, 5. bei Sasbach am Nordrand des Kaiserstuhls, 6. bei Breisach, 7. von Müllheim hinüber in das Gebiet von Mülhausen und 8. bei Basel.

Unsere erste ›Fahrt ins Elsaß‹ soll uns in den Südwesten des Landes bis zur ›Burgundischen Pforte‹ und zum ›Grand Ballon‹ führen. Wir wollen also bei Müllheim den Rhein überqueren, um unsere Richtung auf Mülhausen – Mulhouse – zu nehmen.

DAS OBERELSASS

Präludium Ottmarsheim

Nahe am Rhein und unweit von Mülhausen liegt das Dorf Ottmarsheim. Man erreicht den Ort am besten über den Rhein von Müllheim her. Bald nach der Brücke biegt die Straße dann links ab und führt durch die Ebene nach *Ottmarsheim*, einem unbedeutenden Ort, den man nicht besuchen würde, wenn dort nicht einer der interessantesten Kirchenbauten des Elsaß stünde. Der Dichter Prosper Mérimée, dem die Erhaltung des Bauwerks zu verdanken ist, schreibt, es sei vielleicht »la seule église carlovingienne bien authentique et bien pure, qui existe en France«.

Es ist erstaunlich, daß nach jahrhundertelanger Nachbarschaft, ja des Zusammenlebens von Römern und Germanen im ersten nachchristlichen Jahrtausend die letzteren keine Impulse zu eigenem künstlerischen Schaffen verspürten. Erst einer machtvollen Herrschergestalt sollte gelingen, was bisher anscheinend nicht möglich gewesen war, nämlich diesseits der Alpen eine neue Kunst zum Leben zu erwecken. Dieser Mann ist Karl der Große gewesen, unter dessen Regierung plötzlich auch im Norden eine glänzende Baukunst einsetzte, die ihre Vorbilder in der spätrömischen Kunst suchte und fand. Man nennt diesen Vorgang die ›Karolingische Renaissance‹, da sie vor allem in der Rezeption der römischen Antike und ihrer Bautypen, des Zentralbaus und der Basilika, bestand. Karl allein ist es zu verdanken, daß die »form- und traditionslose« germanische Welt durch kaiserliche Maßnahmen zur geistigen Disziplinierung durch die Pflege der Kunst angehalten wurde. Georg Dehio hat das sehr anschaulich und überzeugend dargelegt: »Wenn Karl der Große die Franken zu Erben der Römer machen wollte, so fühlte er wohl, worauf die Macht jener beruht hatte: nicht auf dem Schwert allein, sondern auch auf der Überlegenheit ihrer geistigen

Rüstung.« Der Kaiser hatte den tiefsten Eindruck von den strahlenden Kirchen Ravennas enpfangen, hatte die Bauten Roms gesehen, die Größe und Schönheit der Ewigen Stadt mit aufnahmebereiten Sinnen erlebt. Aus diesem Erlebnis heraus hat er seine schönste Schöpfung, die Palastkapelle der Aachener Pfalz, bauen lassen, einen großen Zentralbau, der schon 798 unter Leitung des Odo von Metz im Bau war und der Karls Grabmal geworden ist. Es ist ein Sechzehneck mit achtseitigem Umgang und geräumiger Empore, darüber die Kuppel.

Der Einfluß der Aachener Pfalzkapelle auf die spätere Baukunst ist durch schriftliche Quellen belegt, und am reinsten erscheint er hier, in der Kirche des ehemaligen Benediktinerinnen-, später adligen Damenstifts Ottmarsheim, das Graf Rudolf von Altenburg, wahrscheinlich der Bruder des Straßburger Bischofs Werner, um 1020 gegründet und in den dreißiger Jahren des 11. Jahrhunderts gebaut hat. 1049 hat Papst Leo IX. aus dem Hause der elsässischen Grafen von Egisheim die Kirche geweiht. Es ist möglich, daß sie, wie Dehio vermutet, als Pfalzkapelle gedacht gewesen ist, denn Ottmarsheim war Mittelpunkt des habsburgischen Hausgutes im Elsaß, das die Urheimat

des aus dem gräflichen Hause Altenburg hervorgegangenen Geschlechtes gewesen zu sein scheint. Hier hat es schon seit frühester Zeit Besitzungen gehabt. Ottmarsheim war eine wichtige Zollstätte und besaß auch ein Schloß, das während der Fehde Rudolfs von Habsburg mit dem Bischof von Basel 1272 zerstört wurde.

Die reizvolle Kirche von Ottmarsheim wurde als Ganzes dem Aachener Vorbild nachgestaltet, doch schreibt Rudolf Kautzsch:

Die Vereinfachungen gegenüber Aachen kommen nicht lediglich auf das Konto der einfacheren, kleineren Aufgabe, die hier zu erfüllen war, sie entsprechen zugleich einem veränderten Empfinden. Man sucht jetzt und hier nicht mehr so sehr das Reiche, von der Antike her noch mannigfaltig Komplizierte, man will das Große einfach schlechthin.

Über dem massigen achtseitigen Unterbau erhebt sich der achtseitige Tambour. Schwere Pfeiler tragen die Empore, deren rundbogige Öffnungen elegante, in zwei Geschossen übereinander angeordnete Säulen mit schweren Würfelkapitellen tragen. Es fehlen die antiken Architekturteile, wie Aachen sie zeigt, dafür ist hier noch der rechteckige Chor vorhanden, den Aachen verloren hat, und im Westen vorgelagert steht ein schlichter Treppenturm. Dem schönen, wohlgegliederten Raum, der einst sicher farbig gefaßt und mit Malereien bedeckt war, gibt das Emporengeschoß eine besonders festliche Atmosphäre, Klarheit und, trotz des bescheidenen Umfangs, eine wunderbare Weiträumigkeit. Wäre der Raum mit seinen Resten spätgotischer Wandmalereien gut instandgesetzt, so hätten wir den reinsten Genuß.

1776 besuchte das Fräulein Waldner von Freundstein, spätere Baronin Oberkirch, deren Erinnerungen ein so anschauliches Bild vom Leben im Elsaß im 18. Jahrhundert geben, die Äbtissin von Flachslanden und berichtet, daß man im Stift zu Ottmarsheim sehr vergnüglich lebe. Das alles ist vergangen, still liegt Ottmarsheim heute auf der weiten Ebene und niemand würde vermuten, daß es einst die Herren aus dem Hause Habsburg in seinen Mauern beherbergte.

Verweilen wir hier noch kurz bei einer Betrachtung über das Haus Habsburg, das für die deutsche Geschichte eine so große Bedeutung gehabt hat, und richten wir unsere Aufmerksamkeit dabei vor allem auf die erste ganz große Persönlichkeit dieses Hauses, die sich in der Geschichte lebendig abzeichnet, auf die Person des Grafen Rudolf von Habsburg, des späteren deutschen Königs. Wir werden ihm im Elsaß noch öfter begegnen.

Rudolf von Habsburg

Das ›domus augusta‹, dieses »erhabene Haus«, wie es in dem von Maria Theresia 1749 genehmigten Vorschlag für die Neuordnung des Haus-, Hof- und Staatsarchivs in Wien heißt, ist lange Zeit das führende Herrscherhaus Europas gewesen. Der Krone wurde als dem höchsten Symbol irdischer, von ›Gottes Gnaden‹ bestellter Hoheit Ehrerbietung bezeigt, vor allem aber dem Hause, das die Krone des Heiligen Römischen Reichs Deutscher Nation getragen hat, dem Hause Österreich, in dessen Diensten der Adel aller europäischen Völker sich zusammenfand, in dessen Heeren noch 1914–1918 schwedische, dänische, ja selbst französische Offiziere dienten, obgleich ihnen bei Ausbruch des Krieges die Rückkehr in ihre Heimatländer freigestellt worden war. Ein solches Ansehen genoß damals noch das Haus Habsburg, auf dem der Glanz jahrhundertelang geübter kaiserlicher Würde lag.

Es gehörte zu den Eigenschaften der Habsburger, sich stets den Bräuchen und Gegebenheiten der Länder anzupassen, die ihnen durch Erbschaft, Heirat oder Eroberung zugefallen waren. Zwar blieben sie immer Habsburger, doch wurden sie mit Eifer zu Angehörigen der von ihnen beherrschten Gebiete. Man spricht daher zu Recht von dem ›deutschen‹ Maximilian, dem ›burgundischen‹ Karl, dem ›spanischen‹ Philipp, dem ›tirolischen‹ Ferdinand, dem ›böhmischen‹ Rudolf, den ›Toscanas‹ und ›Modenas‹.

Es ist möglich, ja sogar wahrscheinlich, daß der erste namentlich bekannte Habsburger im 10. Jahrhundert, Graf Guntram, identisch ist mit Guntram, dem Grafen des elsässischen Nordgaus. Damit also wären die Habsburger Nachkommen des Herzogshauses der Etichonen und eine elsässische Familie.

Der Versuch der genialen staufischen Kaiser, die Länder, über die sie geboten, zur straff organisierten Einheit zusammenzuschließen, war mit dem Erlöschen dieses Hauses ein für allemal gescheitert. Der Kampf größerer und kleinerer deutscher Fürsten gegeneinander schien die Auflösung des Reichs zu einem föderalistischen Gebilde vorzubereiten. Aber man brauchte dennoch ein Oberhaupt. Die Wahl der Kurfürsten fiel 1273 auf den Grafen Rudolf von Habsburg, einen engen Vertrauten der Staufer und einen Herrn vom Typus des kleineren, tatkräftigen, energischen, klugen, dazu durchaus zuverlässigen Dynasten, der sich durchzusetzen verstand. Bei der Wahl spielte wohl die Überlegung mit, daß der habsburgische Landbesitz im Elsaß nicht so ausgedehnt war, um den Fürsten gefährlich zu werden, aber auch nicht so gering, daß er den Besitzer zur Bedeutungslosigkeit verurteilt hätte. Zeitgenossen, die den Grafen gut kannten, werden Großes von ihm erwartet haben, mancher mag auch über die Wahl erschrocken gewesen sein, wie der Bischof von Basel, der ausrief: »Herrgott, sitze fest, sonst nimmt dieser Rudolf noch Deinen Platz.«

Als Rudolf, der erste habsburgische Deutsche König, 1218 geboren wurde – sein Pate war Kaiser Friedrich II. –, gehörte die Familie zu den angesehensten am Oberrhein. *Er war groß von Gestalt, mit langen Beinen, feingliedrig, mit kleinem Kopf, blassem Gesicht und langer Nase, hatte nur wenig Haare, schmale und lange Hände, ein Mann, maßvoll in Speise und Trank und anderen Dingen, ein weiser und kluger Mann ...* so urteilt ein Zeitgenosse. Das Grabmal des Königs im Dom zu Speyer stimmt mit dieser Charakterisierung überein. Es zeigt uns ein mageres Gesicht mit schmaler, gebogener Nase, scharfen Falten um Nase und Mund, gerunzelter Stirn, ein hartes, energisches, vornehmes Antlitz mit tiefen Augenhöhlen. Die Öffnung der Gräber in Speyer im Jahre 1900 bestätigte auch die Angaben der Zeitgenossen von der »hohen, feingliedrigen« Gestalt.

Energisch und zielbewußt arbeitete der Graf zunächst an der Erweiterung und Festigung seiner Grafschaften. Er hatte die Bedeutung der aufstrebenden Städte erkannt und sich vor allem mit Zürich und Straßburg freundschaftlich verbunden. Seine Frömmigkeit, Leutseligkeit, sein Humor werden von den Chronisten immer wieder betont. Humor und schlagfertiger Witz durchbrachen immer wieder alle rechnerische Nüchternheit und Zielstrebigkeit, wie manche Anekdote bezeugt.

Als er – schon als König – in Eßlingen einzog, rief im Gedränge ein Mann: »Des Königs Nase ist wirklich allzu lang, sie versperrt allen den Weg.« Rudolf wandte den Kopf und sagte: »So, jetzt bietet dir meine Nase kein Hemmnis mehr; nimm die Gelegenheit wahr und gehe!«

Sein praktischer Sinn, seine alemannische Sachlichkeit, seine bedächtige Klugheit, die Geschicklichkeit, seinen Vorteil wahrzunehmen, ließen ihn seinen Feinden, zu denen auch Dante gehörte, als das nüchterne Gegenbild der strahlenden staufischen Kaiser erscheinen.

Das Interregnum, die »kaiserlose, die schreckliche Zeit« mit ihren anarchischen Zuständen, ging mit der Wahl Rudolfs zum König zu Ende. Wenige Tage danach sagte er zu seinen Wählern:

Heute will ich allen denen jegliche Schuld nachlassen, die mir geschadet haben. Alle Gefangenen sollen frei sein, die in meinen Kerkern liegen. Ich gelobe, von nun an Schirmer des Friedens zu sein, wie ich bisher ein unersättlicher Kriegsmann gewesen.

Dieser Wandlung vom kriegerischen Territorialherrn zum verantwortungsbewußten Herrscher des Reiches widmet Grillparzer die schönen Verse vom königlichen Amt in ›König Ottokars Glück und Ende‹.

> *Ich bin nicht der, den ihr voreinst gekannt!*
> *Nicht Habsburg bin ich, selber Rudolf nicht;*
> *In diesen Adern rollet Deutschlands Blut,*
> *Und Deutschlands Pulsschlag klopft in diesem Herzen.*
> *Was sterblich war, ich hab es ausgezogen,*
> *Und bin der Kaiser nur, der niemals stirbt.*
> *Als mich die Stimme der Erhöhung traf,*
> *Als mir, dem nie von solchem Glück geträumt,*
> *Der Herr der Welten auf mein niedrig Haupt*
> *Mit eins gesetzt die Krone seines Reichs,*
> *Als mir das Salböl von der Stirne troff,*
> *Da ward ich tief des Wunders mir bewußt,*
> *Und hab gelernt auf Wunder zu vertraun.*

Da es nun auch dem Habsburger nicht gelang, den großen Streubesitz im Westen zu einem geschlossenen Territorium zusammenzufassen, verlagerte Rudolf den Schwerpunkt nach Osten, um sich dort eine Hausmacht zu schaffen. Das geschah auch im Interesse des Reichs, denn ohne ausreichende Hausmacht konnten Könige und Kaiser nicht gegen die Fürsten bestehen. Mit staatsmännischem Weitblick, klug, wenn es nottat, kühn, beseitigte er alle Hindernisse, die dem Aufstieg seines Hauses und der Festigung seiner königlichen Macht im Wege standen. Sein Sieg über König Ottokar von Böhmen auf dem Marchfeld 1278 ist die eigentliche Geburtsstunde der habsburgischen Dynastie, welcher er durch die Belehnung seiner Söhne mit den Herzogtümern Österreich und Steiermark eine feste Grundlage gab.

Ein stiller, verklärter Glanz umgibt den Tod des Fürsten. Als ihm die Ärzte in der Pfalz zu Germersheim mitteilten, daß er nur noch kurze Zeit zu leben habe, erwiderte er heiter und gefaßt: »Nun, dann auf nach Speyer, wo mehrere meiner Vorgänger liegen, die auch Könige waren. Damit niemand mich hinzuführen braucht, will ich selbst zu ihnen reiten.« So zog er, überall vom Volke ehrfürchtig gegrüßt, nach Speyer, wo er am 15. Juli 1291 gestorben ist.

Weit ist der Weg Rudolfs gewesen, dem die Kaiserkrönung nicht vergönnt war. Der König mußte den fehdelustigen alemannischen Ritter in sich überwinden, um die hohe Stellung des Reichsoberhauptes ausüben zu können, die ihn mit vermehrter Macht auch die Schwere des Amtes fühlen ließ. In strenger Selbstzucht, in Frömmigkeit und kluger Mäßigung hat Rudolf dieses Amt zum Glücke des Reichs und seines Hauses geführt, bis es einst hieß: AEIOU: *Austria erit in orbe ultima.*

Der Sundgau

Es ist ein wunderschönes, sanftgewelltes, friedliches Land, das wir von Mülhausen kommend nun betreten, ein Land von ganz eigentümlicher Schönheit, stellenweise einem großen Park vergleichbar. Das gilt vor allem für den südlichen Teil, der von den Höhen des Jura, dessen graue Felsen aus den dichten Laubwäldern stoßen, begrenzt wird. Dieses sanfte Hügelland – hier befindet sich die ›Burgundische Pforte‹ oder ›Trouée de Belfort‹, wie sie auf französisch heißt – wird von Ill und Larg durchflossen. Es ist noch Landschaft im besten Sinn des Wortes, und mit jedem Schritt abseits der großen Straßen ist man mitten darin. Wälder wechseln mit unendlichen Wiesen, mit Äckern, mit zahlreichen Teichen und kleinen Seen. Im Juni ist es hier vielleicht am schönsten, denn da blühen die Wiesen: lila Skabiosen, rosa Federnelken, der Klappertopf, gelbe Seen von Hahnenfuß, dazwischen ganze Flächen violetten Storchenschnabels, Lichtnelken, Schafgarbe, Klee und über allem die schaumigen Krönchen der wilden Möhre. Das wogt und wallt im leichten Sommerwind, bunt und silbern. Hier könnte man einen Hymnus auf die Wiese schlechthin schreiben.

Der größte Teil des Gebietes gehörte einst zur *Grafschaft Pfirt* oder wie es französisch heißt ›Ferrette‹ und bestand aus den Ämtern Altkirch, Thann, Belfort, Delle, Delsberg, Rothenberg, Landser, Masmünster (Masevaux) und Sennheim. Diese Grafschaft fiel nach dem Aussterben der Grafen von Pfirt, die eines Stammes mit den Grafen von Egisheim waren, an die ihnen verwandten Habsburger. Ihre Residenz hatten die Grafen auf der ›Pfirter Burg‹, deren Ruinen auf der Jurahöhe hoch über dem ebenfalls hochgelegenen malerischen Städtchen stehen.

Einst war das Pfirter Land noch von Zwergen bewohnt, wie uns die Sage erzählt:

In der Wolfshöhle, welche etwa eine halbe Stunde südwärts von Pfirt, zwischen den Felswänden der Heidenflue, weit in den Berg hineinläuft, hauste vor vielen hundert Jahren ein Völklein von Zwergen, das seine Wohnsitze in den unzähligen Felskämmerlein aufgeschlagen hatte. Sie lebten daselbst, je zwei und zwei, Männlein und Weiblein, in schönster Eintracht beisammen. All ihr Hausgeräte, besonders aber ihre niedlichen Feld- und Gartenwerkzeuge, waren aus blankem Silber gearbeitet.

Die Zwerge besaßen, schon seit undenklichen Zeiten, die ewige Jugend. Alle, welche sie zu sehen bekamen, rühmten ihre zierliche Gestalt und besonders den eigentümlichen Schein ihrer Augen, die wie Sterne glitzerten. Sie waren alle kinderlos und liebten es, zuweilen aus ihrer Abgeschiedenheit herauszutreten und mit den Menschen der Umgegend zu verkehren, deren Sprache ihre feinen, wohltuenden Stimmlein nachahmten.

Zur Zeit der Heu- und Getreideernte kamen sie gewöhnlich, in buntem Gewimmel, aus ihren Berghöhlen hervor, mit ihrem Feldgeschirre versehen und stellten sich mit den Schnittern in Reih und Glied, und die Mahden fielen reichlich unter ihren Streichen. Beinahe jede Haushaltung in den nahe gelegenen Dorfschaften hatte ihr Zwergenpärchen, das an ihren frohen und traurigen Begegnissen Anteil nahm; und es war allemal ein Jubel im Hause, wenn sie über die Schwelle traten und dann beim Abschied reiche Gaben für Jung und Alt zurückließen. Die Leute zeigten sich dankbar gegen die kleinen Wohltäter. Sie wiesen ihnen bei Kilben und Hochzeitsschmäusen die ersten Plätze an und stellten ihnen die besten Bissen, den süßesten Most auf, den sie im Vorrat hatten. Aber eines wollte ihnen niemals an den Zwerglein gefallen: daß sie nämlich so lange Röcke trugen, die bis zum Boden reichten, so daß sie ihnen immer die Füße bedeckten.

Die Neugierde zu wissen, wie diese beschaffen seien, konnten am Ende einige Mädchen nicht länger bezwingen. Sie gingen eines Tages vor Sonnenaufgang zur Wolfshöhle hinauf und bestreuten die breite Felsplatte, die sich am Eingang derselben hinzog, jetzt aber schon lange in Steingeröll verwandelt ist, mit feinem Sande. Sie dachten, wenn die Zwerge ihren Morgenspaziergang in den Wald machten, so müßten ihre Füße schon Spuren in dem Sande zurücklassen, und sie kämen damit doch einmal ins Klare. Sie versteckten sich also ins Gebüsch, um zu lauschen. Sobald die Sonne ihre ersten warmen Strahlen an das Felsentor der Höhle warf, kamen Bergmännlein und Bergweiblein, zwei und zwei, hervorgehüpft und wandelten wie gewöhnlich über die Felsplatte dem Walde zu.

Da sahen nun die Mädchen, daß sie Stapfen von Geißenfüßen im Sande zurückließen. Darüber mußten sie so heftig lachen, daß es die Zwerge hörten, sich umwandten und, den Betrug gewahrend, mit traurigen Mienen in die Höhle zurückkehrten. Seit jenem Tage kamen sie nicht wieder zum Vorschein.

Diese Landschaft, wo die Zwerge wohnten, ist eine der herrlichsten des Sundgaus und zieht sich von Pfirt – Ferrette – nach Delémont durch die riesigen Wälder des Jura.

Von Mülhausen führt die Hauptstraße über Altkirch nach Pfirt und berührt das hübsche Dorf *Hirtzbach* mit seinem weißen Schloß des 18. Jahrhunderts, das den Freiherren von Reinach gehört, die als Bischöfe, hohe Offiziere und Diplomaten eine Rolle gespielt haben. Viele Angehörige des Hauses dienten im französischen Heer. Als gelegentlich einer Parade General von Reinach an Ludwig XIV. vorüberritt, sagte der König zu Frau von Maintenon, seiner damaligen Geliebten: »Voyez ici Monsieur de Reinach. Sa famille me fournit plus d'officiers gentilhommes que toute la Basse-Bretagne, qu'est pourtant une de mes plus grandes provinces.«

Jakob I. von Reinach aber soll dabei gewesen sein, als Rudolf von Habsburg in dieser Gegend an der Furt eines Wildbachs einem Priester, der auf einem Versehgang war, sein Pferd überließ und es dann dem Priester schenkte, weil er das Pferd, das den Heiland getragen habe, nicht mehr für Kampf und Jagd verwenden könne. Die älteste Erzählung dieser Begebenheit ist etwa 250 Jahre nach Rudolfs Tod aufgezeichnet worden. Später wurde sie mit seiner Wahl zum König verbunden, da er die Krone zum Lohn für die dem Allerheiligsten erwiesene Ehrfurcht erhalten habe. Erinnern wir uns an die Ballade von Schiller: ›Der Graf von Habsburg‹, wo erzählt wird, wie ein Sänger vor dem König in Aachen die Geschichte besingt:

Und der Sänger rasch in die Saiten fällt
  und beginnt sie mächtig zu schlagen:
Aufs Waidwerk hinaus ritt ein edler Held,
  den flüchtigen Gemsbock zu jagen.
Ihm folgte der Knapp mit dem Jägergeschoß,
Und als er auf seinem stattlichen Roß
  in eine Au kommt geritten,
Ein Glöcklein hört er erklingen fern,
Ein Priester war's mit dem Leib des Herrn.
  Voran kam der Mesner geschritten.

Und der Graf zur Erde sich neiget hin,
  das Haupt mit Demut entblößet,
Zu verehren mit gläubigem Christensinn,
  was alle Menschen erlöset.
Ein Bächlein aber rauschte durchs Feld,
Von des Gießbachs reißenden Fluten geschwellt,
  Das hemmte der Wanderer Tritte;
Und beiseit legt jener das Sakrament,
Von den Füssen zieht er die Schuhe behend,
  Damit er das Bächlein durchschritte.

Was schaffst du? redet der Graf ihn an,
  Der ihn verwundert betrachtet.
Herr, ich walle zu einem sterbenden Mann,
  Der nach der Himmelskost schmachtet.
Und da ich mich nahe des Baches Steg,
Da hat ihn der strömende Gießbach hinweg
  Im Strudel der Wellen gerissen.
Drum daß dem Lechzenden werde sein Heil,
So will ich das Wässerlein jetzt in Eil'
  Durchwaten mit nackenden Füßen.

Da setzt ihn der Graf auf sein ritterlich Pferd
  Und reicht ihm die prächtigen Zäume,
Daß er labe den Kranken, der sein begehrt,
  Und die heilige Pflicht nicht versäume.
Und er selber auf seines Knappen Tier

Vergnüget noch weiter des Jagens Begier,
Der andre die Reise vollführet;
Und am nächsten Morgen, mit dankendem Blick,
Da bringt er dem Grafen sein Roß zurück,
Bescheiden am Zügel geführet.

Nicht wolle das Gott, rief mit Demutsinn
Der Graf, daß zum Streiten und Jagen
Das Roß ich beschritte fürderhin,
Das meinen Schöpfer getragen!
Und magst du's nicht haben zu eignem Gewinst,
So bleib' es gewidmet dem göttlichen Dienst,
Denn ich hab' es dem ja gegeben,
Von dem ich Ehre und irdisches Gut
Zu Lehen trage und Leib und Blut
Und Seele und Atem und Leben.

So mög' Euch Gott, der allmächtige Hort,
Der das Flehen der Schwachen erhöret,
Zu Ehren Euch bringen hier und dort,
So wie Ihr jetzt ihn geehret.
Ihr seid ein mächtiger Graf, bekannt
Durch ritterlich Walten im Schweizerland,
Euch blühen sechs liebliche Töchter.
So mögen sie, rief er begeistert aus,
Sechs Kronen Euch bringen in Euer Haus,
Und glänzen die spätsten Geschlechter!

Und mit sinnendem Haupt saß der Kaiser da,
Als dächt' er vergangener Zeiten;
Jetzt, da er dem Sänger ins Auge sah,
Da ergreift ihn der Worte Bedeuten.
Die Züge des Priesters erkennt er schnell
Und verbirgt der Tränen stürzenden Quell
In des Mantels purpurnen Falten.
Und alles blickte den Kaiser an
Und erkannte den Grafen, der das getan,
Und verehrte das göttliche Walten.

»Tschudi, der diese Legende berichtet hat, erzählt auch, daß der Priester später Kaplan beim Kurfürsten von Mainz geworden sei und dazu beigetragen habe, den Kurfürsten bei der Königswahl auf Rudolf von Habsburg aufmerksam zu machen«, bemerkt Schiller in einer Fußnote.

Wir aber wollen etwas westlicher fahren, durch das schöne Hügelland zwischen Pfirt und Belfort. Wenn man die Hauptstraße meidet und den Landsträßchen folgt, zum Beispiel über Seppois, Courtelevant, Suarce den Vogesen zu, hat man mehr Muße das Land zu genießen. Doch ehe wir die Vogesen erreichen, wollen wir zuerst Mömpelgard, dann die berühmte Wallfahrtskapelle Ronchamp bei Belfort besuchen.

Mömpelgard – Montbéliard

Mömpelgard ist insofern aufs engste mit dem Elsaß verbunden, als sein Herr, der jeweilige Herzog von Württemberg auch die Herrschaft Reichenweier bei Colmar besaß. Merian weiß in seiner ›Topographie‹ folgendes von dem Ort zu berichten:

Man sieht allda was nicht Teutsch ist, meistentheils grob Frantzösisch, wiewohl bei vornehmen Leuten die Sprach besser ist. Und giebt es allhie, ausser der alten Inwohner (darunter etliche vornehme Geschlecht seyn), auch Frantzosen, Teutsche, Lothringer, Schweitzer, Savoyer und Burgunder. Dieweil nicht allein die Statt selbsten für sie bequem, sondern auch das Land herumb gar lustig, und an allerley Getreyd, gutem Weinwachs, und anderm fruchtbar ist; es auch eine gute Viehweyde, an Bau- und Brennholtz eine gute Notturfft und schöne Steinbrüch von allerley Manier hat und nahe bei der Statt ein Eysern Bonertz gegraben und gewäschen, auch folgends zu theil an der Dub, zum theil anderswo trefflich gut eysen daraus geschmälzt und geschmidet wird ...

Das große *Schloß* steht über mächtigen Stützmauern auf einem Felssporn hoch über der Stadt im weiten Hügelland des Doubs. Im Zweiten Weltkrieg hat die Stadt gelitten, da sich deutsche Truppen drei Monate gegen die Angriffe des Generals de Lattre de Tassigny in ihren Mauern verteidigten.

Das Stadtbild von *Mömpelgard* erinnert an manche Städte des Elsaß. Es war der Hauptort der Grafschaft, die 1397 an Württemberg fiel und bis 1792 bei einer Seitenlinie der Herzöge blieb. Herzog Friedrich Eugen, Bruder des regierenden Herzogs Karl Eugen, hatte 1769 die Herrschaft übernommen und war ein wohlmeinender, beim Volke beliebter Regent. Teils in Mömpelgard, teils auf dem Landsitz Etupes hielt er einen kleinen kultivierten Hof.

1790 hatte er *Etupes* gebaut, ein Sommerschloß in ausgedehnten Parkanlagen. Im Park befanden sich eine Orangerie, eine Meierei in Form eines Schweizerhauses, ausgestattet mit schönen Fayencevasen des 16. und 17. Jahrhunderts und mit Meißner Porzellan. Es gab Tropfsteingrotten und einen Triumphbogen, zusammengesetzt aus Resten eines römischen Bauwerks von Mandeuse. Aber das ist alles verschwunden, und heute liegt an Stelle dieser Idylle ein großes Kraftwerk.

Der Herzog empfing Gäste aus aller Herren Länder. Johann Caspar Lavater gehörte dazu, sein Schwiegersohn Zar Paul von Rußland, Voltaires Neffe La Harpe, Prinz Heinrich, der Bruder Friedrichs des Großen, und von einem Grafen Wittgenstein, Obersten im Regiment Anhalt, berichtet die Baronin Oberkirch, die zu den Vertrauten des württembergischen Hauses gehörte, daß er »une manière de raillerie fine et délicate« habe, »qui plût beaucoup à Montbéliard«. 1781 kam Kaiser Joseph II. zu Besuch. Wir erfahren davon ebenfalls durch die Baronin Oberkirch:

Am 7.8. waren wir in Etupes beim Kegelplatz, den der Fürst sehr liebte, und sprachen von den beiden lieben abwesenden Töchtern, als ein Kurier schnell eintrat und sich beim Herzog meldete, ohne der Etikette zu gedenken, die an diesem behaglichen Hofe ohnedies oft vergessen wurde; er rief: »Monseigneur! Monseigneur! S.M. der Kaiser ist in Montbéliard und erwartet Euere Hoheit.« Wir ließen es ihn kein zweites Mal wiederholen, und eine Viertelstunde später saßen wir in der Karosse. Der Kaiser war als einfacher Privatmann im Hotel ›Roter Löwe‹ abgestiegen. Er kam von einer Reise durch den Norden Deutschlands, die Niederlande und einen Teil Frankreichs und reiste unter dem Namen Graf von Falkenstein ... Wie ich schon sagte, war er von äußerster Einfachheit.

Nach unserer Ankunft in Montbéliard begaben sich der Herzog, die Herzogin, die jungen Prinzen und das ganze Haus Ihrer Hoheiten in das Hotel Seiner kaiserlichen Majestät. Der Herzog wollte das Knie beugen, aber der Kaiser hielt ihn zurück und sagte ihm mit freundlicher Miene: kein Zeremoniell, mein lieber Herzog, es ist der Graf Falkenstein, den Sie besuchen.

Jagd im Münstertal
Gemälde von Henri Lebert, 1828
Musée des Beaux-Arts, Straßburg

Wir wurden alsdann Joseph II. vorgestellt, der mir ausnehmend gefiel.

Frau von Oberkirch beschreibt dann sein Äußeres, seinen natürlichen Stolz, nimmt ihm lediglich seine philosophischen Neigungen übel und meint, seine Regierungsmaßnahmen seien Irrtümer. Man führte den Kaiser aufs Schloß, wo ihm ein Appartement hergerichtet worden war:

Wir hatten die Ehre, mit S. M. zu soupieren. Er erzeigte sich mir sehr gnädig, als er vernahm, daß ich eine Herzensfreundin der Großfürstin Marie Feodorowna sei. Ich beobachtete ihn genau und sprach wenig... Am Spieltisch wurde nur um kleine Summen gespielt, da der Kaiser sagte, er wolle nicht das Geld seiner Untertanen verspielen. Ich fand diese Antwort sehr löblich, aber ein wenig pretentiös. Alles in allem scheint mir der Monarch immer zu posieren, als hätte er hinter sich einen Moralisten damit beauftragt, ein Portrait seiner Tugenden zu malen.

Das Leben des kleinen Hofes ist 1792 zu Ende gegangen, aber Mömpelgard ist bis heute ein eigenartiges Stück französischer Provinz mit deutschem Einschlag geblieben.

Abstecher nach Ronchamp

Wir haben sie gesehen, die vielgerühmte, vielgelästerte Wallfahrtskirche ›Notre Dame du Haut‹ von Ronchamp, der Jungfrau geweiht, die hier seit dem 14. Jahrhundert als Fürbitterin für die Gefangenen verehrt wird. Auf einem Ausläufer der Vogesen steht sie, weißleuchtendes Zentrum eines großartigen Panoramas von Waldgebirgen – Vogesen hier, Jura dort – und davor die burgundische Ebene. Man spricht von diesem Bau als von einem Wagnis, einem »Bau mit revolutionären Konturen«; es handle sich hier »wirklich um eine Wiederbegegnung von Kirche und Kultur«. Aber es gibt auch viele Gegenstimmen, die ihm das absprechen.

Wir kamen von Murbach, noch erfüllt von der großen Ruhe und gelassenen Schönheit romanischer Architektur, von dem Geiste der Ordnung und Beständigkeit, der sich in Aufbau und Formen widerspiegelt. Nun standen wir am Fuße des Hügels, auf dem sich die Kirche erhebt. Vorüber an einem Gewirr häßlicher Betonbunker für die Pilger führt der Weg zur Höhe, zu dem höchst sonderbaren Bauwerk, dessen Südseite sich wie ein Schiffsbug aus Wellen aufzubäumen scheint. Von halber Höhe aus gesehen, ist das ein imponierender Anblick. Je näher wir aber kamen, desto mehr verlor sich der erste Eindruck einer gewissen Großartigkeit und wich verblüfftem, dann ärgerlichem Staunen.

Eine breite Wand liegt vor uns, von unregelmäßig angebrachten Fensterlöchern und -schlitzen in allen Größen durchbrochen, daneben steht der untersetzte runde Turm. Wenn wir ihn umschreiten, wird der Bau immer weniger eindrucksvoll. An den Turm anschließend erblickt man eine nackte Betonwand, dann weitere unregelmäßig aneinandergefügte Wände, Außentreppen, wie in Hinterhöfen, Fensterlöcher, alles regellos einander überschneidend, doch wie uns versichert wird, »von tiefem Symbolgehalt«. An der Ostwand sitzt ein kleiner Anbau, wie ein zusammengerollter Span aus Beton. Von dieser Seite wirkt die Kirche wie ein gigantischer Steinpilz, dessen Dach nach Le Corbusiers eigenen Worten in seiner Monographie von Ronchamp »einer Krabbenschale« nachgebildet wurde. Das Ganze ist aus den Steinen der zerstörten alten Kirche erbaut, die mit Beton überspritzt worden sind. Dann wurde alles mit einem blendend weißen Kalkputz versehen. Bei der Kirchenweihe sprach der Erzbischof von Besançon:

Dieser ›Wolkenkratzer‹ Mariä war für Sie, wie Sie selbst es von den Baumeistern des 13. Jahrhunderts sagten: ein Akt des Optimismus, eine Gebärde des Mutes, ein Zeichen der Kühnheit, eine Probe der Meisterschaft ... Hier, Monsieur, haben Sie für Gott und Unsere Liebe Frau gearbeitet ...

Sicher hat es Le Corbusier gereizt, einmal anstatt einer ›machine à habiter‹ eine ›machine à prier‹ zu bauen. Ist es ihm gelungen? Siegfried Giedion schreibt voller Bewunderung, daß die Kirche einem Heiligtum des Magdalénien, also der Altsteinzeit, gleiche. Es bleibe dahingestellt, ob jene Zeit beispielhaft für den modernen Kirchenbau sein kann, der, wie wir wissen, Ausgezeichnetes geschaffen hat. In Ronchamp herrscht eine apokalyptische Verwirrung, die noch zunimmt, wenn man das Innere betritt. Die Technik im Bündnis mit dem Spielerischen zeigt sich hier als schrecklicher Feind der Kunst, obgleich Le Corbusier behauptet, daß dieser Bau die Sehnsucht der Menschen nach neuer Ordnung ausdrücke. Jede Religion sucht in ihren Kultstätten die heilende Macht göttlicher Ordnung auf die Welt auszudrücken oder fühlbar zu machen. Die ungeheure Aufgabe, diese Ordnung sichtbar werden zu lassen, erzeugte bei großen Baumeistern Demut und Bescheidenheit, im Bewußtsein des nie ganz Vollendbaren. Denken wir an die Worte des alten Bernini, der, auf seinen Stock gestützt, zum Quirinal hinaufstieg und sagte: »Diese Kirche St. Andrea ist das Größte, was Gott mir zu machen erlaubt hat.« Wenn Corbusier sagt, Optimismus sei es, der die Kathedralen gebaut habe, so hat er ihren Sinn nicht verstanden. Hoffnung, könnte man sagen, hat sie gebaut, Hoffnung, die überirdische Ordnung darstellen zu können. »Das Gefühl der statischen Sicherheit ist noch nie so restlos bei einem seriösen Bau angegriffen worden wie in Ronchamp ... ein völlig sinnloses Spielen mit Formen«, so drückt sich der bekannte Schweizer Denkmalspfleger Linus Birchler aus.

In dem grauen, nackten Betoninnenraum ist alles schief, die Wände neigen sich nach unten, nach innen, das Dach hängt durch, die Fensterlöcher sind mit buntem Glas gefüllt, das in wahlloser Anordnung Symbole und Anrufungen aus der Lauretanischen Litanei trägt. Alles scheint aus den Fugen gegangen zu sein, zu wanken. Die grellrot ausgetünchte Seitenkapelle gleicht mehr einer Hinrichtungsstätte oder einem Sammelplatz für Dämonen als einer Kapelle.

Pater Couturier, ein begeisterter Anhänger des Baues, schreibt, daß »der Instinkt für das Sakrale bei den Außenseitern fast reiner und vollkommener ist als bei vielen gläubigen Künstlern, ja selbst bei vielen Mitgliedern des Klerus«. Das ›Sakrale‹ sieht Couturier in Ronchamp im besonderen Verhältnis der Proportionen, in den Schwingungen der Flächen, der genauen Verteilung von Licht und Halbschatten. Das sei etwas völlig Neues, – aber diese Begründung ließe sich auch auf Archaisch-Heidnisches anwenden, und welcher Stil hätte das besser gekonnt als der Barock? Das allein ist also noch nichts ›Neues‹.

Der tröstliche, wunderbare Glanz, der alten Kirchenbauten anhaftet, ist erloschen. Man hat bei diesem Werk das Gefühl völliger Unsicherheit und Auflösung, wie zwischen zwei Trompetenstößen der apokalyptischen Engel. Wenn den Bau etwas mit dem Jenseitigen verbindet, so ist es das Apokalyptische, und das lag sicher nicht in der Absicht des Architekten, der ja eine neue Ordnung schaffen wollte. Durch die Fenster scheint bereits das Licht des Jüngsten Tages hereinzudringen, der Boden senkt sich zur Mitte, wo sich in der letzten Stunde alles um den Gekreuzigten scharen wird. Die Muttergottes, das »naive Mariechen«, wie sie in Corbusiers Zeitschrift ›L'Esprit Nouveau‹ genannt wird, hat daran keinen Anteil, denn sie steht hoch oben in der Ostwand in einer schwenkbaren Vitrine, wie in der Auslage eines Antiquitätengeschäftes, und blickt bald hinaus auf den Platz, bald hinein in die Kirche.

Natürlich kann die Gemeinde auch hier beten; wo immer ein Altar steht, ist das möglich, aber der Raum von Ronchamp hat daran keinen Anteil, er ist nicht Gefäß des Mysteriums, und der Altar wirkt in ihm wie ein Fremdkörper, denn die Schwingungen der Wände nehmen auf ihn keine Rücksicht, – sie isolieren ihn.

»Der Kern unserer alten Städte mit ihren Domen und Münstern muß zerschlagen und durch Wolkenkratzer ersetzt werden«, hat Le Corbusier einmal proklamiert. Das bezeugt auch sein Wort: »Il faut tout recommencer à zéro.« Sind diese Gedankengänge, vielleicht ganz unbewußt, auch noch in Ronchamp am Werke gewesen? Wir wissen es nicht, wir können es nur ahnen, doch in seinem Werk ist Corbusier rein konstruktivistisch und funktionalistisch, fern von den Ordnungen der Vergangenheit. Er bringt keine Ordnung, sondern führt in die Irre. Der von Giedion angestellte Vergleich mit den Bauten der Altsteinzeit ist ganz richtig. Man hat den starken Eindruck der Dekomposition, des Wirkens dämonischer Kräfte, was natürlich von den Anhängern Corbusiers mit Entrüstung zurückgewiesen wird. Dieser Höhlenraum hat etwas Magisches, zugegeben – aber hier ist nicht die Magie uralten Höhlenzaubers am Werke, sondern eine raffiniert genialische Artistik – und das verführt den Menschen von jeher.

Anna Katharina Emmerich sah vor mehr als hundert Jahren in ihren Visionen, die der Dichter Clemens Brentano aufgezeichnet hat, immer wieder den Bau einer wunderbaren, verkehrten Kirche, in die nichts von oben, sondern alles von unten kam, aus dem Dunkel. Sie sah den geheimen Kampf einer Sekte gegen die Kirche. Ihre Angehörigen tragen weiße Schürzen und Kellen in den Händen. Im Brunnen auf der Südseite von Ronchamp lassen sich übrigens unschwer freimaurerische Gegenstände feststellen. Immer sind Geistliche dabei, und diese wunderliche, tolle

Kirche der Katharina Emmerich soll eine wahre Gemeinschaft der Unheiligen verkörpern.

Auch die schärfste Kritik wird der Kapelle in Ronchamp nicht ihre einzigartige Stellung in der heutigen Architektur absprechen können, aber, wenn es ein wirklich gültiges Werk geworden wäre, dann müßte es die Quelle ganz neuer Erkenntnisse für das Bauen sein. So ist sie nur ein Abbild unseres zerrissenen, in Wandlung begriffenen Jahrhunderts. Die Kirche erscheint – das geht auch aus veröffentlichten Berichten von Besuchern hervor – den meisten als ein ganz rätselhaftes Gebilde, den einen wie eine Fabrik, anderen wie ein Elektrizitätswerk.

Ein Besucher, dem es ähnlich erging wie uns, fragte eine Frau, was man denn in der Gegend von der Kirche halte. Sie antwortete: »Als die Kirche geweiht wurde, da weinte das Volk, und kein Mensch hat auch nur einen Franc dazu gegeben.«

Wir fuhren von Ronchamp, das schon im Burgundischen liegt, über Belfort zurück in den Sundgau. Das Land scheint sich im silbrigen Sommerdunst unermeßlich hinzudehnen bis zu den in der Ferne anschwellenden Waldhöhen der Vogesen. Zuerst scheinen sie ein blaugrüner Wall, beim Näherkommen fächern sie sich immer mehr in einzelne Berge, Täler, Hänge, Kuppen auf, eines das andere überschneidend, bis sie sich zum gewaltigen Waldgebirge zusammenschließen, das uns in seinen Schatten aufnahm, als wir die zahllosen Kehren zum *Ballon d'Alsace*, dem ›Welschen Belchen‹, dem südlichsten Hochgipfel der Vogesen, emporfuhren.

Der Blick vom ›Welschen Belchen‹ ist berühmt, zumal sein Gipfel, eine runde Kuppe, leicht zu umwandern ist. In seinem Bereich liegen in herrlichster Waldumgebung mehrere Seen – teils natürlichen, teils künstlichen Ursprungs. Hier kann man stundenlange Wanderungen unternehmen, die immer wieder zum ›Col du Ballon‹ führen, der Paßhöhe, von der aus die Straße nach *St. Maurice sur Moselle*, die elsässische Grenze überschreitend, wieder nach Burgund führt. Über den ›Col de Bussang‹ kehren wir nun ins Elsässische zurück und fahren durch das ›Thurtal‹, das längste Tal der Hochvogesen, nach Thann.

Thann

St. Ubaldus oder Theobaldus, Bischof von Gubbio in Italien, hatte einen aus Lothringen stammenden Diener. Als sich der Bischof zum Sterben legte, schenkte er dem Diener seinen Bischofsring als Andenken. Wie nun der Mann den Ring vom Finger des Toten zog, blieb ein Teil des Daumens daran haften. Er barg die kostbare Reliquie in seinem Wanderstab und machte sich auf den Weg in die Heimat. Eines Abends gelangte er in den dichten Tannenwald zu Füßen der ›Engelburg‹, von wo er über den Paß nach Lothringen zu wandern gedachte, aber Müdigkeit überwältigte ihn und er legte sich unter einer Tanne nieder. In der Nacht sah der Graf von Pfirt von seiner Burg aus drei Lichter über dem Wald. Neugierig eilte er hinab, fand den Wanderer und beide entdeckten, daß sie den Stab nicht vom Baume lösen konnten. Das nahmen sie als ein Zeichen für den Willen des Heiligen, hier verehrt zu werden, und so gelobte der Graf den Bau einer Kapelle auf dieser Stätte des Wunders. Dies ist die Legende von der Entstehung des Münsters zu Thann.

Tatsächlich wird die Theobaldusreliquie seit acht Jahrhunderten in der Kirche aufbewahrt, außerdem ist in den letzten Jahren festgestellt worden, daß dem erhaltenen Leichnam des Heiligen in Gubbio ein Stück des Daumens fehlt und daß die Thanner Reliquie diesen Teil darstellt.

Wahrscheinlich haben die Grafen von Pfirt die Reliquie aus Italien mitgebracht oder geschenkt bekommen, denn Baldassino, ein Neffe Theobalds, war mit einer Gräfin von Pfirt verheiratet. Am 30. Juni abends wird das Translationsfest der Reliquie gefeiert. Auf dem Münsterplatz werden dann drei geweihte Tannen unter dem Gesang des Tedeums verbrannt. Das verkohlte Holz schützt vor Feuer und Blitz.

Der Brauch der Tannenverbrennung geht auf eine ähnliche Zeremonie in Gubbio zurück, wo zwar keine Bäume verbrannt, sondern drei Kerzen in die Kirche des Heiligen gebracht werden. Außerdem besitzt das Münster auch die Sandalen und die Kopfbedeckung des heiligen Bischofs.

1184 wurde auf Befehl des Grafen um die Kirche eine Siedlung gebaut. Die heutige hübsche alte Stadt ist aus der Vereinigung zweier Niederlassungen entstanden. Am Fuße der Engelburg – erst Besitz der Grafen von Pfirt, dann der Habsburger –, in der später gerne österreichische Erzherzöge wohnten, lebten schon von altersher Fischer und Knechte der Landesherren, jenseits der Thur entstand um die Wallfahrtskirche herum die andere Siedlung.

1320 wurde der Neubau der *Kirche* als dreischiffige, gewölbte Basilika begonnen und 1516 vollendet. Die Baudaten seien in Kürze genannt: 1320-32: Langhaus in den unteren Teilen des Mittelschiffs; 1332-44: südliches Seitenschiff; 1342-50: Unterteile der Westfassade; 1351-1422: Chor und Unterbau des Nordturms; 1430-56: nördliches Seitenschiff; 1455-68: Weiterbau am Turm; 1468-95: Vollendung des Mittelschiffs; 1498: Fassadengiebel; 1506 bis 1516: Vollendung des Turmes durch Remigius Fäsch; 1520: Sakristei; 1608-29: Anbau der Marienkapelle in gotisierender Form (nach Walter Hotz). Dehio schreibt:

Das Münster zu Thann ist für das Emporkommen des spätgotischen Baugeists ein besonders lehrreiches Beispiel ... Die Entstehung durch langsame Aneinanderreihung selbständig geplanter Abschnitte gewöhnte an Gleichgültigkeit gegen architektonische Symmetrie, und daraus entwickelte sich allmählich ein bewußtes Hinarbeiten auf Kontraste und Dissonanzen.

Der *Chor* ist von zwei Türmen flankiert, von denen allein der Nordturm ausgebaut worden ist. Die Baumeister waren vor allem auf »malerische Wirkung und Prachtentfaltung« bedacht. Der hohe, höchst elegante Turm ist der letzte dieser Art am Oberrhein. Die Kirche wurde so bewundert, daß man sie Erwin von Steinbach zuschrieb. »'s Straßburger Münschter isch's höchst, ... 's Freiburger 's dickscht, ... awer 's Thanner 's fienscht«, sagen die Bürger der Stadt voller Stolz. Und tatsächlich gleicht der Bau einem gewaltigen, kostbaren Schrein, herrlich geschmückt mit Fialen, Wimpergen, Kreuzblumen, eleganten Strebepfeilern und vor allem mit einer Fülle von Statuen und Reliefs, von denen allerdings nicht wenige erneuert worden sind. Gotischer Geist in seiner lebhaftesten Ausbildung präsentiert sich uns in diesem schlanken, geschmeidigen, reich gegliederten, graziösen und doch festen und würdigen Baukörper.

Die *Westfassade* wird von der riesigen Portalanlage beherrscht, deren Archivolten und Tympanen uns ausführlich das Marienleben erzählen. Zu Beginn des 15. Jahrhunderts wurde in das hohe Tor ein Doppelportal eingebaut, dessen plastischer Schmuck Kreuzigung und Anbetung der Könige zeigt. Die Galerie über dem Portal ist eine etwas störende Zutat des ausgehenden 19. Jahrhunderts. Das zweite große Portal, um 1450 entstanden, liegt auf der Nordseite, und dem durchbrochenen Helm des Turms hat ohne Zweifel der des Freiburger Münsters zum Vorbild gedient.

An den Portaltüren waren einst Hufeisen befestigt, von denen die Legende folgendes berichtet: Als die Schweden

DIE MÜNSTERKIRCHE

1632 die Stadt stürmten, hatten sich die Bürger in ihre Kirche geflüchtet, aus der sie die Soldateska heraustreiben wollte. Da erschien in höchster Not der heilige Theobald im Strahlenglanz, und sofort fielen die Eisen von den Hufen der schwedischen Pferde. Zur Erinnerung brachte man sie an den Türen an. Auch an eine andere symbolisch-historische Bedeutung hat man gedacht, und zwar an den Sieg des Kreuzes über Wotan. Es befand sich nämlich angeblich an Stelle des Münsters einst ein heidnischer heiliger Hain, und immer wo Hufeisen an Kirchentüren zu finden seien, deute das auf das ehemalige Vorhandensein heidnischer Kultstätten hin.

Der *Innenraum* ist im Vergleich zum Außenbau streng, mit Ausnahme des nördlichen Seitenschiffs mit dem reichen Sterngewölbe. Die Schlußsteine des Hauptschiffs tragen die Wappen Kaiser Maximilians 1. und Burgunds, ferner die Madonna und das Wappen der Visconti, dann St. Theobald, die Wappen Österreichs und Schottlands, eine Schutzmantelmadonna und die Wappen von Sachsen und Habsburg; die Schlußsteine des nördlichen Seitenschiffs zeigen unter anderem Wappen elsässischer Familien, wie der Reinach, Waldner von Freundstein, Reich von Reichenstein und Andlau.

Die sieben *Chorfenster* des 15. Jahrhunderts sind wohl von den Habsburgern gestiftet worden, denn sie tragen ihr Wappen. Sie zeigen: die Erschaffung der Welt; die Erbsünde; Kain und Abel; Noah; den Turmbau zu Babel; die Zehn Gebote; ferner Prophezeiungen über die Muttergottes und den Alten Bund; die Passion; die Auferstehung; das Pfingstwunder; weiterhin das Marienleben nach der Legenda Aurea; sechs Wunder des Kirchenpatrons St. Theobald; das Martyrium der hl. Katharina und mehrere Heilige. Dies letztere Fenster wurde 1422 von Katharina von Burgund, der Gemahlin Herzog Leopolds von Österreich, gestiftet. Es folgen die Legende der hl. Ottilie, die Glorifikation der hl. Elisabeth und die Wappen von Habsburg, Brandenburg und Braunschweig.

Es gibt in der Kirche auch ein schönes Chorgestühl der Spätgotik, ein Vesperbild von 1515, die prachtvolle Sitzfigur des hl. Theobaldus – um 1470 entstanden und wohl aus der Basler Schule – und die sogenannte ›Muttergottes der Rebleutezunft‹ aus dem 16. Jahrhundert, denn hier im Rebengebiet spielt der Wein auch im Kult eine große Rolle. Schon Fischart schreibt 1572:

> *Im Rangenwein zu Dann,*
> *da steckt der heilige Sankt Rango,*
> *der nimpt den Rang und ringt so lang,*
> *bis er einen rängt und drängt unter die Bänk.*

So steht diese herrliche Kirche in der alten Stadt. In ihr sind Großartigkeit mit höchster Anmut zu einem vollkommenen Ganzen verbunden. Die Stadt selbst gibt sich bescheidener, wenn auch in ihr sich manche Erinnerungen an ihre einstige Bedeutung finden. Im 10. Jahrhundert zuerst urkundlich erwähnt, dehnte sie sich im 12., wie schon erzählt, erst richtig aus. Im Mittelalter war sie dann Hauptsitz der Verwaltung der habsburgischen Besitzungen im Elsaß. Im 15. Jahrhundert wurde sie zum Zentrum des Widerstands gegen die Eroberungspläne Karls des Kühnen von Burgund. Im Westfälischen Frieden 1648 ging sie in den Besitz Frankreichs über. Ludwig XIV. schenkte sie nebst den oberelsässischen Gütern der Habsburger dem Kardinal Mazarin und seinen Erben. Ein später Nachkomme dieser Familie, der Fürst Rainier von Monaco, führt heute noch den Titel eines Grafen von Thann.

Gebweiler – Guebwiller

Gebweiler, Hauptort des Benediktinerstiftes Murbach, von 1759 bis zum Ausbruch der Französischen Revolution Residenz der Fürstäbte, gehört zu den schönsten alten Städten des Elsaß. Es liegt am Eingang des Lauchtals und ist durch zwei ansehnliche Kirchen: St. Leodegar und die Liebfrauenkirche, ausgezeichnet.

St. Leodegar ist vor allem durch das breite Westwerk mit der schönen Vorhalle zwischen den reichgegliederten Türmen und dem hohen, mächtigen Vierungsturm aus dem 12. Jahrhundert bemerkenswert. Der Rest der Kirche ist im 14., 16. und 19. Jahrhundert erweitert und umgebaut worden, so daß der Anblick des Innenraums heute nicht mehr den reinen Eindruck staufischer Baukunst vermittelt, den der um 1200 vollendete Bau einst besaß. Schön ist dagegen die Außenansicht der Westpartie, besonders der Vorhalle mit dem reich geschmückten dreifach abgetreppten Säulenportal. Vorbild für diesen Bau war wohl St. Fides in Schlettstadt, das wir noch besuchen werden.

Die *Liebfrauenkirche*, ein prunkvoller Bau aus tiefrotem Sandstein, ließ der letzte Fürstabt von Murbach Kasimir, ein Herr von Andlau, 1761-1785 von Gabriel Ignaz Ritter aus Vorarlberg nach den Plänen von Beuque aus Besançon bauen. Fidelis und Helene Sporer aus Weingarten schufen die Chorfiguren und -dekorationen. Das Ganze wirkt harmonisch durch die feinen Maße. Zwei Ordnungen mächtiger Säulen gliedern die breite Fassade. »Trotz ihrer unvollendeten Türme schließt die Kirchenfassade einen rechteckigen Platz mit ehemaligen Kanonikerhäusern des 18. Jahrhunderts und einem Delphinbrunnen ... in glücklicher Weise ab«, schreibt Walter Hotz und zitiert: »ein hervorragendes Werk von hauptstädtischem, das heißt in diesem Falle: Pariser Charakter«.

Hier in Gebweiler steht auch das Schlößchen der Barone van Heeckeren d'Anthès, mit deren Familie das Schicksal des russischen Dichters Alexander Puschkin tragisch verknüpft ist. Baron d'Anthès diente unter König Karl X. in einem französischen Garderegiment, hatte jedoch nach der Revolution von 1830 keine Lust, unter König Louis Philippe den Dienst fortzusetzen. Seine Mutter, eine Gräfin Hatzfeldt, wandte sich an König Friedrich Wilhelm III. von Preußen mit der Bitte, ihren Sohn in die preußische Garde aufzunehmen. Das gelang nicht wegen eines ›numerus clausus‹, und der König riet, sich an seinen Schwiegersohn, den Zaren Nikolaus I. zu wenden. In Petersburg war d'Anthès willkommen; er machte sich auf die Reise, wurde aber unterwegs schwer krank. Baron van Heeckeren, der als holländischer Gesandter die gleiche Reiseroute hatte, nahm sich des Kranken an. Aus dieser Begegnung entwickelte sich eine enge Freundschaft, die in der Adoption d'Anthès' durch Heeckeren gipfelte. In Petersburg war der junge gutaussehende Offizier bald der Liebling der Damen, darunter der schönen und ebenso dummen Frau Puschkin. Der Klatsch trieb üppige Blüten, und, um dem Gerede zu entgehen, heiratete d'Anthès deren Schwester, Fräulein Gontscharow. Anscheinend setzte er aber den Flirt mit seiner Schwägerin fort, denn es kam zum Duell mit Puschkin, in dem dieser fiel. Anthès mußte bei Nacht und Nebel Petersburg verlassen. Er zog mit seiner Frau nach Soultz im Elsaß. Unter Napoleon III. wurde er Senator des Kaiserreichs.

Ein bedeutender Gebweiler unserer Tage ist der Schriftsteller Jean Schlumberger, Sohn einer einflußreichen alteingesessenen Industriellenfamilie. Als Freund André Gide's und Roger Martin du Gard's lebte er in Paris; er gehört zu den Gründern der ›Nouvelle Revue Française‹; als ständiger Mitarbeiter des ›Figaro‹ veröffentlichte er in diesem

Blatt 1945, bald nach Ende des Krieges, einen Essay, in dem er zu einem Brief Stellung nimmt, in dem Thomas Mann seine Weigerung nach Deutschland zurückzukehren öffentlich begründete. Schlumberger bemerkt dazu: »Man kommt nicht daran vorbei, sich über das Schweigen zu wundern, mit dem Thomas Mann über die Menschen hinweggeht, die innerhalb des Reichs und oft unter Lebensgefahr nicht aufgehört haben, gegen den Nazismus zu kämpfen.« Solche Worte sind damals sehr selten zu hören gewesen.

Südlich von Gebweiler, von Soultz aus zu erreichen, liegt die *Marienwallfahrt Thierenbach*, die nach einem im Colmarer Archiv liegenden Bericht bis ins 8. Jahrhundert zurückgehen soll. Jedenfalls ist es einer der ältesten elsässischen Wallfahrtsorte. Von Wiesen und Wäldern umgeben liegt die Kirche im Tal, etwas oberhalb des Dorfes Jungholtz. 1711 war der Neubau des Klosters vollendet, 1717–1723 baute Peter Thumb die Kirche. In der Französischen Revolution wurde das Benediktinerpriorat aufgelöst, und 1884 brannte der größte Teil der Gebäude ab. Herstellung und Ausstattung der Kirche stammen größtenteils aus dieser Zeit; der neubarocke Turm wurde 1932 gebaut. 1935, anläßlich der Krönung des Gnadenbildes, einer prachtvollen Pietà um 1350, wurde die Kirche von dem päpstlichen Nuntius in Paris zur Basilika erhoben. Von der alten Ausstattung sehen wir noch die Samson-Kanzel von 1510, die Statuen der Hll. Benedikt, Margaretha, Barbara und Katharina aus dem Beginn des 16. Jahrhunderts, Bilder des Marienlebens aus dem 18. Jahrhundert und vor allem viele Votivtafeln. Eine Wunderheilung ist für Thierenbach von Bedeutung gewesen: 1125 wurde der junge Herr von Sulz von hoffnungsloser Krankheit geheilt. Zum Dank schenkte er der Gottesmutter alle seine Güter und zog sich nach Cluny zurück, um Mönch zu werden. Abt Petrus

Venerabilis von Cluny richtete in Thierenbach ein Priorat ein, dessen Gründungsurkunde 1130 in Basel ausgefertigt worden ist. Alljährlich finden Wallfahrten nach Thierenbach statt, an der die umliegenden Dörfer teilnehmen.

Von Gebweiler geht es nun langsam aufwärts durch das *Lauchtal*. Bei *Buhl* machen wir einen Abstecher nach Murbach, um eine der eindrucksvollsten Klosterkirchen des Elsaß kennenzulernen.

Murbach

Die Kirche der ehemaligen Fürstabtei *Murbach*, oder besser das, was von ihr noch erhalten ist, ist eines der schönsten Denkmäler staufischer Baukunst, die man sehen kann. Sie ist der Jungfrau Maria und dem hl. Leodegar geweiht.

Als Student hatte ich mir eine Serie der vom kunsthistorischen Seminar in Marburg herausgegebenen Weltkunstkarten gekauft, die Ansichten des Baus zeigte. Sie begleiteten mich durch viele Jahre und liegen noch heute auf meinem Schreibtisch. Mein Wunsch, die Kirche einmal zu besuchen, ging jetzt endlich in Erfüllung, und es war wahrhaftig keine Enttäuschung, wie sonst so oft, wenn Wünsche einmal erfüllt werden.

Der Straße durch ein barockes Tor folgend standen wir unvermittelt vor dem Bau, dessen roter Sandstein im Licht der Herbstsonne vor dem gelb- und rotgeflammten Bergwald leuchtete. Vor uns stand der Ostchor, mächtig aufragend, kräftig und elegant zugleich, der Hauptchor flach geschlossen, die beiden schiffartigen Nebenchöre überragend; über den beiden schmalen Querschiffsarmen stiegen die Türme hoch empor. Streng, ja scheinbar nüchtern und schlicht steht der Bau da, aber je länger man ihn betrachtet, desto schwieriger wird es, ihn zu beschreiben.

2 Das Münster in Thann, von Westen

3 Das Münster in Thann, von Osten
→

1 Blick in die Vogesen
←

4-5 *Blick auf den Großen Belchen mit Kloster Murbach*

6 Inneres der Kirche von Ottmarsheim →

7 Murbach – Ostpartie der Klosterkirche

8 Murbach – Kloster Murbach während des Abbruchs

Lisenen, Rundbogenfriese, Blendarkaturen gliedern die Fassaden. Auf den Flächen sind Reliefs sparsam verteilt; glotzäugige und grinsende Köpfe und Fratzen als Träger der Säulchen schauen herab. In den Ädikulen der Blendgalerien sehen wir weiteren plastischen Schmuck: Tiere, einen Fuchs etwa, oder einen Hasen, Leier spielend und Rauchfässer schwenkend. Im Giebel des Hauptchors nimmt ein streng blickender Priester einem Ritter die Beichte ab, dessen Hals von einem Strick umwunden ist, an dem der Teufel zerrt, um ihn am Reden zu hindern. Ein bärtiger Alter, begleitet von einem Engel, hebt den Kelch empor: der Erzpriester Melchisedech. Das Tympanon des Südeingangs schmücken Palmettenfriese und zwei Löwen.

Aus der Literatur nehmen wir zur Kenntnis, daß die Dekoration von lombardischer Kunst, der ganze Bau von Hirsau und Cluny II beeinflußt, der stufenförmige, elegante Aufbau des Chors aber eigene Erfindung des elsässischen Baumeisters ist. Wie dem auch sei: die klare kubische Form, der strenge Ernst, die Vornehmheit und dazu die strahlende Pracht des sorgfältig bearbeiteten Mauerwerks sind ein unvergeßlicher Eindruck. Nur aus der großartigen Baugesinnung des Benediktinerordens ist Murbach zu verstehen: seine Äbte sind Fürsten gewesen, und Fürsten bauen fürstlich.

728 rief Graf Eberhard von Egisheim, Enkel Herzog Adalrichs aus dem Hause der Etichonen, den Bischof Pirmin von der Reichenau ins Land und bat ihn, hier am Fuße des ›Großen Belchen‹ ein Kloster zu gründen. König Childerich IV. verlieh ihm Immunität, der Straßburger Bischof freie Abtswahl. ›Vivarius peregrinorum‹ nannten die Mönche ihr neues Heim, eines der vornehmsten adeligen Stifte überhaupt, ausgestattet mit reichem Grundbesitz, zu dem einmal sogar die Stadt Luzern gehört hat. In karolingischer Zeit erlebte Murbach eine große Blüte, ja Karl

der Große nahm den Titel ›Pastor Murbacensis‹ an. Es barg eine berühmte Klosterschule, die Wissenschaft, Dichtung und die Künste pflegte, und eine ebenso berühmte Bibliothek. Die ›Murbacher Hymnen‹ – lateinische Breviergesänge mit deutscher Übertragung – befinden sich jetzt in der Universitätsbibliothek von Oxford, und in den Mauern Murbachs wurden auch andere literarische Denkmäler der Frühzeit aufgezeichnet. Auch spielten die Äbte in der Reichspolitik keine geringe Rolle; seit 1128 sind sie als Fürstäbte Reichsfürsten geworden. Im 11. Jahrhundert war zwar die Abtei in Schwierigkeiten geraten, doch die neue Würde bedeutete neuen Aufstieg.

Die heutige Kirche wurde im 2. Viertel des 12. Jahrhunderts gebaut; 1260 ließ Abt Bertold von Steinbronn seine Stadt Gebweiler ummauern und zum Schutze der Abtei die Burgen Hugstein und Friedberg bei St. Amarin bauen. Das bedeutete erneute Verschuldung und Rückgang des Klosters. 1336 wurde das gemeinsame Leben aufgegeben und, was an Einkünften noch da war, in Pfründen aufgelöst. Im 15. Jahrhundert reorganisierte der bedeutende Fürstabt Bartholomäus von Andlau, ›magister artium‹ der Universität Heidelberg, die Bibliothek, vermehrte sie durch kostbare Manuskripte und ließ den Kreuzgang mit Bildnissen von Äbten, Päpsten und Kaisern schmücken. 1544 erhielt das Stift durch Karl V. das Recht der Münzprägung. Die Bürgerschaft von Gebweiler liebte ihren tatkräftigen Abt Bartholomäus nicht und behauptete, er sei vom Teufel geholt worden. Die Chronik der Dominikaner berichtet darüber:

Ein erschrecklicher Casus begab sich allhier in Gebweiler. Denn als Bartholomäus von Andlau, Fürst zu Murbach, in dem oberen Schloß Hugstein in sein Gemach kam, und Nacht war, da saß er auf seinem Stuhl und redete mit seinem Kammerdiener, was ihnen angelegen war; in dem so verlöscht ihnen das Licht. Der Kammer-

diener nimmt die Kerzen und wollt ein ander Licht anzünden; und als er es angezunden und damit in die Stuben kam, da der Herr saß, da sah er mit großem Schrecken, wie daß eine schwarze Katz dem Herrn auff dem Hals lag, die ihn verwürgt hat. Der Kammerdiener floh aus der Stuben, ging hinab, und erzählte es dem ganzen Hausgesind. Man tat ihn wie man mit einem toten Körper tun soll, legt ihn in ein Totensarg. In der Frühe, am Morgen, führt man ihn gen Murbach; er hatte vier starke Pferd, die zogen an dem toten Körper daß sie schwitzten; alle die da waren, nahm es groß Wunder; und da er gen Murbach in die Kirchen kam, da tat man den Totenbahr auf, wie es Gewohnheit war, aber es wurd leider kein toter Körper mehr darinnen gefunden. Gott wolle uns alle gnädiglich vor dem bösen und unversehenen Tod behüten.

Immerhin brachte es Murbach auf kurze Zeit zu neuer Blüte. Reich und mächtig herrschte es wieder, mit dem Hund im Wappen, von dem es im Bauernkrieg hieß, er verstünde scharf zu beißen. Dann kam das 18. Jahrhundert, und den vornehmen geistlichen Herren, denen wiederum ein Andlau vorstand, wurde es in der Abgeschiedenheit ihres Waldtals zu langweilig. Sie beschlossen, sich in Gebweiler niederzulassen, doch erst 1759 erteilte Papst Clemens XIII. die Erlaubnis dazu, 33 Jahre nach der bereits erfolgten Übersiedelung in die Stadt. Das Kloster sollte im Geschmack der Zeit neu gebaut werden; Schiff und Kreuzgang wurden abgebrochen, doch ist es zum Glück nie zu dem geplanten Bau gekommen. So blieb wenigstens der Ostchor mit dem Querhaus erhalten.

Nicht immer vermag uns ein Bauwerk nur wegen seines hohen Alters zu packen, unsere Phantasie anzuregen. Diese Kirche aber wirkt wie eine alte, sehr vornehme Persönlichkeit, streng, doch voller Anmut und von klassischer Schönheit. Angesichts des grandiosen Restes empfinden wir die Kraft romanischen Geistes so rein wie nie: des Ritterlichen und Frommen, einer gewaltigen Synthese von ›actio‹ und

›contemplatio‹ in den architektonischen Formen edelster Proportion. Kapitelle, Bögen, plastischer Schmuck und Ornament sind nur sparsame Zutaten, der Architektur untergeordnet und doch von ganz eigenem Leben erfüllt, von Göttlichem und Dämonischem. Alles dies ruht im Grunde des Glaubens und hat dort seinen festen Ort.

Im Innern der Kirche schläft der Stifter im Hochgrab des 14. Jahrhunderts, dessen Deckplatte die Gestalt des Grafen Eberhard trägt. Draußen, im Gestrüpp des Kirchgartens aber, kniet ein steinerner Christus von einer Ölberggruppe, die Hände betend erhoben, allein und verlassen in der tiefen Stille des Tales.

Der ›Grand Ballon‹ oder Sulzer Belchen

Über *Lautenbach*, dessen Kirche eine der schönsten gewölbten Vorhallen des Elsaß, um 1150 gebaut, schmückt, steigt die Straße steiler an. Je höher wir kommen, desto deutlicher hebt sich im Osten der Schwarzwald empor, bis er als hellblauer Wall am Horizont steht. Vor hundert Jahren war es noch still und menschenleer hier oben, wie Heinrich Noë es beschreibt:

Auch von den südlichen Hängen, dort wo junges Buchengehölz als lichtes Viereck den schwarzen Nadelwald durchbricht, hebt sich die Rauchsäule einer Glashütte über die Wipfel. Auf dem Berg bemerkt man von menschlicher Tätigkeit nur die Holzhacker, soweit der Wald reicht. Mit Scheitern gepflasterte Schlittwege, die sich, wie eine Straße, in zahllosen Windungen nach der Höhe ziehen, erinnern überall an ihr Treiben.

Heute führt eine gute Straße hinauf, befahren von Autos aus aller Herren Ländern, und bald haben wir die grasigen Hänge des höchsten Vogesenberges, des *Grand Ballon*, 1440 m hoch, erreicht. Als wir Anfang Juni dort oben standen, wehte ein recht kalter Wind, ja es gab an den schattigen Stellen der Bergflanken noch Schneereste. Um uns lagen Gebirge und Ebene in dichtem Sommerdunst, von Duft und Schatten verdunkelt, aber im Frühjahr oder Herbst bei klarer Luft bietet sich hier ein unendlicher Ausblick. In weiter Runde liegen unten die Rheinebene, der Sundgau, das Tal von St. Amarin mit allen seinen grünen Verästelungen, stehen die Kuppen der Berge sich überschneidend, und über die Hänge fließt der Wald hinab in die Täler, alles blaugrün verwoben, im Schimmer der Ferne verwehend, aus dem gleißend die Alpenkette aufsteigt.

Vom ›Grand Ballon‹ kann man über das ›Hohneck‹ und den ›Col de la Schlucht‹ oder über Mühlbach ins ›Münstertal‹ fahren, oder über Willer ins ›Thurtal‹ nach Thann oder über die ›Route des Crêtes‹ nach Uffholz und Cernay – Sennheim –, um von da Mülhausen oder Colmar zu erreichen. Der ›Route des Crêtes‹ folgend, passieren wir die Ruine Freundstein der Herren von Waldner und den ›Hartmannsweilerkopf‹, Schauplatz heftiger Kämpfe im Ersten Weltkrieg.

Zwischen Gebweiler-Sennheim-Altkirch und Pfirt verlief seit August 1914 die Front und im Januar 1915 wurde der Hartmannsweilerkopf gestürmt und bis Kriegsende gehalten. Bernhard von der Marwitz, der in diesem Krieg als junger Offizier gefallen ist, schreibt über eine solche Vogesenstellung:

... von bayerischen Truppen sind an den Hängen, dicht unter Laubbäumen und Kiefern versteckt, Barracken, Unterstände und allerliebste Wohnungen mit getäfelten, möblierten und bildergeschmückten Zimmern ausgebaut als Unterkunft für Reserven und Abschnittskommandeur. Wir kampieren unter herrlichen Buchen, Eichen und dichtem Laubgrün. Prächtig schimmert durch die Bäume das blaue Tal, und um die oberen Berge weben weiße Wolkenschwaden ... Für die herrliche Aussicht über die bewaldeten, größ-

tenteils mit prächtigen Buchen und Eichen bestandenen Höhen ist der elende Mietspreis nichts weiter als das entsagungsvolle Gefühl, daß diese schöne Welt den Augen nicht zu friedlichem Genusse taugt und daß der Berg, der in seinen tiefsten Eingeweiden unzählige, unterirdische, in den Felsen gesprengte Stollen, Schächte und Unterschlupfe trägt, von der anderen Seite mit seinen zersplitterten Baumstümpfen und jämmerlichen Wurzeltrümmern ein schauervolles Antlitz unmenschlicher Verwüstung zeigt ... Wie kann ich es noch wagen, von der Zukunft Großes zu hoffen? Ich sehe schon Trümmer überall im kaum erblühten Garten ... Das Element, mit dem wir kämpfen müssen, heißt Gott. Er will, daß wir ihm standhalten, aber von Kampf zu Kampf wächst die Gefahr.

Heute erinnern nur noch die vielen Denksteine auf den Höhen an jene blutigen Schlachten und der erschütternde Militärfriedhof ›Silberloch‹, auf dem 60 000 Tote ruhen.

Eine besonders reizende Fahrt kann man auch von Bühl im Lauchtal über Soultzmatt, Osenbach nach Soultzbach und von hier aus über Münster, den ›Hohrodberg‹, Pairis, den ›Rocher Belmont‹ zum ›Col du Bonhomme‹ machen. Von hier aus führen die Straßen nach Colmar oder Straßburg. Es sind meist schmale Chausseen, die unter Linden und Ebereschen bergauf, bergab laufen, durch Täler, Wälder und über Höhen mit ständig wechselnden wundervollen Landschaftsbildern.

Wir aber kehren über Mülhausen auf die rechte Rheinseite zurück.

EXKURS ZWISCHEN DEUTSCHLAND UND FRANKREICH

Ausflug ins Markgräflerland

Über Mülhausen wollen wir nun also wieder ins Badische reisen, ins Markgräflerland. Bei *Neuenburg* spannt sich die Brücke über den Rhein. Die kleine Stadt, die im letzten Krieg ganz und gar zerstört worden ist, hat schon von jeher unter Naturkatastrophen und Kriegen zu leiden gehabt, so am Ende des 15. Jahrhunderts, wie Merian uns berichtet: »Allhier rinnt der Rhein so stark an der Stadt und frißt dergestalt umb sich, daß er die Kirch halb hinweggeflößt, daß nur noch der Chor allda übrig ist.«

Die einst sehr reiche Stadt zahlte 1242 eine Reichssteuer von 100 Mark Silber, soviel wie Nördlingen und Lindau. In der Mitte zwischen Elsaß und Breisgau gelegen wurde Neuenburg gerne als Ort für vorderösterreichische Landtage gewählt. Hier starb Herzog Bernhard von Weimar nach der Einnahme der Festung Breisach im Dreißigjährigen Krieg. »Ich wundere mich, daß das Herz noch frisch ist und sich nicht zum Tode schicken will«, sagte der sterbende Feldherr. In der nördlichen Seitenkapelle des Breisacher Münsters ist er bestattet worden.

Es dämmerte schon, als wir in Müllheim eintrafen, um in der ›Alten Post‹, der das weniger hübsche Beiwort Euromotel hinzugefügt worden ist, zu übernachten. Sie liegt außerhalb des Städtchens an der großen Straße Frankfurt-Basel und wurde 1745 von dem kaiserlichen Posthalter und Scharfrichter Georg Adolf Heidenreich gebaut. Goethe hat hier gewohnt, Johann Peter Hebel kehrte gerne hier ein. Sie würden das alte Haus nicht wiedererkennen, so elegant ist es geworden. Wo einst die Postpferde gewechselt wurden, tanken heute die Autofahrer, aber es ist ein sehr behagliches Haus, in dem man sich bei guter Küche und vortrefflichem ›Markgräfler‹ wohl fühlt, so daß Hebels Loblied noch heute Gültigkeit hat:

Z' Müllen an der Post,
Tausigsappermost!
Trinkt me nit e gute Wi!
Goht er nit wie Baumöl i,
Z' Müllen an der Post!

Freundlich und fruchtbar zieht sich das Markgräflerland nach Süden bis zur Schweizer Grenze bei Basel. Seine Hügel treten mit dem *Isteinerklotz* nahe an den Rhein, der vor der großen Rheinkorrektion dicht an ihm vorüberfloß. Das Gebiet des Hochrheins von Konstanz bis Basel ist eine außerordentlich romantische Landschaft. Schöne alte Städte, Klöster und Burgen, darunter die Ruine der mächtigen *Burg Rötteln* (im Wiesental) gehören zum Stromgebiet, in dem einst fünfzig römische Kastelle und Warten lagen. Steht man auf der ›Tüllinger Höhe‹, hat man einen weiten Blick über das Rheintal, auf Basel und die Höhen des Jura und ins Elsaß hinaus.

Mit der Tüllinger Kirche hat es nun eine besondere Bewandtnis. Auf der Burg Mönchenstein bei Basel lebte einst ein Ritter mit drei schönen Töchtern: Chrischona, Ottilia und Margareta, um die drei Brüder des benachbarten Reichenstein warben. Das paßte dem Vater nicht; er ließ die Freier vor den Augen der Mädchen enthaupten und diese dann in den Turm sperren. Freunde der ermordeten Ritter befreiten die Mädchen, welche beschlossen, ihr Leben Gott zu weihen. So bauten sie auf drei Hügeln drei Kirchen mit je einer Klause: Ottilia auf dem Tüllinger Berg, Chrischona auf der Höhe des Dinkelberges und Margareta bei Binningen jenseits von Basel. Zu bestimmten Stunden des Tages gaben sie sich mit den Glocken Zeichen; sie winkten einander mit weißen Tüchern zu, unterhielten sich durch lange Sprachrohre und wünschten sich abends durch ins Fenster gestellte Kerzen eine gute Nacht. Zur Erinnerung an die drei frommen Klausnerinnen werden in den Kirchen noch große Sprachrohre aufbewahrt.

Noch schöner aber ist es, die unmittelbare Umgebung von *Müllheim* kennenzulernen. An den Hängen des ›Hochblauen‹ liegt *Badenweiler*, der schon von den Römern sehr geschätzte Badeort, von dem Justinus Kerner sagt, er sei »ein Stück Italien auf deutschem Boden«. Inmitten von Tulpenbäumen, Zedern, Sequoias, Edeltannen, Gingkos, Paulownas, Kastanien und Buchen liegt der Ort unter dem ›Hochblauen‹, der wirklich in blauen Tinten spielend über dem Land steht. Dort lebte René Schickele. Seine Nachbarin war Annette Kolb, und sie ließen sich ihre schönen kleinen Häuser von Schmitthenner bauen. Annette erzählte uns, wie sie hier ihre Fahrprüfung gemacht hat, wie sie selig die Bergstraße hinunter sauste und wie ihre erste Ausfahrt alleine einer Hochzeitsreise geglichen habe. Schikkele, der Freund, hat die Dichterin zärtlich-lustig beschrieben:

Ein helles Kleid zerstörte sie, niemand weiß warum, am wenigsten sie selbst. Alle zwei Jahre, gewöhnlich im Sommer, unternimmt sie es, das Rätsel zu lösen und empört sich gegen die falsche Trauer, zu der ihre Freunde und ihr Spiegel sie einmütig verurteilen. Sie kleidet sich hell! Ihre Freunde und ihr Spiegel haben dann alle Mühe, sie zu erkennen. Sie scheint aus den Nähten gesprungen, sie löst sich in Bruchstücke und Splitter auf, hinter denen sie ständig her ist, weil sie ihr dauernd abhanden kommen. Wenn sie in einem Schaufenster aufatmend ihr Spiegelbild zu erkennen glaubt, entdeckt sie bald, daß nicht sie es ist, die sie anlächelt, sondern eine Modepuppe.

Es ist eine schwere Zeit für ihre Umgebung. Überall sieht sie Verräter und Spione. Ihr linker Fuß fühlt sich vom rechten betrogen. Die Finger hadern miteinander und verständigen sich nur, um den abseits stehenden Daumen einzulochen. Ihr Aufwand an Energie an diesen drei oder vier Tagen ist ungeheuer. Sie kündigt den Dienstboten, den eigenen wie den fremden, sie steigt in eine Autodroschke und auf der anderen Seite wieder hinaus und fragt den Chauffeur: »*Sagten Sie etwas?*« *Sie wirft mit der Puderdose nach Katzen, die sie sonst aller anderen Kreatur vorzieht. Sie bestellt die Zeitung der Nachbarin ab, weil diese fortfährt, sie zu grüßen, obgleich sie längst nicht mehr widergrüßt. Sie schickt drohende Telegramme an Mitglieder regierender Häuser und legt sich, am Ende ihrer schier übermenschlichen Kräfte angelangt, für eine Woche ins Bett.*

1933 verließen Schickeles und Annette Kolb Deutschland, und nach 1945 kam die Dichterin nur noch selten nach Badenweiler, um nach ihrem Häuschen zu sehen und die Witwe Schickeles zu besuchen.

Wir fuhren an diesem leuchtenden Herbsttag weiter nach *Bürgeln*, hoch hinauf zu dem 1762–1764 gebauten Sommersitz der Abtei St. Blasien, einem eleganten kleinen Schlößchen, das heute dem ›Bürgeln-Bund‹ gehört. Nach Westen zu entrollt sich Bild auf Bild. Zunächst steil abfallende Wiesenhänge mit Obst- und Nußbäumen, dann schmale Täler zwischen bunten Herbstwäldern, Wäldern von einer Dichte und Schönheit, wie sie nur den Mittelgebirgen eigen sind – Wald schlechthin. Und dahinter im goldenen Glast verschwimmt die Ebene gegen den Rhein. Nichts ist von ihm zu sehen, nichts von den Kämmen der Vogesen oder den Schweizer Alpengipfeln, alles ist versunken im Dunst, aufgesogen von lauter Licht.

> *Z'Bürglen uf der Höh,*
> *Nei, was cha me seh!*
> *O, wie wechsle Berg und Tal,*
> *Land und Wasser überal,*
> *Z'Bürglen uf der Höh!*

Man erzählt sich, daß auf den Nebeln zwischen Schwarzwald und Vogesen oftmals schnelle kleine Schiffe dahinführen, Botenschiffe von Toten, die ihre Gräber nicht wiederfinden, oder von Verlassenen, die einander suchen, und auch der Rheinkönig fährt hie und da auf seinem Schiff über den Nebelsee.

Weiter ging es durch die schönste Landschaft, von Badenweiler über Britzingen durch den Wald, auf kleinen Straßen zwischen Rebgärten und Wiesen, hügelauf durch reizende Dörfer nach *Laufen* mit seinem Schlößchen, Besitztum der Gräfin Zeppelin. Rings um das Haus breiten hohe Bäume schattige Kühle, und wenn drüben in der Gärtnerei alles wohl aufgeräumt und bestellt vor uns liegt, scheint der Natur hier etwas mehr Freiheit gelassen, selbst im kleinen Parterre vor der Terrasse des Schlosses, und unwillkürlich hält man Ausschau nach der Gestalt einer Biedermeierdame, die geheimnisvoll im grünen Dämmerlicht des zugewachsenen Gartenwegs längs der Mauer erscheinen könnte. Mit dem Fürsten Pückler kann die Herrin des Hauses sagen: »Wer mich ganz kennenlernen will, muß meinen Park kennen, denn mein Park ist mein Herz.« So ist es auch hier, wo alles zusammenklingt und zu einer Einheit zusammenwächst: Schloß, Bäume, Büsche und Blumen, keines kann mehr ohne das andere sein, ohne an Atmosphäre einzubüßen. ›Willst Du ein Leben glücklich sein, dann werde Gärtner‹, sagt ein chinesisches Sprichwort. Man muß die Gärtnerei der Gräfin Zeppelin gesehen haben, wo jetzt im Herbst Astern in allen Farben glühen, wo im Frühjahr ganze Felder herrlichster zartfarbiger Iris blühen, um die Wahrheit des chinesischen Spruchs zu verstehen. Mit diesem Garten hat sie ihre Biographie geschrieben. Überall sind die Spuren ihrer Gedanken und Hände zu sehen, bald in leuchtenden, bald in zarten Farben. Auf dem eisernen Rosentor stehen die bezeichnenden Worte: »Hier kehr ich selbst in mich zurück.«

Wir durchqueren *Sulzburg*. Traktoren zogen knatternd Wägen mit traubengefüllten Bottichen durchs Tor in den hübschen kleinen Ort, dessen ältestes Bauwerk, die *St. Cyriakuskirche* von 933, etwas abseits im Friedhof steht, ein schlichter Bau mit massigem Turm und einer Ringkrypta, womöglich einst Grablege der Zähringer. Immer wieder muß man sagen: das Markgräflerland ist eine der schönsten deutschen Landschaften überhaupt. Zwar behaupten die Freiburger, es beginne bereits mitten in ihrer Stadt, im ›Colombipark‹, wo Reben wachsen, es umfaßt aber die Landkreise Schopfheim, Müllheim und Lörrach. Es ist nicht möglich, in dem begrenzten Rahmen eines Ausfluges den Reichtum des Landes auch nur annähernd zu schildern. Man müßte ja auch von längst Versunkenem sprechen, von Markgraf Ludwig Wilhelm von Baden zum Beispiel, dem ›Türkenlouis‹, von seinem jetzt verlassenen schwermütigen Barockschloß zu Rastatt, von der Geschichte des Klosters St. Blasien, von alten Bauernhöfen im Gebirge, von Burgtrümmern, Tälern, Höhen und tiefen Wäldern, von ihrer Geschichte, von Glück und Unglück. Auf alles dies kann nur hingewiesen werden.

Während im nördlichen Schwarzwald die Tanne überwiegt, in mächtigen Beständen Höhen und Hänge überziehend, dem Gebirge eine gewisse Melancholie verleihend, zeigt er sich südlich des Kinzigtals mit Mischwäldern viel lieblicher, wozu schon die Weingärten, die wir eben durchfahren haben, das Ihre beitragen. Der Ernst und das Dunkel der Tannenwälder weicht anmutigem Hügelland und fruchtbaren Tälern, hinter denen die höchsten Berge des Hochschwarzwalds aufragen: Feldberg, Toter Mann, Belchen und Blauen. Ein Vergleich mit den Vogesen, soweit wir sie schon kennen, liegt auf der Hand.

Da liegt das Land im zitternden, silbernen Licht der Sonne oder in dichten Herbstnebeln, die, wenn sie sich heben, alles in perlmutterfarbenen Glanz getaucht erscheinen lassen.

An einem solchen Tag war es, als wir die Fahrt von Badenweiler über Staufen nach Freiburg machten. Unweit vom Eingang ins *Münstertal* erhebt sich ein runder, dicker

Hügel, von Reben umkränzt, auf dem eine Ruine sitzt, die *Burg Staufen*. Das Ganze gleicht einer Gouache aus dem frühen 19. Jahrhundert. Zu Füßen des Hügels liegt das Städtchen gleichen Namens, ein behaglicher, um 1250 gegründeter Ort mit zwei Toren, dessen Stadtbild die Häuser des 16. und 17. Jahrhunderts prägen. In der Mitte steht das Rathaus mit seinem Staffelgiebel, darumherum behäbige Gast- und Bürgerhäuser, unter denen vor allem der ›Löwe‹ Berühmtheit erlangt hat, weil hier der Dr. Faust lebte. Die Inschrift an der Fassade berichtet uns von seinem Ende. Von der lustigen kleinen Stadt schreibt Johann Peter Hebel:

> *Z' Staufen uffem Märt*
> *Hän sie, was me gert,*
> *Tanz und Wi und Lustberkeit,*
> *Was eim numme 's Herz erfreut,*
> *Z' Staufen uffem Märt.*

Von Hebel, dem Carl J. Burckhardt in seinem ›Vormittag beim Buchhändler‹ ein liebevolles Denkmal gesetzt hat, sagt Goethe, daß ihm »Heiterkeit des Himmels, Fruchtbarkeit der Erde, Mannigfaltigkeit der Gegend, Lebendigkeit des Wassers, Behaglichkeit der Menschen, Geschwätzigkeit und Darstellungsgabe, zudringliche Gesprächsformen, neckische Sprechweise« zu Gebote stünden, »um das, was ihm sein Talent eingibt, auszuführen«. Wenn man in seinen Gedichten liest oder im ›Schatzkästlein des Rheinischen Hausfreunds‹, so erfährt man viel vom Wesen dieses heiteren Landes, dessen guter Geist er gewesen ist.

Von Staufen geht es entlang dem Flüßchen Neumagen ins Münstertal, das vom Belchen beherrscht wird. In Wasen gabelt sich das Tal; hier lag einst die Bergwerksstadt *Münster*, welche die Freiburger 1346 als unliebsame Konkurrentin im Bergbau kurzerhand dem Erdboden gleichgemacht haben. Halten wir uns zur Linken, sehen wir als-

KLOSTER ST. TRUDPERT

bald auf den buckligen Hangwiesen das *Kloster St. Trudpert*, zu dem eine Allee riesiger, uralter Linden hinaufführt. Die ehemalige Benediktinerabtei gilt als das älteste rechtsrheinische Kloster, denn hier hatte sich der heilige Trudpert, ein irischer Missionar, im 7. Jahrhundert seine Zelle gebaut.

Nach seiner ›Vita‹ soll der Heilige während des Baus seiner Niederlassung von einem der Arbeit überdrüssigen Helfer erschlagen worden sein. An der Stelle, wo er den Tod fand, entsprang eine wundertätige Quelle; Wunder und Heilungen förderten die Verehrung des heiligen Mannes im Breisgau. Vom alten Kloster weiß man nicht viel. Eine Urkunde von 852 nennt einen Abt Hunbertus, 902 stiftete der elsässische Graf Liutfried beträchtlichen Grundbesitz – sein Grab befindet sich im Chor der Kirche. Das Kloster war reich, da es am Silberbergbau im Münstertal beteiligt gewesen ist. Von diesem Wohlstand zeugt noch das schöne silberne Vortragskreuz, das zwischen 1160 und 1170 entstanden ist. 1632 zerstörten die Schweden das Kloster und erst 1698 wurde als erster Neubau die St. Trudpert-Kapelle, ein kleiner Zentralbau, bei der Quelle errichtet. 1710 begann der Vorarlberger Meister Peter Thumb – er hat auch gegenüber am anderen Rheinufer, im Elsaß, gebaut – den Neubau der Kirche, deren gotischer Chor erhalten geblieben ist. Er baute sodann das Kloster, welches nach der Säkularisierung 1806 in den Besitz des badischen Staatsministers Baron Andlau kam, der große Teile abbrechen ließ. Seit 1918 wirken hier die Schwestern vom hl. Joseph, und das Kloster ist neubarock – gar nicht übel – wieder aufgebaut worden. Thumb hat sehr geschickt seine Planung durch Terrassierung und Treppen dem Gelände angepaßt, so daß sich immer neue Blicke ergeben, aber am schönsten ist der Blick über Wiesen und Wald hinaus ins weite Tal.

Wir folgen dem sacht ansteigenden Münstertal, das hohe, bewaldete Berge, Wälder und Wiesen begleiten. Ehe man die Straßengabelung erreicht, kann man in *Spielweg* in einem sehr behaglich mit alten Möbeln eingerichteten Gasthaus ausgezeichnet essen.

Weiter oben tauchen kurzgrasige, runde Kuppen auf, Halden mit Ginster und Wacholdern bestanden; auf langgestreckten Bergrücken stehen einzelne Höfe, um die herum das Vieh weidet. Das Landschaftsbild ist wiederum den gegenüberliegenden Hochvogesen eng verwandt, ist aber dennoch ein wenig anders, denn dort drüben steigen die Bauernhöfe nicht so hoch hinauf, und hier gibt es nicht die Sennereien wie in den Vogesen. Wir wollen nun nicht den Straßen zum ›Schauinsland‹ oder ›Belchen‹ folgen, sondern kehrtmachen und dem *Breisgau* gleichsam im Fluge einen Besuch abstatten, auf unserer Fahrt zum Kaiserstuhl, von wo aus wir den Rhein dann wieder überqueren werden, um Colmar und die Weinstraße des Elsaß zu besuchen. Wer hat wohl das Schicksal des Breisgaus eindrucksvoller geschildert, als Marie-Luise Kaschnitz in der schönen Beschreibung ihrer engeren Heimat? Wie mit dem Zeitraffer ist in dieser kurzen Skizze ein ungeheures Geschichtsbild zusammengefaßt:

Breisgau aus der Vogelschau

Am nächsten Tag werde ich zur Vogelschau zurückkehren. Ich werde zuerst die schönen Waldränder bekanntgeben, dann das Wiesenvorland, dann das Rheintal, die Vogesen, den Schweizer Jura und die Burgundische Pforte. Ich werde den historischen Charakter der Landschaft betonen und behaupten, daß, wer Einbildungskraft besitzt, noch heute die Heere durch die Ebene ziehen sehen kann:

    die Kelten und Germanen, kämpfend mit Cäsars Legionären, die

Alemannen und Franken, die Bauern aus Staufen, die das Schloß der Herren Schnävelin von Bärenlapp im Dorf zerstörten;

die Schweden, die dreihundert Kirchhofener Bauern erschlugen und das Kloster Sölden in Brand steckten;

die Truppen des Marschalls Turenne, der über das Kuckucksbad und durch das Hexental gegen die Bayern zog;

die Truppen Ludwigs XIV., die von Breisach her Freiburg eroberten;

die Heere des Pfälzischen Erbfolgekrieges, des Spanischen Erbfolgekrieges, des Österreichischen Erbfolgekrieges, des 1. Koalitionskrieges, des 2. Koalitionskrieges, des 3. Koalitionskrieges und der Freiheitskriege.

Was alles für die Dörfer des Hexentales bedeutete: Plünderung, Kontributionen, Bauern zum Schanzen gezwungen, Hafer, Feldfrüchte, Wein, Gold, Vieh, Schweine, Hühner weggeführt, Brandschatzung, Flucht in die Wälder, Elend, Tränen und Angst.

Das rosa Schloß

Die Landschaft zwischen Freiburg, Breisach und dem Kaiserstuhl ist eine sehr baulustige Ecke gewesen. Hier saß eine wohlhabende Ritterschaft, in der die Grafen von Kageneck, Schauenburg und Andlau wohl die Hauptrolle gespielt haben, die ausgeprägte grundherrliche Privilegien hatten. Adel, Prälaten und Reichsstädte regierten mit nahezu allen Hoheitsrechten, und der Breisgau gehörte zu den am besten verwalteten Provinzen des Reichs.

Die Hitze brütete über dem sommerlichen Land, als wir von Freiburg dem Kaiserstuhl zufuhren. Es war sehr heiß, die Ebene lag im flimmernden Sonnenglast. Zwar begleiteten uns neue Siedlungen, Industrieanlagen und Zufahrtsstraßen zur Autobahn ein gutes Stück, und doch, wenn man alles dies hinter sich gelassen hat, dann kann man noch vieles finden, wie es vor hundert Jahren gewesen ist.

Umkirch – Sommerschloß der Großherzogin Stephanie von Baden, jetzt des Fürsten von Hohenzollern. Im kleinen Park ein heiteres rosa Bauwerk, der Mittelteil um einen Halbstock erhöht, gekrönt von einem Belvedere, gegliedert durch Lisenen, das Ganze von vornehmer Schlichtheit. Seit 1743 gehörte das Gut den Grafen von Kageneck zu Munzingen am Thuniberg, kam dann an die Gräfin Wrbna-Kageneck und wurde 1827 von der Großherzogin Stephanie von Baden erworben, die es ihrer Tochter, der Fürstin von Hohenzollern, hinterließ.

Graf Kageneck baute das Schloß um 1760. 1787 wurde es um den Halbstock erhöht, erhielt es die Seitenflügel und 1816 das Belvederchen. Der östliche Giebel trägt noch das Wappen Wrbna-Kageneck. Das Ganze macht einen durchaus heiteren Eindruck, und vom Innern des Schlosses gilt das gleiche. Geräumige Zimmerfluchten, ungemein wohnlich und behaglich, gefüllt mit den schönsten Möbeln des 18. und frühen 19. Jahrhunderts. Man versteht, daß die Familie Hohenzollern das Haus liebt, daß sie sich immer wieder mit ihren vielen Verwandten gern hier zusammenfindet. Das geheimnisvolle Fluidum eines solchen Schlosses, seiner Räume und Gärten lebt durch das Leben selbst und wird erst erlöschen, wenn das Leben in ihm erlöschen sollte. Die Großherzogin Stephanie notiert in ihrem Tagebuch:

Mancherlei Laute dringen aus den Feldern herein, sie haben etwas Liebliches, Schmerzbetäubendes. Der Gesang der Vögel, das Summen der Mücken, das Geräusch der Dreschflegel, deren Taktschläge man hört, ohne zu sehen, wer sie hervorbringt, die Karren, die ins Dorf zurückrattern, die Blumen, die aufkeimen, blühen und verwelken, oft ohne daß jemand sie beachtet, dies ganze weltferne Leben leitet die Gedanken zu Gott, der all das Schöne schuf als Abbild einer besseren Welt.

Stephanie Beauharnais, Adoptivtochter Napoleons und

SCHLOSS UMKIRCH

als solche Kaiserliche Hoheit und Prinzessin von Frankreich, wurde 1806 siebzehnjährig mit dem Erbprinzen Karl Ludwig von Baden verheiratet. Damals spielte auch für Männer wie Napoleon das Dynastische im Interesse seiner Familie eine große Rolle. Je fester er sein Haus an die europäischen Herrscherhäuser band, desto sicherer mußte ihm sein neuer Thron gegründet erscheinen. Karl von Badens Mutter, die Markgräfin Amalie, war außer sich über die geplante, ganz und gar nicht ebenbürtige Heirat und tat alles, um sie zu verhindern. Napoleon versprach dem neuen Kurstaat aber als Mitgift den Breisgau und erklärte kategorisch: »L'alliance ou point de Brisgow.« Johann Peter Hebel aber erwartete viel Gutes aus solcher Verbindung, »... wenn auch wieder einmal gemeineres Blut das edlere mischt, und eine gute Mélange des deutschen mit dem französischen.«

1806 wurde die Hochzeit mit Pomp in Paris gefeiert. Stephanie wollte zuerst von ihrem schon etwas verlebten Mann nichts wissen, von dem Napoleon sagte: »Ce prince est indécrottable.« Die Hochzeitsnacht in den Tuilerien, auch die nächsten Nächte mußte der Prinz vor ihrer Tür im Sessel verbringen. Stephanie lachte ihn aus wegen seines Zöpfchens, das er noch trug, und als er dann à la Titus frisiert antrat, lachte sie noch mehr, und er mußte weiter auf seinem Stuhl sitzend antichambrieren. Napoleon hatte schließlich genug davon und schickte das junge Paar nach Karlsruhe, mit dem Befehl, diesen Zustand sofort zu beenden. Das geschah auch, aber beide Söhne starben bald nach der Geburt, und der erstgeborene ist in die Geschichte als Kaspar Hauser eingegangen, dessen Geheimnis nie ganz gelüftet werden konnte.

Großherzog Karl Ludwig starb schon 1818. Seinem Onkel Ludwig (1818-1830) folgte Leopold (1830-1852), der Sohn aus seines Vaters zweiter Ehe mit dem Fräulein Geyer von Geyersberg, der Gräfin Hochberg, von der seine Tochter Zarin Elisabeth von Rußland sagte: »... mein Gott, Frau von Hochberg macht Kinder wie Pasteten!«

Stephanie lebte auf ihren Witwensitzen Mannheim, Baden-Baden und in Umkirch, besuchte ihre Cousine Hortense Beauharnais, Königin von Holland, auf dem Arenenberg am Bodensee, war gerne gesehen bei den wieder inthronisierten Bourbonen und später bei Kaiser Napoleon III. Sie war eine liebenswürdige, gebildete Frau von bezaubernder Anmut, die einen anregenden kleinen Hof hielt. Baron Alexander von Ungern-Sternberg berichtet darüber:

Die junge Witwe lebte den Studien, sie malte, sie las, sie komponierte, sie sah die Gesellschaft um sich, die ihr genehm war und mit der sie sympathisierte. Auf den ersten Blick sah man in ihr die Französin; sie zwang sich, deutsch zu sprechen, sie sprach es jedoch mit einem ans Komische grenzenden fremden Akzent; mit mehr Leichtigkeit und Richtigkeit schrieb sie die Sprache ihrer zweiten Heimat. Die Abende bei Hof, in der Regel zwei- bis dreimal in der Woche, waren von einem unbeschreiblichen Zauber ... Es wurde gelesen, gezeichnet, geplaudert. Papier, Bleifedern, Kreidestifte lagen stets bereit, und die Fürstin selbst zeichnete kleine Landschaftsskizzen mit seltener Leichtigkeit ... Es kamen sehr viele Gäste an diesen kleinen Hof. Alle umgingen sie das langweilige Karlsruhe und kamen nach Mannheim.

1860 ist die Großherzogin in Nizza gestorben; die Idylle ihres kleinen ländlichen Hofes ist dahin, aber die unbeschwert heitere Grundstimmung ist als ›genius loci‹ geblieben und die Erinnerung an Stephanie lebt fort im rosa Schloß und im Park, durch dessen Bäume man hinausschaut auf die sanften Höhen des Kaiserstuhls und über den Rhein hinüber – ins elsässische Land.

Im Kaiserstuhl

Wie das Bild eines impressionistischen Malers lag der *Kaiserstuhl* vor uns, dessen Flanken im hellen, das Sonnenlicht blaß filternden Dunst schimmerten. Alle Farben waren im lichten Grauton der Luft heller als sonst: das Grün des Laubs, das Lößgelb der Weinberge und das Rot der Ziegeldächer. Die Ebene draußen war ein einziges silbergraues, lichtdurchfunkeltes Gespinst, in dem sich die Höhen des Schwarzwalds und der Vogesen nur schattenhaft abzeichneten.

Auf dem ›Vogelsang-Paß‹ hielten wir, stiegen aus und wanderten gemächlich am Waldrand bergan. Himmelschlüssel, Anemonen, blaue Kugelblumen blühten und noch verspätete Küchenschellen in tiefem Violett. Die Luft war erfüllt von süßem Duft, aus dem sich der Geruch frischen Waldmeisters deutlich herausschmecken ließ.

Wir stiegen auf einen runden Wiesenbuckel, wieder hinab und hinauf auf den langgestreckten Rücken des Badberges, dieses seltsamen, völlig baumlosen Gebildes, das wie ein Stück Urlandschaft in dem reben- und waldreichen Land liegt. Hier fließt eine warme Quelle, in der man einst badete.

Von den unten liegenden Dörfern sieht man die tief in den fruchtbaren Löß eingeschnittenen Wege durch Rebhalden und über Wiesen in die Einsamkeit der Höhe steigen. Es ist ein wunderbares, sanftes Land, das uns umgibt, eine stille, zauberische Insel in der Ebene, ein vulkanisches Gebirglein, das im Umfang und Charakter ein wenig an die Euganeischen Hügel bei Padua erinnert. Goethe schrieb, als er im September 1779 seinen Schwager, den Amtmann Schlosser, in Emmendingen besuchte, voller Entzücken, mag er damit auch den Kaiserstuhl nicht direkt meinen:

Ein ungemein schöner Tag, eine glückliche Gegend, noch alles grün, kaum hie und da ein Buchen und Eichenblatt gelb. Die Weiden noch in ihrer silbernen Schönheit. Ein milder willkommener Athem durchs ganze Land. Trauben mit jedem Schritt und Tage besser. Jedes Bauernhaus mit Reben bis unters Dach, jeder Hof mit einer großen vollhangenden Laube. Himmelsluft weich, warm, feuchtlich, man wird auch wie die Trauben reif und süß in der Seele. Wollte Gott wir wohnten hier zusammen, mancher würde nicht so schnell im Winter einfrieren und im Sommer austrocknen.

Dies kompakte, in sich geschlossene kleine Gebirge von so durchaus anderem Charakter als der Schwarzwald läßt den Eindruck entstehen, man befände sich in einer anderen Welt. Gegenüber dem ›Badberg‹ auf dem ›Totenkopf‹, der höchsten Erhebung, soll König Rudolf von Habsburg einst zu Gericht gesessen sein, und daher stamme der Name Kaiserstuhl.

Wald bedeckt die Kuppen, aus mancherlei Baumarten zusammengewachsen: Buche, Eiche, Föhre, Linde, Akazie, Esche, Ahorn, durchsetzt mit wilder Kirsche und Buschwerk, hie und da echter Bauernwald wie man ihn in Frankreich sieht. Draußen auf den Hängen blühten Kirschen und Zwetschgen, in den Gärten Aprikosen und Pfirsiche. Auch der Nußbaum gehört zum Kaiserstuhl. »Nüsse!«, schreibt Franz Schneller. »Welcher Kaiserstühler hätte nicht sein Krügchen mit Nußöl! Denn Nußöl gehört nach Landessitte an den ›Sonnenwirbele‹-Salat, der Beigabe zu den frischen Rheinfischen.«

Alles ist hell und mild, ist eng und in sich beschlossen. Schmale Täler in die Berge eingeschnitten, an deren Flanken die Weingärten terrassenförmig aufsteigen: Achkarren, Oberrotweil, Bischoffingen, Bickensohl, Ihringen, Burkheim, das sind für Weinkenner bekannte Namen.

Wer in einem der Kaiserstühler Orte einkehrt, wird nicht enttäuscht sein. Jede Stadt, jedes Dorf hat vortreffliche Wirtshäuser. Wir saßen nach dem Abstieg vom Badberg im ›Bären‹ zu *Oberrotweil,* aßen frische Laugenbrezeln, Schäufele, und der köstliche, rötliche, kühle Weißherbst stieg uns angenehm zu Kopf.

Welch schöne Orte gibt es im Kaiserstuhl. *Niederrotweil* gehört dazu, einst Besitz des Benediktinerstifts St. Blasien, und seine schlichte, uralte Wehrkirche mit den Wandmalereien des 14. Jahrhunderts, dem eleganten Sakramentshäuschen aus gebranntem Ton von 1492 und mit seinem größten Schatz, dem Schnitzaltar, den der Meister H.L. wohl im Auftrag des Abtes von St. Blasien um 1530 schuf. Im Mittelschrein sehen wir die Krönung Mariä, auf den Flügeln den Erzengel Michael als Seelenwäger, die Taufe Christi, den Tod des Täufers, Michaels Kampf mit den Teufeln, und in der Predella sind die Jünger in dichter, bewegter Gruppe um den Herrn versammelt, das Ganze von unerhörter Eindringlichkeit und höchster Lebendigkeit. Dieser Altar ist das letzte Werk des Meisters nach Vollendung des großen Altarwerks im Münster von Breisach.

Die ›Faule Waag‹ füllt den Raum zwischen Rhein und Gebirge, von dem ein Ausläufer bis an den Strom reicht. Dort liegt das hübsche *Burkheim* mit schönen Fachwerkhäusern und den Trümmern des Schlosses, das dem bekannten Heerführer Kaiser Maximilians II., Freiherrn Lazarus von Schwendi, gehört hat, der die Tokaierrebe in den Kaiserstuhl brachte; in Colmar steht sein Denkmal. Auf den Höhen über Auwäldern und Altwassern stehen die Ruinen von Sponeck – dieses zum Teil neu aufgebaut – und *Burg Limburg,* wo, wie man sich erzählt, Rudolf von Habsburg geboren worden sein soll. Die Sage erzählt auch, daß Kaiser Friedrich II. auf der Burg Pate gestanden und dem Täufling ein goldenes Jagdmesser geschenkt habe, dessen Spitze aufleuchtete, wenn wichtige Entscheidungen zu treffen waren und er sich Rat beim ersten Kaiser, dem großen Karl, holen sollte.

Über *Sasbach* fuhren wir auf der Nordseite des Gebirges in Richtung Freiburg und kamen durch *Kiechlinsbergen* mit dem 1778 vollendeten Sommersitz der Äbte von Tennenbach, heute Heimat einer Tochter des Dichters Karl Wolfskehl. 1942 schrieb Charlotte Wolfskehl, die sich vor den Nachstellungen der Gestapo dorthin zu ihren Verwandten geflüchtet hatte:

Es ist eine merkwürdige Mischung von Schloß- und Bauernleben hier. Wir wohnen in einem reizenden Barockschloß, haben andauernd Gäste, es wird viel musiziert und vorgelesen, aber durch die Heirat meiner Cousine mit einem richtigen Weinbauern hat das Leben eben einen bäuerlichen Zuschnitt, dem auch ich nun einbezogen bin. Es ist seltsam, wie intensiv man nun alle Dinge des Lebens und der Natur von der Arbeit aus erlebt, vor allem die Natur und den Rhythmus der Jahreszeiten, so ganz anders als von dem bloß genießenden ästhetischen Gesichtspunkt des Spaziergängers oder Städters aus. Ich hätte nie gedacht, daß ich zum Beispiel Feldarbeit leisten kann und vor allem gern tue. Es ist etwas Merkwürdiges, wenn man Brot ißt, das man selbst gebacken und zu dem man die Garben in glühender Sommerhitze gebunden hat, oder wenn wir jetzt die Trauben ernten nach der anstrengenden Arbeit, die der Weinberg erfordert. Erst jetzt habe ich das wunderbare Wort ›solange die Erde besteht, soll nicht aufhören Samen und Ernte, Frost und Hitze, Sommer und Winter, Tag und Nacht‹ so ganz verstanden. Ich liebe diese Landschaft aus ganzer Seele.

Es folgt *Endingen*, eine uralte, schöne Stadt mit Toren und Resten des Berings, gemütlich und trotz ihres geringen Umfangs von großzügiger Weite der Plätze und Straßen. Hier wütete im 14. Jahrhundert wie allenthalben in Europa die Pest, am ärgsten in einer Gasse, die seitdem ›Totenkinzig‹ heißt. Noch heute soll die Seuche als ›'s bläu Dempfli‹ in einem Hausbalken der Totenkinzig eingeschlossen der Befreiung harren.

Unter den Bürgermeistern des vorigen Jahrhunderts gelangte der Heimatdichter Kniebühler zu Unsterblichkeit durch einen Zweizeiler, den er 1865 im Rebstock beim Neuen sitzend erfand:

O Mensch im Volksgewuhl
Trink Wein vom Kaiserstuhl!

Der Kaiserstuhl ist zu jeder Jahreszeit schön. Lassen wir Charlotte Wolfskehl noch einmal sprechen:

Schön ist es – die weite Ebene mit den schweren goldbraunen Weizenfeldern und hellen Gerstenäckern, die vollbeladenen Wagen, die in den Nußbaumalleen heimfahren. Jeden Abend haben wir die schönsten Sonnenuntergänge hinter phantastischsten Wolken, die in allen Schattierungen von Blau sich türmen, goldgerändert, goldüberflossen, rosig beglänzt; die Vogesen liegen tiefblau darunter mit ihrer schönen, schwingenden Linie, davor in der Nähe die Rebenhügel mit dem sattgrünen Laub – es ist schon eine Götterlandschaft.

Breisach

Einmal kamen wir im Spätherbst vom Kaiserstuhl. Die Nebel hatten sich in hauchzarte Schleier aufgelöst, die in perlmuttfarbenem Glanz um die Hügel schwebten. Zur Linken stand auf dem Kapellenberg, der Südspitze des ›Tuniberges‹, des ›Wegweisers des Breisgaus‹, die *Ehrentrudiskapelle*, und bald tauchte im Dunst die zarte Silhouette des Breisacher Rheinfelsens auf, der einst von einem Rheinarm umflossen war. »Es liegt die Stadt auf einem runden Berg gleich wie ein mächtiges Schloß«, schreibt Sebastian Münster um 1550 in seiner ›Cosmographia‹. Wie wenige Städte hat *Breisach* die Ungunst kriegerischer Zeiten erlitten, vor allem im letzten Kriege. Neueste Ausgrabungen haben Teile von Fundamenten eines römischen Castrums freigelegt, und trotz der fürchterlichen Zerstörungen im März des Jahres 1945 sind doch noch ansehnliche Reste der alten Stadt erhalten geblieben.

Rings um den Berg steigen Treppen hinauf zur Höhe, vorüber an hohen Mauern mit wappengeschmückten Eingängen, die in stille Terrassengärten führen, wo Aprikosen, Pfirsiche, Nußbäume und Reben im milden Klima gedeihen. Aus schroffem Fels steigen die Mauern auf, hinter denen in unsicheren Zeiten die Bewohner der Ebene Zuflucht fanden. »Ruhekissen des Heiligen Römischen Reichs« wurde die Stadt genannt, »Schlüssel zu Deutschland« die Festung, um die immer wieder hart gekämpft worden ist. Kaiser Heinrich II., der Heilige, schenkte Breisach dem Bistum Basel, König Rudolf von Habsburg nahm es für das Reich in Besitz, da es einer der wichtigsten strategischen Punkte am Rhein war. 1469 wurde die Stadt Herzog Karl dem Kühnen von Burgund verpfändet, der Peter von Hagenbach zum Landvogt bestellte, welcher schließlich wegen seines grausamen Regiments hingerichtet wurde. Der Westfälische Friede machte Frankreich zum Herrn der Festung, 1700 war sie wieder österreichisch, drei Jahre später erneut französisch und nach dem Rastatter Frieden zogen wiederum die Österreicher ein.

Eine Episode aus der kriegerischen Geschichte der Stadt sei hier berichtet. Im Spanischen Erbfolgekrieg hatte der Kommandant Graf Arco die Festung etwas übereilt den Franzosen übergeben, worauf Kaiser Leopold ein Exempel statuierte und den Grafen in Bregenz hinrichten ließ. Dem Kriegsgericht präsidierte der kaiserliche Generalfeldzeugmeister Freiherr Hans Karl von Thüngen.

Diesem Urtheil nun zu Folge, ward der General-Feld-Marschall-Lieutenant Graf von Arco mit dem Cruzifix in der Hand, auff den zur Execution bestimmten Platz gebracht, da er sich auff ein schwartzes Tuch, so auff den Schnee hingebreitet war, stellete, und folgende Abschiedsworte an die Zuschauer mit lauter Stimme hielte: »Hier ist das Bildnuss des wahren Gottes, der ein Richter ist im Himmel und auff Erden, dieser weiß, ob ich den Tod wegen Über-

gab der Vestung Breysach verschuldet habe oder nicht, und ob zwar, wider alles Verhoffen, ein sehr schwehres Urtheil wider mich ausgefallen, so will ich doch, aus Liebe Gottes, und seinen Willen zu erfüllen, solches mit Lust und Freude annehmen ... Anbey aber können alle und jede, ob einem solchen General von so hohem Hauss, der über die dreißig Jahr so viel treue Dienste Ihro Kayserl. Maj. und dem Heil. Röm. Reich geleistet, und endlich das Leben auff solche Weiß durchs Schwerdt lassen muß, sich bespieglen, und lernen, daß auff dieser Welt alles nur eine pur lautere Eitelkeit seye, außer allein Gott dienen, als welcher eines jeden Verdienst gewiß und getreulich belohnet. Hier ist doch keine Gnad zu hoffen ...«

Thüngen beschreibt beinahe in denselben Worten die Hinrichtung in einem Brief an einen Freund und fügt hinzu:

Ihr seid gewißlich überzeugt, daß ich während der Execution der Richtstätte fern mich gehalten, und doch habe ich alles, was da vorging, sehen und hören müssen, wie ich es auch noch jede Nacht sehen und hören muß. Es ist mir das eine Qual ohne Gleichen, viel bitterer, als ich sie zu tragen vermag: allein die Hoffnung auf Gottes unendliche Barmherzigkeit hält mich noch aufrecht.

Alles dies ist Geschichte und düstere Erinnerung. Heute ist es still um die kleine Stadt geworden, die so oft Zankapfel zweier Völker gewesen ist. Sie hat aber noch etwas, das sie wie eine Krone trägt, das St. Stephans-Münster, von dem man einen unendlichen Blick auf die Gebirge ringsum hat. Den Blick auf Vogesen und Schwarzwald verwehrte bei unserem Besuch allerdings der opalisierende Dunst des Herbstnebels, selbst den Kaiserstuhl sah man nur schattenhaft.

Um 1200 wurde der *Münsterbau* begonnen, im letzten Drittel des 15. Jahrhunderts war er fertig, ein heller, weiter Raum, dessen Westwand Martin Schongauer um 1490 mit dem riesigen Fresko des Jüngsten Gerichtes schmückte, und dessen Ostchor hinter dem prächtigen, spätgotischen

Lettner das kostbarste Kunstwerk des Münsters birgt, den Hochaltar des Meisters H.L., der 1523-1526 geschaffen wurde.

In der Mitte des Schreins wird Maria von Gottvater und Christus gekrönt, in den Seitenflügeln stehen die Stadtpatrone Protasius und Gervasius, die Kirchenpatrone St. Stephan und Lorenz, die einzigen Figuren in statuarischer Ruhe, in der Predella sitzen im lebhaften Gespräch die vier Evangelisten, und im zierlichen Gesprenge stehen Engel, Anna Selbdritt und die Heiligen Vitalis und Valeria. Obgleich der Meister auf farbige Fassung verzichtete und nur die Gesichter ganz leicht tönte, sprüht der Altar von Leben. Es scheint, als wäre der Wind, der um den Berg saust, auch hier am Werk, nicht minder die Wasser des tief unten ziehenden Stromes. Bärte wehen, Gewänder flattern und bauschen sich oder quirlen wie Wasserwirbel um die Glieder; es strudelt und wogt, weht und flirrt; aus Rankenwerk und Gewandfalten schauen Engelchen hervor, klettern geschäftig herum und sehen neugierig zu. Nervöse, aber auch kräftige Eleganz der schlanken Leiber, Intensität und Lebhaftigkeit des Ausdrucks, wilder Schwung der Gewänder, alles das hat etwas durchaus Barockes, doch nichts Maßloses, sondern die Kraft des echten Kunstwerks, und trotz der harten Materie des Holzes ist alles leicht und gespannt zugleich. »Sehen Sie«, sagte der Mesner zu uns, »sehen Sie nur, wie das Engele aus dem Gewand der Maria purzelt. Ein Jubel über die Krönung!«

In allen Teilen des Werkes zeigt sich uns wirkliches Leben, das Form geworden ist – man betrachte nur das Lächeln der Gottesmutter etwa, oder die leidenschaftlich erregten Evangelisten.

Die gebogene Spitze des Altargesprenges folgt der Wölbung des Chors. Damit hat es, wie die Legende erzählt, in diesem Falle eine besondere Bewandtnis. Der

DER MEISTER H. L.

Meister H. L. – man kennt seinen Namen nicht – liebte die Tochter des Bürgermeisters und wünschte sie zu heiraten. Der Vater jedoch hielt einen Künstler seiner Tochter nicht würdig und sagte: »Wenn es dir gelingt, den Altar höher als den Chorraum zu machen, dann sollst du sie haben.« Als der Meister nach einem Gewitter durch seinen Garten ging, sah er einen Rosenbusch, dessen obersten Zweig der Wind unter die Wölbung des Torbogens gedrückt hatte. Das gab ihm den Gedanken, das Gesprenge seines Altars mit gekrümmter Spitze zu versehen – und er hatte gewonnen.

Von Breisach ist es nun nur ein Sprung über den Fluß nach Colmar, dem Ziel unserer zweiten ›Fahrt ins Elsaß‹.

COLMAR

Colmar – Collis Martis

Es ligt diese Reichsstadt auff einem gantzen eben, schönen und fruchtbaren, von vier Wassern, der Lauch, Dur, Fecht und der Ill – so nicht weit von der Stadt, die andere aber theils durch dieselbe, theils fürüber lauffen – befeuchten Boden.

So kennzeichnet im 17. Jahrhundert Merian die Lage der Stadt, der heutige Besucher könnte sie nicht besser schildern.

»Colmar est un trou – ein Loch«, sagte dagegen Napoleon kurz und bündig. Dem Schöpfer des französischen Kaiserreichs erschien die Stadt wohl allzu altertümlich, und auch das ist sie geblieben, bis auf den heutigen Tag.

Die Stadt liegt in einem Netz von Flüßchen. Aus dem Sundgau kommt die Ill, die sich mit der Doller vereinigt, aus dem Münstertal die Fecht, die einen Arm, den ›Mühlbach‹ nach Colmar schickt, aus dem Gebweilertal kommt die Lauch und aus dem Thannertal die Thur. Nicht umsonst heißt deshalb ein Stadtteil ›Klein-Venedig‹. Im Wappen führt Colmar eine Keule oder einen Streitkolben. Herakles, so erzählt nämlich die Sage, sei einmal, die Rinder des Geryon vor sich hertreibend, von Spanien über die Vogesen in die oberrheinische Tiefebene herabgestiegen. In einer Weinlaube habe er seinen Durst so nachhaltig gelöscht, daß er schnarchend vom Sitze fiel. Als er erwachte, sei die Herde längst weitergezogen und hinter den Alpen in Richtung Griechenland verschwunden gewesen. Herakles sei darauf hinter ihr her davongestürzt, doch habe er in der Eile seine Keule vergessen.

Über den Namen ›Colmar‹ ist viel gestritten worden. Der eine meint, er käme von ›Collis Martis‹, Hügel des Mars, der andere, er bedeute ›Columbarium‹, da ursprünglich hier eine römische Villa mit großem Taubenschlag gestanden habe, wieder ein anderer deutet den Namen als

›Kohlmarkt‹ wegen der berühmten Krautgärten. Jedenfalls lag westlich des Römerkastells Horburg ein fränkischer Königshof, 823 zum ersten Mal als ›Columbarium‹ erwähnt. Zu Beginn des 10. Jahrhunderts kam dieses Krongut teils an die burgundische Abtei Payerne oder Peterlingen, teils an das Bistum Konstanz. Der Payerner Oberhof und der Konstanzer Niederhof bildeten die Urzelle der Stadt. Kaiser Friedrich II. ließ sie befestigen und verlieh ihr 1226 die Reichsfreiheit. 1294 trat Colmar dem Rheinischen Städtebund, als Reichsstadt der 1354 gegründeten ›Dekapolis‹ – dem ›Zehnstädtebund‹ –, einem ›gemeinsamen Markt‹ für Wein und landwirtschaftliche Produkte des Elsaß, bei. Im Dreißigjährigen Krieg von den Schweden besetzt, wurde es 1632 an Ludwig XIII. abgetreten, doch blieb es auch unter Ludwig XIV. noch immer Sitz des höchsten Gerichts für das Elsaß.

Im Herzen der wohlerhaltenen alten Stadt steht das *Martinsmünster*, dessen dritter, heutiger Bau von Stiftskapitel und Bürgerschaft gemeinsam im 13. und 14. Jahrhundert aufgeführt wurde. Meister des Planes ist wohl der in Frankreich ausgebildete Humbrecht, der Langhaus und Querschiff baute. Ihm folgte ein ›schwacher Erwin-Schüler‹ und 1310 Meister Wilhelm von Marburg, der die Einwölbung vollendete, der Westseite den hübschen Maßwerkgiebel zufügte und das Oberteil des Südturmes baute, der aber erst im 16. Jahrhundert seine Haube erhielt. Schließlich, nach 1350, wurde der alte, wohl polygonal geschlossene Chor durch den neuen mit Kapellenkranz ersetzt, vermutlich von Meister Henselin, der aus der im Schwäbischen tätigen Parlerschule stammt. Das Ganze ist ein stattlicher, eigenwilliger Bau geworden von kräftiger Farbigkeit des gelb-roten Sandsteins. Dem Portal des südlichen Querhauses hat der Baumeister besondere Aufmerksamkeit gewidmet. Es ist ein Säulenportal, dessen Tympanon

Reliefs des Weltgerichts und der Nikolauslegende zeigt. Am äußeren Bogen stehen vierzehn Statuetten, darunter – durch Namen bezeichnet – die des Baumeisters Humbrecht. Über dem Portal Maßwerkbrüstung vor hohem Spitzbogenfenster, zu dessen Seiten unter Baldachinen die Muttergottes und ein heiliger Bischof stehen. Eine zweite elegante Brüstung schmückt den Giebel, sie sitzt auf figürlichen Konsolen, die eine Anbetung der Könige und wilde Männer zeigen.

Der hohe, dämmerige *Innenraum* hat den größten Teil seiner Ausstattung verloren, als er in der Französischen Revolution 1792 zum ›Tempel der Vernunft‹ umgewandelt wurde. Es gibt noch Reste der schönen alten Scheiben der Fenster, eine arg übermalte Kreuzigungsgruppe des 14. Jahrhunderts im Chorumgang und Spuren alter Wandmalereien. Das übrige ist Schreiner-Gotik des 19. Jahrhunderts.

Bedeutend muß einstmals der Schmuck der Kirche mit Altären gewesen sein. Hier waren Hauptwerke elsässischer Malerei der Spätgotik versammelt. Der Flügelaufsatz des alten Hochaltars hat sich in Resten von neun Tafeln von der Hand des Colmarer Meisters Caspar Isenmann im Museum Unterlinden erhalten. 1465 ist er datierbar; von ihm wird noch die Rede sein.

Die schönste Altartafel der Martinskirche aber ist wohl immer Martin Schongauers ›Madonna im Rosenhag‹ von 1473 gewesen, die aber heute auch nicht mehr in ihrer vollen Pracht zu sehen ist. 1720 wurde sie von ihrem ursprünglichen Standort im Chor entfernt und bei dieser Gelegenheit auf allen Seiten um fünfzig Zentimeter beschnitten.

Die berühmte Tafel, die man die ›deutsche Sixtina‹ genannt hat, ist also nur noch ein Torso. Den ursprünglichen Zustand hat uns eine alte Kopie des Bildes im Bostoner Museum bewahrt. Es fehlen unten und an beiden Seiten breite Streifen mit köstlichen Blumen, Sträuchern und Gräsern und auch die Gewandfalten des Kleides der Madonna sind grausam beschnitten. Vor allem aber fehlt im oberen Teil Gottvater und die Taube des Heiligen Geistes, die in leichtem Gewölk, goldene Strahlen nach unten sendend, einst über der Madonna schwebten.

Was sich uns aber von diesem Meisterwerk erhalten hat, bleibt kostbar genug: Vor mattem Goldgrund sitzt die Muttergottes auf der Rasenbank, ganz in ein leuchtend rotes Gewand gekleidet. Zwei blaugewandete Engel halten die reichverzierte Krone über ihrem Haupt und hinter ihr ist dichtes Rosengerank von roten und weißen Blüten bedeckt: Symbole der Liebe und der Reinheit. Maria hält den Kopf geneigt und scheint dem Zwitschern zahlreicher Vögel zu lauschen, die im Gezweig sitzen: Dompfaffen, Rotkehlchen, Meisen, Finken und Stieglitze. Im goldenen Glorienschein um Marias Haupt stehen die Worte, die der Rosenstock zu ihr spricht: »Me carpe genito tu quoque o Sanctissima virgo – du, heiligste Jungfrau sollst mich für deinen Sohn pflücken«. Ernst Buchner schreibt in seinem Schongauer-Buch:

Die Kolmarer Tafel zeigt den siegreichen Durchbruch des Genies durch die Tradition, die schöpferische Überwindung der Schule, den glorreichen Ertrag eines beispiellosen Ringens um die neue Form. Was ist nun das Neue, das diese Mutter Gottes von allen früheren deutschen und niederländischen Madonnen unterscheidet? Es ist, als ob plötzlich ein junges, elementares, glühendes, herzstarkes Gefühl die alten Formen und Motive, die alten Begriffe und Mächte in Fluß gebracht und zu einer neuen, tieferen und reicheren Einheit eingeschmolzen hätte. Das Bild lebt von dem beglückenden Ausgleich zwischen göttlicher Würde und menschlichem Gefühl, zwischen königlicher Hoheit und Klarheit und dem innigen, fast stürmischen Zusammen von Mutter und Kind. Es gibt selbst in der altniederländischen Kunst wenig, was an schlichter, unmittelbarer

Kraft des Gemüts und an ursprünglichem Ausdrucksgehalt mit jener menschlich-warmen Gebärde, mit der das göttliche Kind die Mutter umhalst, vergleichbar wäre. In schwebendem Gleichgewicht sind die geistigen Potenzen gehalten, die in der Gottesmutter und dem Jesusknaben verkörpert sind. Weder das Prinzip der Subordination, bei dem entweder Maria oder der Gottesknabe dominiert, noch das Prinzip der Koordination, bei dem ein mehr oder minder beziehungsloses Nebeneinander der beiden gegeben wird, wählt Schongauer. Er löst das Problem nicht statisch, sondern dynamisch. Die steile, feierliche, ruckartig ansteigende Pyramide der thronenden Gottesmutter wird von der schwingenden Gegenbewegung der beiden Häupter gekrönt, die – für die Gesamtrechnung – durch die festliche Symmetrie der in brausendem Faltengewoge dahinfliegenden Engel, welche die Krone tragen, und der die Mittelachse stärkende Himmelserscheinung Gott Vaters (heute im Original verschwunden) gebändigt und gefaßt wird. Das Antlitz Mariä, leicht nach links gewandt, ist durch die volle Scheibe des Nimbus, das in reiner Vorderansicht gemalte Haupt des Knaben durch drei Strahlenbündel betont. Kein freudiger Glanz strahlt aus den ernsten Zügen von Mutter und Kind, eine leise Schwermut scheint über die adligen Züge Mariä gebreitet – und der göttliche Knabe hat nichts Kindliches mehr im feierlichen Antlitz. Die Schatten der Zukunft scheinen über den Häuptern zu liegen. Während Maria das Kind fest an sich hält und der Knabe mit klammernden Armen den Hals der Mutter umschlingt, neigen sich die ernsten Häupter, göttlichen Geistes voll, auseinander, die nicht an irdischen Einzeldingen haftenden Augen nach den Seiten gewandt, Gottesmutter und Gottsohn gleichsam mit einem Blick die ganze christliche Gemeinde umfassend.

Nur wenige Schritte sind es vom Martinsmünster bis zur ehemaligen *Dominikanerkirche*, zu der Rudolf von Habsburg 1283 den Grundstein legte, eine schlichte, vornehme Hallenkirche von bedeutenden Ausmaßen, deren flache Decke von schlanken Säulen getragen wird. Ein Teil der herrlichen Glasfenster des 14. Jahrhunderts ist erhalten, aber gerade das ikonographisch interessanteste über dem Südportal mit Themen aus dem ›Hortus Deliciarum‹ der Herrad von Landsberg ist nur noch in wenigen Teilen ursprünglich. Inhaltlich hat es aber seinen Wert behalten: Es zeigt den König Salomo, zu seinen Füßen zwölf Löwen als Sinnbild der zwölf Stämme Israels, rechts und links Propheten und Tugenden. Über allem trohnt die Muttergottes, neben ihr stehen der Straßburger Dominikaner Ulrich und Agnes von Hetkenheim, die Gründerin des Unterlindenklosters. Der glückliche Zufall, der im Chor und an der Südseite der Kirche die auch heute noch repräsentative Folge der Glasmalereien erhielt – sie sind die bedeutendsten des Elsaß –, läßt den Besucher vergessen, daß der Innenraum seiner alten Ausstattung in der Französischen Revolution beraubt wurde. Er hat – im Gegensatz zur Martinskirche – gottlob keine neugotische erhalten. Einzig im Chor hat ein nobles Rokokogestühl, das im wesentlichen aus Murbach stammt, Aufstellung gefunden, als der Bau am Ende des 19. Jahrhunderts dem Kult zurückgegeben wurde.

Diese beiden Kirchen beherrschen also die prächtige Altstadt, die man vom Turm des Martinsmünsters zu überschauen vermag. Karl Stieler schreibt von einem Besuch dort oben, der bald hundert Jahre zurückliegt:

Als ich eintrat in die Türmerstube – da klang mir heller Finkenschlag entgegen, und mit den Finken um die Wette pfeifend saß der Wächter auf seinem Drehstuhl und hämmerte derbe Sohlen. Er hieß den Fremdling willkommen und auf die fröhlichen Rangen weisend, die auf dem Boden kollerten, schien er mir zu bedeuten, daß die vom Glockenschall und frischer Luft da droben wohl nimmer satt würden, wenn nicht die Finkenbrut und die derben Sohlen bisweilen zu Hilfe kämen. Zwei seiner schönsten Vöglein aber waren stumm, »die pfiffe nit«, sprach er gleichsam entschuldigend, »weil se de Fadre changire«.

Sobald man in die alten Stadtteile eindringt, ist man von Schönheit umgeben. Kein Haus ist wie das andere, die Plätze vermeiden jede Symmetrie, Straßen und Gassen schlängeln sich wie auf eigene Faust durch das Gewimmel der Häuser, die vorwiegend der Spätgotik und Renaissance angehören. Uns überrascht immer wieder die Beobachtung, daß bei wohlerhaltenen Stadtkernen, inmitten gleichförmiger moderner Bauformen, wie sie auch Colmar auf allen Seiten umgeben, die alte Architektur in ihrer geschlossenen und doch lebendigen Ruhe so viel stärker auf das Gemüt wirkt als alles Neue.

Da ist gleich auf der Südseite des Münsterplatzes die *Wachtstube* und *Gerichtslaube* von 1575 mit einem reizenden, in Bögen geöffneten Erker, und in der Südwestecke des Platzes findet man im malerischen Hof des ehemaligen Stadthauses des Klosters Ebersmünster einen zweihundertjährigen Mandelbaum, aus dessen Stamm aber auch ein Taxus wächst. Gleich um die Ecke, in der Rue des Marchands, steht das prächtige *Pfisterhaus* von 1537 mit Erker und hölzernen Galerien, dicht daneben ein reich bemaltes Haus, das aus der Zeit Karls V. stammt. In diesem Stadtquartier soll auch die Familie Schongauer gewohnt haben. Zwei Häuser – das *Huselin zum Swan* und das *Zur Geige* – streiten sich darum, Wohnstätte des großen Malers gewesen zu sein.

So reiht sich Haus an Haus, oft zu reizvollen Gruppen zusammengeschlossen, gegenüber dem *Kaufhaus* von 1480 zum Beispiel, wo einst Wein, Korn und andere Lebensmittel gelagert wurden und das 1679 zum Rathaus umgebaut wurde. Die Gruppe besteht eigentlich aus zwei Häusern, deren eines dem 16. Jahrhundert, das andere dem 15. Jahrhundert angehört, miteinander verbunden durch eine von Steinsäulen getragene Galerie. Auf dem kleinen Platz steht ein Brunnen mit der Statue des kaiserlichen

Generals Lazarus von Schwendi. Folgen wir der Rue St.-Jean, so kommen wir am Domizil der Johanniter vorbei und am Quay de la Poissonnerie, und in der Gerbergasse an einem Wasserlauf entlang finden wir überall malerische Winkel. In der Rue des Têtes wird in dem reichgeschmückten, vornehmen *Kopfhaus* von 1609 heute ein ausgezeichnetes Restaurant unterhalten, wo man sich nach dem Spaziergang durch die Stadt gut, aber nicht gerade billig erholen kann.

Henri Müller hat die Idylle Colmar in seinem vor wenigen Jahren in Paris erschienenen Buch über das Elsaß reizend beschrieben:

Wenn man ein wenig Glück hat, wenn Winter ist und das Weihnachtsfest naht, erlebt man nach Anbruch der Nacht eine märchenhafte Szenerie. Von Fassade zu Fassade hängen dann Lampen und strahlen den Schnee an, in allen Schaufenstern brennt ebenfalls noch Licht, in vielen Wohnungen bleiben die Fensterläden geöffnet. Und das Schweigen! Kein Fußgänger – kein Geräusch – nichts! Über den Dächern, die zur Hälfte von Schnee bedeckt sind, schimmert der nachtblaue Himmel. Das schenkt uns Colmar an solch einem Abend.

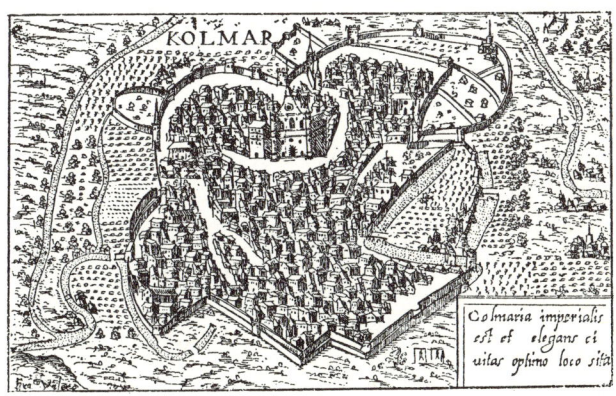

Von dieser Stelle der Stadt sind es nur wenige Schritte zum *Kloster der Dominikanerinnen*, das unbestritten die Hauptsehenswürdigkeit Colmars ist – weniger seiner architektonischen Bedeutung wegen, als vielmehr wegen des Museums der Stadt, das heute darin untergebracht ist. Über die Geschichte dieser Niederlassung hören wir Pierre Schmitt in der Einleitung zu seinem Museumsführer:

Das Kloster Unterlinden verdankt seine Gründung zwei adeligen Frauen, die, vergeblich auf die Rückkehr ihrer wohl während eines Kreuzzuges verstorbenen ritterlichen Gatten wartend, sich vom unnützen Tand der Welt zurückgezogen hatten, um ihre Tage mit einem Gott gefälligen Leben zu beschließen.

Ihre Klause stand im Schatten einer alten Linde, unweit eines dem hl. Johannes dem Täufer geweihten Kapellchens. Bald sollte die Niederlassung unter dem Namen ›Klösterlein bei St. Johann unter der Linde‹, später ganz einfach, ›Kloster Unterlinden‹ genannt, in die Kulturgeschichte des Elsaß eintreten. Alte Chroniken berichten vom schnellen Aufblühen der frommen Gemeinde.

Von geistiger Regsamkeit des Klosters zeugt die uns noch erhaltene ›Lebensbeschreibung der ersten Schwestern‹, die Jahrhunderte hindurch der Gemeinschaft vorgelesen wurde und die Klosterinsassen über die Schönheit des Gehörten in helles Entzücken versetzte. Das Kloster unterhielt einen emsigen Briefwechsel mit den rheinischen Mystikern des Mittelalters. Johann Tauler, der Dominikanermönch von Straßburg, Meister Eckart und der liebliche Suso gehörten zu seinen treuesten Beratern. Ihrem Einfluß ist es wohl zuzuschreiben, daß ›Unterlinden‹ bald zur Hochburg der christlichen Mystik im Rheintal emporwuchs. Die Schreibstube des Klosters entfaltete eine rege Tätigkeit. Die Colmarer Stadtbibliothek, die heute in Gebäuden an der Nordseite des ehemaligen Dominikanerklosters untergebracht ist, bewahrt jetzt noch eine ganze Reihe von Handschriften des XIV. und XV. Jahrhunderts, meist mystischen Inhalts, auch viele liturgische Bücher, die, reich geschmückt, zur Verherrlichung des Gottesdienstes beisteuern sollten.

Die wirtschaftliche Lage des Klosters war stets nennenswert gut. »Columbariae monasterium sub tilia, magnum et opulentum« sagte 1303 der Chronist Bernard Guido. Doch sollte dies ›Wirtschaftswunder‹ dem Kloster nie zum Verhängnis werden. Die Geschichte weist genügend Beispiele auf, die berichten, wie ›Unterlinden‹ in schlimmen Zeiten zur Brotkammer der Hungernden und Heimstätte armer Kranker und Gebrechlicher wurde.

Das Kloster überstand die Fährnisse der Jahrhunderte, doch sollte es der Revolution zum Opfer fallen. Im Jahre 1790 schlossen sich seine Tore hinter den letzten vertriebenen Schwestern. Sechzig Jahre später taten sie sich erneut auf, um als ›Unterlinden-Museum‹ dem staunenden Besucher das Kunstgut des obern Elsaß vor Augen zu führen.

Das Dominikanerinnenkloster Unterlinden

Das Kloster *St. Johannes der Täufer unter der Linde*, wie es sich heute präsentiert, wurde durch Bruder Vollmar seit 1252 neu gebaut und nebst der Kirche von Albertus Magnus, damals Bischof von Regensburg, im Beisein Rudolfs von Habsburg geweiht. Die Kirche (nach 1269) ist ein langgestreckter, heller, strenger, einschiffiger Bau mit flachgedecktem Schiff, dessen alte Ausstattung während der Französischen Revolution in alle Winde zerstreut worden ist. An Fresken finden sich noch Epitaphien der Familie von Hattstatt, eine Katharinenlegende des 14. Jahrhunderts und eine Kreuzigung mit Stifter, um 1500. Die Klostergebäude, zum Teil noch aus der Gründungszeit stammend, gruppieren sich um den sehr reizvollen Kreuzgang, den ebenfalls Bruder Vollmar gebaut hat. Seit 1849 dienen Kirche und Teile des Klosters als Museum reicher Sammlungen mittelalterlicher Schnitzwerke und Tafelmalerei, darunter Hauptwerke von Caspar Isenmann, Martin Schongauer und Matthias Grünewald.

Mit den Tafeln des alten Fronaltars der Martinskirche von Isenmann, mit den Verkündigungsflügeln, die Schongauer einst für das Antoniterkloster in Isenheim gemalt hat – und vor allem mit dem Isenheimer Antoniusaltar des Matthias Grünewald ist das Colmarer *Museum Unterlinden* zu einem der bedeutendsten der Welt geworden. Bevor wir uns dieser Schatzkammer mittelalterlicher Malerei nähern, wollen wir aber zuerst die anderen Räume des Museums kurz durchwandern, die durchaus wert sind, besucht zu werden und die man, von den Eindrücken in der Gemäldegalerie fast betäubt, allzuleicht vergißt.

Im *Kellergeschoß* sind die archäologischen Sammlungen untergebracht: gallo-römische und merowingisch-fränkische Fundstücke, die für die Frühgeschichte des Elsaß von unersetzlichem Wert sind. In großen Räumen des *Erdgeschosses* finden wir schöne Beispiele elsässischer Plastik – von römischen Sarkophagen an über romanische Skulpturen bis zu figürlichen Darstellungen der früh- bis spätgotischen Zeit. Denken wir bei ihrer Betrachtung daran, daß die herrliche ›Dangolsheimer Madonna‹ in Berlin eigentlich aus dem Elsaß stammt. Verwandtes – wenn auch nicht Gleichwertiges – wird man im Museum Unterlinden allenthalben finden (übrigens auch eine Kopie der Dangolsheimerin). Unter den Renaissancewerken fällt besonders der große steinerne Altar von 1522 auf – er gilt »als eine der größten und schönsten Schöpfungen dieser Zeit«, wie Pierre Schmitt schreibt, der an der schönen heutigen Aufstellung der Plastik-Sammlungen hervorragenden Anteil hat. Diese Sammlung, úm Möbel, Porzellane, Fayencen, Spielzeug, Schmuck und Waffen aller Art vermehrt, existiert, wie gesagt, seit 1849, als die ›Société Schongauer‹, die heute noch als Treuhänder des Museumsbesitzes besteht, sie in den Räumen des seit der Revolution verwaisten Dominikanerinnenkloster unterbrachte.

Die Werke der Wohnkultur und des Kunstgewerbes, darunter der prächtig bemalte Rundschild der Herren von Rappoltstein von 1599, der unser Buch in farbiger Wiedergabe schmückt, füllen heute das *Obergeschoß* in mustergültiger Aufstellung. Sie werden ständig vermehrt und neue Abteilungen den alten Beständen hinzugefügt. Damit wird das Museum Unterlinden immer mehr zum repräsentativen Heimatmuseum des Elsaß.

Herzstück und Mittelpunkt des Museums aber bleibt für alle Zeiten die *Gemäldegalerie*, die wir neben dem Eingang im Erdgeschoß und in der alten Klosterkirche finden.

Die oberrheinische Landschaft zu beiden Seiten des Stroms ist am Ende des 15. Jahrhunderts reich an Werkstätten aller Künste. In Basel, Straßburg und Colmar blühte vor allem die Kunst des Altarbildes und des Porträts. Burgundische, flandrische, niederländische und deutsche Stilelemente durchdringen sich hier, denn es ist stets die Tendenz der Kunst, sich mit den Erfahrungen und Errungenschaften der Nachbarländer auseinanderzusetzen. Das Elsaß nun als Land der Mitte, als Grenzland zwischen Deutschland und Frankreich, ist besonders aufnahmebereit gewesen; ihm ist in den Epochen, in denen vor allem westlicher Einfluß auf Deutschland wirkte, eine besondere Mittlerrolle zugefallen, doch ist es mehr Sammelbecken als Ausgangspunkt geworden. Zu beiden Seiten des Rheins ging die Kunst des Schnitzens und Malens den gleichen Weg. Man wird deshalb wohl nicht von einer ausgesprochen ›elsässischen Schule‹ sprechen können, da ebensoviele deutsche Maler im Elsaß tätig gewesen sind wie einheimische Künstler, und Elsässer Meister haben in Frankreich wie in Deutschland und der Schweiz gewirkt. Man braucht daraufhin nur die Forschung Hans Rotts zur südwestdeutschen und schweizerischen Kunstgeschichte durchzusehen, um das festzustellen.

Der Rottweiler, in Basel lebende, Konrad Witz beeinflußte vor allem die elsässische Malerei des 15. Jahrhunderts – ebenso wie die deutsche rechts des Rheins – wie wir an den Werken des Colmarer Malers *Caspar Isenmann* feststellen können. Von seinem großen Passions-Retabel für St. Martin (1462–1465) sind einige Flügel im Unterlindenmuseum. Der Meister muß in der ersten Hälfte des Jahrhunderts in der Umgebung des Konrad Witz gearbeitet haben. Man weiß nicht, ob er dann in den Niederlanden gewesen ist, doch hat man Anklänge an Dirk Bouts festgestellt. »Jedenfalls«, so sagt A. Glaser, »gehört Isenmanns Altar zu den selbständigsten und eigenartigsten Leistungen« aus der Zeit der Rezeption des niederländischen Stils in Deutschland. Knapp um die Jahrhundertwende entstehen dann die entscheidenden Werke einer neuen Zeit, der Zeit der Dürer, Cranach, Burgkmair, Altdorfer und Grünewald. Isenmanns Bilder und die seiner Schule findet man gleich in den ersten Räumen der Galerie.

Im 15. Jahrhundert nahm auch die Kunst des Kupferstichs einen gewaltigen Aufschwung, namentlich in den drei oben genannten Städten. Der größte Meister dieser Kunst ist *Martin Schongauer*, dessen Lehrer der bekannte Straßburger Meister E. S. gewesen ist. Die Wiege Schongauers, dessen Familie aus Augsburg kam, stand in Colmar. Man ist heute sicher, daß er dort 1445 geboren wurde; er starb 1491 in Breisach. Sein Leben lang ist er die dominierende künstlerische Persönlichkeit am Oberrhein – und weit darüber hinaus – gewesen. Bei seinem Vater erlernte er das Goldschmiedehandwerk, vielleicht bei Caspar Isenmann das Malen und in Straßburg bei dem Meister E. S. das Stechen. Auch die flandrische Kunst, vor allem Rogier van der Weyden und der Meister von Flémalle, sind nicht ohne Einfluß auf sein Werk geblieben, wie die ›Madonna im Rosenhag‹ in St. Martin, die wir schon gesehen haben, beweist. 1468 ließ er sich ganz in Colmar nieder. Man weiß, daß er ein vielbeschäftigter und begehrter Maler gewesen ist. Seine Werkstatt versorgte das Land ringsum mit Altären. Als Stecher ist er aber ebenso wichtig und nur als Meister beider Kunstarten konnte er zum einflußreichsten Künstler seiner Zeit werden. Besonders als Stecher war seine Wirkung unbegrenzt. Wie groß sein Ruhm gewesen ist, zeigt eine Stelle in Wimpfelings Werk, wo es heißt: »Von ihm befinden sich Tafeln in Italien, Frankreich, Spanien, England und anderen Orten der Welt.« 1475 hat er Flügel für einen Altar der Antoniter in Isenheim gemalt, die sich heute in der Kapelle des Colmarer Museums befinden. Diesem Altar ging 1468 ein Werk von seiner Hand voraus, von dem gleichfalls in Unterlinden noch einige Tafeln zu sehen sind.

Schongauers Ruf als Lehrer war ebenfalls weitverbreitet. Als Dürer auf der Wanderschaft von Nürnberg kommend an den Rhein zog, wandte er sich zunächst nach Colmar, um Schongauer zu besuchen und sich bei ihm zu unterrichten. Als Stecher und Maler hat er ja fast eine gleiche künstlerische Ausbildung angestrebt. Er hat den Colmarer Meister nicht mehr gesehen, da dieser inzwischen in Breisach über der Ausführung der Fresken im dortigen Münster gestorben war. Wir haben bei unserem kurzen Besuch das ›Jüngste Gericht‹ im Chor bereits gesehen. Dürer aber zog nach Basel weiter.

Zu seinem Altarwerk für die Dominikanerkirche in Colmar (um 1474 begonnen) hatte Schongauer schon einen jüngeren Maler von auswärts für die Predella hinzugezogen, der damals – wie sein ein Jahr später entstandenes Selbstbildnis (in Chicago) beweist – etwa zwanzigjährig gewesen sein dürfte, und dessen späteres Hauptwerk, ein Hauptwerk der Malerei überhaupt, heute im Chor der gleichen Kirche des Museums Unterlinden, die auch Schongauers Hauptwerke und seine Stiche bergen, als größter Schatz zu sehen ist: der Isenheimer Altar des Malers Mathis Gothard-Neithart genannt Grünewald.

Mathis der Maler

Mathis Gothard Neithart, so wird er in den Seligenstadter Akten geführt, Mathis von Seligenstadt oder von Würzburg nannten ihn seine Zeitgenossen. Als Matthias Grünewald – diesen Namen gab ihm Ende des 17. Jahrhunderts der Maler und Kunstschriftsteller Joachim von Sandrart – ist er in die Kunstgeschichte eingegangen. Obgleich seine Werke zu seiner Zeit hochgeschätzt gewesen sind, wurde ihr Schöpfer später so gründlich vergessen, daß man nicht einmal mehr seinen Namen kannte und der Isenheimer Altar bis ins 19. Jahrhundert als Werk Albrecht Dürers galt. Erst Jacob Burckhardt erkannte 1844 den Altar als Schöpfung Grünewalds.

Weniges ist aus seinem Leben bekannt. Um 1455 in Würzburg geboren, als Sohn einer Familie Gothard oder Neithart, empfing er wohl entscheidende Anregungen während seiner Ausbildung zum Baumeister in Ulm, wie Maria Lanckorońska annimmt, denn er wird 1511 ›Steinmetz‹ und ›Baumeister‹ am Aschaffenburger Schloßbau genannt. 1501–1525 ist er Bürger in Seligenstadt bei Aschaffenburg. Seit 1516 war er Hofmaler des Kardinal-Erzbischofs Albrecht von Brandenburg, den er zu der Kaiserkrönung nach Aachen begleitete, wo er Dürer getroffen hat. 1526 verlor er sein Hofamt, vielleicht weil er mit den aufständischen Bauern sympathisierte, ging zuerst nach Frankfurt, dann nach Halle, wo er 1528 gestorben ist.

Wie kam es wohl, daß die Persönlichkeit eines Künstlers, dessen Werk von solcher Leidenschaftlichkeit des Ausdrucks zeugt, in Vergessenheit geraten konnte, eines Meisters, der sicherlich nicht weniger Kraft, Eigenart und Bedeutung gehabt hat als Albrecht Dürer, den man als Menschen doch so gut kennt? Aber Dürer lebte in einer reichen Stadt, stand mitten im öffentlichen Leben; er konnte in die Breite wirken und war zu seiner Zeit, wie Wölfflin sagt: »ein Verwalter der gesamten Sichtbarkeit«. Außerdem hat er neben seinem gemalten Werk ein umfangreiches literarisches hinterlassen – Briefe, Tagebücher, theoretische Schriften –, wodurch uns ein lebendiges Bild seiner Person vermittelt wird. Grünewald dagegen muß ein grüblerischer, einsamer, unzugänglicher und impulsiver Mensch gewesen sein, der nicht wie Dürer in gesicherten Verhältnissen und in einer großen Reichsstadt lebte, und der, mehr als der Nürnberger, auf die Gunst seiner Auftraggeber angewiesen war. Zudem hatte sein Werk nicht die weltoffene Weite Dürer'scher Kunst. Der von ihm behandelte Stoff beschränkt sich – so weit uns bekannt – auf religiöse Themen, ja sogar im engeren Sinne, mit wenigen Ausnahmen, auf die Passion.

Daß seine Kunst trotzdem geschätzt worden ist, beweist die Berufung Grünewalds nach Isenheim, um für die Kirche des dortigen Antoniterklosters den Hauptaltar zu malen. Der Orden der Antoniter war vor allem wegen seiner Tätigkeit in der Krankenpflege bekannt. So schreibt Maria Lanckorońska:

Seine Entstehungslegende berichtet, daß der einzige Sohn eines reichen Adelsmannes aus der Dauphiné im Jahre 1065 an dem vom 9. bis 13. Jahrhundert epidemisch auftretenden ›Antoniusfeuer‹ erkrankte. Der verzweifelte Vater gelobte, sein ganzes Vermögen dem heiligen Antonius zu schenken, falls sein Sohn die Krankheit überstünde. Der Knabe genas, und der Vater erfüllte sein Gelübde. Er und einige Edelleute begründeten eine Bruderschaft zur Pflege der an dieser Krankheit Leidenden. Als im 14. Jahrhundert das ›Antoniusfeuer‹ erlosch, wurden statt dessen Haut- und Geschlechts-

Jahreszeiten im Elsässer Land
Bemalter Rundschild der
Herren von Rappoltstein, 1599
Unterlinden-Museum, Colmar

kranke von den Antonitern gepflegt. Die Isenheimer Niederlassung entstand Ende des 13. Jahrhunderts.

Das Kloster stand unter der Leitung von ›Präzeptoren‹, meist Franzosen und Italienern, von denen ärztliches Studium verlangt wurde.

Für Neitharts Berufung mag der gelehrte Sizilianer Guido Guersi, seit 1490 Präzeptor des Klosters, von größter Bedeutung gewesen sein. Er residierte in Straßburg und war mit Geiler von Kaysersberg, der, ein geistlicher Arzt, in seinen Predigten die Gebrechen und Mißstände der Kirche zu heilen suchte, befreundet. Guido Guersi jedenfalls ist der Stifter des Grünewald'schen Altarwerkes, das zwischen 1511 und 1516 entstanden ist, zu einem Zeitpunkt also, da Michelangelo die Sixtinische Kapelle ausmalte, Dürer seinen Hieronymus im Gehäus stach und Raffael die Camera della Segnatura im Vatikan mit Fresken schmückte.

Neitharts Verbindung zu den Antonitern führt Maria Lanckorońska auf den Aschaffenburger Stiftspropst Graf Heinrich von Henneberg zurück, der 1512 sein Kanonikat in Straßburg übernahm, wo sein Neffe, der Mainzer Domherr Graf Wilhelm von Hohenstein, 1506 Bischof geworden war. Beide Herren kannten sicherlich den Künstler und empfahlen ihn an Guersi.

Die Antoniter waren, wie gesagt, ein Hospitalorden. Für die Kirche ihrer Niederlassung in Isenheim wurde also der Altar geschaffen, dessen Einzigartigkeit im Rahmen der Kunst des Mittelalters immer empfunden worden ist. Was gibt ihm diese Sonderstellung, die ihn über alle künstlerische Qualität hinweg von allem scheidet, was vor ihm, zu seiner Zeit und nach ihm gemalt worden ist? Es ist jene merkwürdige Eigenschaft, die Joris K. Huysmans als den »mystischen Naturalismus« des Meisters bezeichnet hat. Diese Formulierung scheint paradox – doch kennzeichnet sie genau Wesen und Wirkung dieses gewaltigen Malwerkes. Die Kraft göttlicher Gnade, die man Bildwerken mittelalterlicher Altäre oft zugesprochen hat, scheint gerade auch für diesen Antoniusaltar in Isenheim in Anspruch genommen worden zu sein. In Erwartung einer wunderbaren Heilung wurde nämlich der Kranke zuerst vor den Altar des Heiligen gebracht. Blieb die erwartete Heilung aus, kam er ins Spital und wurde außerdem mit einem Elixier, ›saint Vinage‹ genannt, behandelt, das alljährlich am Auferstehungstage durch Begießen der Gebeine des hl. Antonius mit Wein gewonnen wurde. Der gesamte Symbolgehalt des Isenheimer Altarwerkes steht mit dieser mystischen Heilkraft als seiner Bestimmung im Zusammenhang.

Das Altarwerk war schon vor der Amtszeit des Präzeptors Guersi in Angriff genommen worden. Wahrscheinlich hat schon sein Amtsvorgänger Johann von Orliac den Auftrag für das Schnitzwerk an Nikolaus Hagenauer erteilt, der es 1506 vollendet hat, bis auf das Schnitzwerk der Predella, das Desiderius Beichel schuf. Für unseren Zusammenhang sind die Schnitzereien hinter der Antoniusfigur in den Ranken der Füllungen von Wichtigkeit. Ihr Programm ist sicher ein Anliegen der Auftraggeber gewesen, das dann vom Meister der Tafeln, dem Maler Mathis, aufgegriffen und vertieft worden ist. Maria Lanckorońska hat dieses Programm ausführlich als ein »Sichtbarmachen der Kräfte des Göttlichen« beschrieben, dessen Symbolik von Zeit und Ewigkeit erzählt. Aus den vielen Einzelheiten, die sie aufführt, greifen wir hier nur eine heraus: den großen Vogel rechts vom Heiligen, den sie als den Vogel ›Kalander‹, den Helfer des Antonius, deutet: Blickte der Vogel den Menschen an, dann nahm er dessen Krankheit auf sich, um sie auffliegend abzuschütteln, ein Sinnbild Christi; wandte er sich ab, so war der Kranke zum Tod verurteilt.

Auf diese heilende Kraft des Antonius weisen im Malwerk des Grünewald auch die Worte auf dem Pergament in der rechten Ecke der Tafel mit der Versuchung des Heiligen hin. Sie lauten: »Ubi eras, Jhesu bone, ubi eras, quare non affuisti ut sanes vulnera mea«, das heißt: »Wo warst Du, guter Jesus, wo warst Du, weshalb warst Du nicht da, um meine Wunden zu heilen.«

Es ist also durchaus die Möglichkeit gegeben, daß Mathis Neithart die wundertätige Kraft des Altars sowohl durch diese Inschrift und viele andere symbolische Bezüge, als auch durch die besondere Wucht und Eindringlichkeit seiner Kompositionen und seiner Farben erhöhen wollte, zumal ja auch nicht nur eine Schilderung der Passion, sondern auch die des Lebens des Heilands, der Heilsgeschichte also, ja auch des Glaubenskampfes darzustellen war, überhöht von der Majestät Gottes und dem Erlösungswerk Christi. Welche Aufgabe!

Der Isenheimer Altar, vor dem wir nun stehen, ist das stärkste, packendste Werk des Aschaffenburger Meisters, voll unheimlicher Spannung und Gewalt, voll Schönheit und voll Grauen, doch auch von Glaubenskraft und tiefer Frömmigkeit erfüllt. »Als Medium«, so betont Maria Lanckorońska, »diente dem Maler hier wie bereits in seinen vorangegangenen Werken die mittelalterliche Symbolsprache.«

Sicher stand der Meister in der Tradition gotischer Tafelmalerei, aber er geht weit über sie hinaus. Hier glänzt kein Goldgrund mehr, keine goldenen Nimben blitzen, sondern die Köpfe sind von einem nebelartigen Hauch umgeben, von oszillierenden Gloriolen – perlgrau, schwefelgelb, blau und rot. Heftigkeit und Stille dicht nebeneinander erzeugen eine solche Spannung, wie sie nie zuvor eindringlicher gemalt worden ist. Man möchte meinen, daß der Maler während der Arbeit von Visionen bedrängt wurde, die sich nicht nur aus den religiösen Themen seiner Kompositionen und nicht nur aus der besonderen Bestimmung des Altarwerkes herleiten, sondern die auch aus seinem Erlebnis der Wirklichkeit stammen. Sicherlich ist das Werk vor allem unter dem Gesichtspunkt seines mystisch-symbolischen Inhalts zu interpretieren, wobei man auch auf die ›Visionen‹ der hl. Birgitta von Schweden hinweisen sollte, die im ›Sermo angelicus‹ seit 1492 in ganz Deutschland verbreitet waren, doch sollte man auch nicht vergessen, daß Neithart in einer recht stürmischen Zeit lebte, an der er sicher intensiv Anteil genommen hat. Jedenfalls läßt er auch ein Stück Zeitgeschichte im Gewand mittelalterlicher Symbolsprache anklingen: die Unruhe der Reformationszeit ist deutlich spürbar. Sie hatte damals alle Schichten des christlichen Abendlandes ergriffen. Bußprediger durchzogen das Land und riefen zur Umkehr auf, Bauernaufstände trugen das ihre dazu bei, wahre Frömmigkeit schlug in Aberglauben um, Macht- und Prachtgier in Askese; – und die Alpträume menschlicher Unvollkommenheit – wie Angst, Krankheit und Tod – hatte er im Siechenhaus des Klosters sowieso täglich vor Augen.

Doch nun zum Altarwerk selbst. In Colmar handelt es sich um einen Wandelaltar, einen Schrein also mit plastischem Figurenschmuck und beweglichen, bemalten Flügeln, die beim Öffnen und Schließen verschiedene Bildfolgen zeigen. An Wochen- und Bußtagen blieb der Altar geschlossen, an Sonntagen und niederen Feiertagen waren die äußeren Flügel geöffnet, an Hochfesten standen alle Flügel offen. Heute ist der Altar in drei Teilen aufgestellt, damit der Besucher die einzelnen Bildzyklen in Ruhe betrachten kann. Leider hat die Enge des Kapellenraums dazu gezwungen, einige Flügel von den zugehörigen Mitteltafeln zu trennen, so daß sich die Übersicht über die gesamten Bildkompositionen nicht mehr ergibt. Am empfindlichsten ist damit die Geschlossenheit der Bildfolgen von der Menschwerdung Christi getroffen! Die Verkündigungstafel gehört farblich und kompositorisch zum Engelskonzert, und die Auferstehung schließt sich auch im Farblichen an die visionären Teile der Mitteltafel mit der Erscheinung von Gottvater an. Es sei daher empfohlen, das kleine Modell des Altares, das in der Kapelle an der Fensterwand hängt, aufmerksam zu studieren, nur so wird man den vollen Zusammenhang des Werkes begreifen.

Am gewaltigsten ist der Eindruck der ersten Schauseite, der Kreuzigung, die erfüllt ist von apokalyptischer Stimmung. Wo sonst noch gibt es eine so eindringliche Deutung des Geschehens auf Golgatha wie die Geste des Täufers, dessen weisender Finger auf die Worte weist: »illum portet crescere, me autem minui – jener muß wachsen, ich aber abnehmen«. In tiefer Blässe, schrecklich entstellt, blutüberronnen und todesstarr hängt der übergroße Leib Christi am Kreuz; sein Gewicht biegt den Querbalken an beiden Seiten nach unten. Unter dem Kreuz bricht Maria ohnmächtig zusammen, gestützt von Johannes, und davor kniet schluchzend Maria Magdalena. Das alles spielt sich vor einem unheimlichen, indigoschwarzen Himmel in fürchterlicher Verlassenheit ab. Die Predella zeigt in einem fahlen Dämmerlicht die Beweinung des toten Herrn, der ins Grab gelegt wird. Auf den Standflügeln links und rechts von der Kreuzigung sehen wir die Heiligen Antonius und Sebastian.

Schlug man die Mitteltafel auf, so schwand das schreckliche Bild der Kreuzigung und es öffneten sich Räume von märchenhafter Pracht. Die zweite Schauseite wurde sichtbar, auf der sich Christi Menschwerdung abspielt. Die Darstellung weicht von der üblichen Ikonographie ab, denn nicht der historische Vorgang wird geschildert, sondern die symbolische Bedeutung der Menschwerdung und die Verherrlichung der Gottesmutter werden ins Bild gebracht. Unwillkürlich schaut man zuerst auf die rechte Bildhälfte, wo Maria, in Blau und Rot gekleidet, sitzt und mit unbeschreiblich innigem Ausdruck das Kind in den Armen hält. Sie befindet sich in einem kleinen Garten, in dem tiefrote Rosen – die ›rosae mysticae‹ – blühen, vor herrlichem landschaftlichen Hintergrund. Zu Füßen eines steil ansteigenden Gebirgsmassivs sehen wir ein Kloster – wohl Isenheim – und auf der Flanke des Berges die Hirten, wie sie die frohe Botschaft der Menschwerdung empfangen. Aus der feurigen Glut des Himmels brechen Engelheere als Boten hervor, zu Füßen Gottvaters, der ganz oben am rechten Bildrand in einer mystischen Ferne von weißen und eisblauen Tönen thront.

Die andere Bildhälfte ist verschieden gedeutet worden. Es geschieht auf ihr soviel, daß man sie kaum beschreiben kann; daher nur einige wenige Hinweise. Sie zeigt eine prächtige nach allen Seiten offene Kirchenhalle, in der sich in leuchtenden und zarten Farben Merkwürdiges begibt. Traumhaft wie das ganze Geschehen ist der Tempel selbst mit seinen goldenen Zieraten, mit Blatt- und Rankenwerk und mit steinernen Figuren, die aufeinander einreden. Die nahe Verwandtschaft der Architekturdetails des Tempels zum Sakramentshaus des Ulmer Münsters hat schon Maria Lanckorońska nachgewiesen. Unter dem einen Bogen kniet eine Frauengestalt, von feurig strahlender Aureole umgeben, mit einer wie von Flammen züngelnden Krone auf dem Haupt. Über ihr halten Engel Szepter und Krone. Diese Gestalt gibt Rätsel auf. Man hält sie für die ›anima fidelis‹, für die Kirche, für Maria, und heute glaubt man allgemein, daß diese Gestalt Maria und Kirche zugleich ist. Die Jungfrau in der Erwartung und Christi Braut verläßt den Tempel Salomonis, um durch des Herrn Geburt den neuen Bund zu gründen. So wird der Tempel

Salomos zum Sakramentshaus der christlichen Kirche, das den Leib des Gottessohnes umschließt.

Die Darstellung bedeutet also Maria im Zustand der Erwartung. Drei Engel hinter ihr musizieren auf Gambe, Baßgeige und Bratsche, einer von ihnen trägt ein grünliches Federkleid und wird oft als ›Erdgeist‹ gedeutet. Maria Lanckorońska hat aber eine einleuchtendere Erklärung. Die Engel tragen Kleinodien: der eine ein kelchförmiges, einer Hopfenblüte ähnliches Schmuckstück – ein Symbol des Glaubens, der andere einen herzförmigen Schmuck und eine offene Schale – Herz und Schale sind Symbol der ›Caritas‹. Der Federengel endlich trägt eine Pfauenfederkrone als Symbol der Auferstehung, und alle drei stehen für Glaube, Liebe, Hoffnung. Dazu tragen sie je drei Ringe als Zeichen der Trinität.

Die Verheißung, Gott solle als wahrer Mensch geboren werden, lockt Scharen von geisterhaften Wesen an, die den Tempel bevölkern: Engelkinder in roten und grünen Aureolen, darüber eine kugelartige, hellblaue Lichterscheinung, die Eva, die Ur-Mutter der Menschen, die hier der Erlösung von der Erbsünde harrt, umhüllt. Die Engelchen mit den verschiedenen Hautfarben sollen Vertreter der Menschenrassen darstellen, die alle am Erlösungswerk teilhaben sollen: ein Hinweis auf die Missionsarbeit der Kirche. So gesehen, begleiten die Musikanten unter den Engeln vielleicht den spätmittelalterlichen Hymnus, der da lautet:

> *Ihr Völker und ihr Engel all –*
> *Vollbringet lautesten Triumph –*
> *Im Lauf der Hirsche eilt herbei –*
> *Denn sehet, der Erlöser kommt –*
> *Sei gläubig Galiläervolk –*
> *Ihr Griechen, Perser, Inder –*
> *Gott würdigt euch, ein Mensch zu sein –*
> *Indes das Wort beim Vater bleibt.*

Beide Bildhälften werden durch symbolhafte Geräte miteinander verbunden. Vor der Maria-Kirche steht eine zierliche Glaskanne als Zeichen der Reinheit, vor Maria-Mutter ein irdener Hafen als Zeichen der Unreinheit. Beide Gefäße sollen überdies den Gegensatz Kirche – Synagoge versinnbildlichen. Wiege und Zuber beziehen sich auf Taufe und Grab. Soweit unsere Hinweise. Wer noch tiefer in die Geheimnisse dieses Bildes eindringen will, dem sei das Buch der Maria Lanckorońska wärmstens empfohlen.

Die linke Außentafel, die sich einst an den Tempel anschloß, zeigt die Verkündigung in einer Kapelle: die Vorgeschichte der Mitteltafel sozusagen. Wie ein Sturmwind fährt der Erzengel Gabriel mit rauschenden Gewändern in den kleinen, stillen, sonnendurchfluteten Raum und erfüllt ihn mit leidenschaftlichem Aufruhr. Mit allen Zeichen des Schreckens biegt die kniende, in die Lektüre eines Gebetbuchs versunkene Maria den Leib zurück und über ihr schwirrt die Taube des Heiligen Geistes. Da ist nichts von stiller Ergebung in das von Gott befohlene Geschick, da ist nur tieferschrockene Abwehr.

Auf der rechten Außentafel sehen wir dann die Auferstehung: Ende und Krönung des mystischen Vorgangs. Sie verbindet eigentlich drei Vorgänge: Auferstehung, Himmelfahrt und Verklärung. Wie eine Eruption vollzieht sich dies Geschehen und wie von einer Explosion werden die Grabwächter zur Seite geschleudert. Die Aura um Christus leuchtet in allen Farben des Spektrums; die ganze Gestalt leuchtet sonnenhaft; sie ist bereits ganz schwerelos geworden, vergeistigt, verklärt und fast geschmolzen in den Strahlen eines wunderbaren Lichtes. Hier ist der Sieg des Geistes über die Materie, ihre Erlösung sichtbar gemacht. Einst schloß sich diese Tafel an die rechte Hälfte des Mittelbildes an, und ihre farbige Haltung stand in engster Beziehung zu der mystischen Erscheinungswelt Gottvaters, in die sich die irdische Erscheinung des Sohnes gleichsam auflöst, in die er – buchstäblich vor unseren Augen – eingeht.

Joris K. Huysmans hat in seinem Buche ›Die Geheimnisse der Gotik‹ dieses übersinnlich-sinnliche Phänomen – übrigens bezeichnend für ihn und für seine Zeit, die Wende vom 19. zum 20. Jahrhundert – faszinierend beschrieben:

Der Heiland schwebt empor, er breitet die Arme aus und weist uns die blutigen Wundmale an seinen Händen. Es ist ein blonder, gewinnender, kräftiger Christus mit braunen Augen, der nichts mehr mit jenem Goliath gemein hat, den wir vorhin, mit Nägeln an dem noch grünen Holz des Hochgerichtes festgenagelt, sich auflösen sahen. Und von diesem aufsteigenden Körper gehen leuchtende Strahlen aus, die ihn umspielen und seine Umrisse zu verwischen beginnen. Schon verschwimmen die Gesichtskonturen, die Züge verflüchtigen sich, die Haare lösen sich auf, fließen in einen Heiligenschein von flüssigem Gold zusammen. Das Licht ergießt sich in gewaltigen Ringen, die vom leuchtendsten Gelb sich in Purpurtöne wandeln, die schließlich in sanften Abstufungen ins Blaue übergehen, das sich seinerseits mit dem dunklen Blau des Abendhimmels vermengt.

Wir wohnen der Erneuerung der Gottheit bei, die sich mit dem Leben entzündet, der Entstehung des siegreichen Körpers, der sich nach und nach aus der irdischen Hülle löst und aufgeht in jener Flammen-Apotheose, die sie umstrahlt, deren Herd sie selbst ist. Der verklärte Heiland erhebt sich majestätisch und lächelnd; man könnte den übergroßen Heiligenschein, der sein Haupt flimmernd umschließt und der uns in der sternübersäten Nacht blendet, für den wiedererschienenen Stern der heiligen drei Könige halten, in dessen engeren Lichtkreis die Zeitgenossen Grünewalds das Jesuskind stellten, wenn sie die Geschichte von Bethlehem malten. Der Stern, der den Beginn beleuchtet, scheint zum Ende wiedergekommen, wie der Vorläufer aus dem Golgathabilde: der Weihnachtsstern, der seit seiner Geburt am Firmament gewachsen ist, gleich dem Körper des Messias seit seiner Geburt auf Erden.

Der Künstler aber, der dies Wagestück unternommen, hat es wunderbar zu Ende gebracht. Er hat den Erlöser bekleidet und die Verwandlung der Farben seines Kleides, die sich mit Christus zugleich verflüchtigen, darzustellen versucht; das scharlachfarbene Gewand nimmt hellgelbe Töne an, je näher es der flammenden Lichtquelle der Strahlen, dem Haupte und Nacken Christi kommt; das Gewebe wird immer dünner, schließlich in dem goldenen Schein beinahe gänzlich durchsichtig. Das weiße Schweißtuch, das er hinter sich herzieht, erinnert an gewisse japanische Gewebe, die nach geschickten Übergangstönen die Farbe wechseln; es nimmt zuerst sachte hellila Töne an, die sich dann zu reinem Violett verdichten, das sich schließlich gleich dem letzten azurnen Kreis des Heiligenscheines im Indigoschwarz der Nacht verliert.

Der Ausdruck des Triumphes auf dieser Auferstehung ist wunderbar. Dem Wort von dem »kontemplativen Leben der Malerei«, das keinen Sinn zu haben scheint, kommt zumindest hier in diesem Fall ein solcher zu; denn wir dringen mit Grünewald in das Reich der hohen Mystik ein, und wir erraten durch Vermittlung von Farben und Linien die Ergießung und Ausbreitung der Gottheit, die beim Austritt aus der körperlichen Hülle beinahe greifbar ist.

Der Isenheimer Altar ist ein Antonius-Altar und daher ist die letzte Schauseite, deren Mittelstück, wie wir uns erinnern, plastisch gebildet und den frühesten Teil des Ganzen darstellt, vor allem dem Titular-Heiligen des Klosters vorbehalten. Sie zeigt die Apotheose des Ordenspatrons, flankiert von Augustinus und Hieronymus, die in lebhaftem Streitgespräch miteinander begriffen zu sein scheinen. In ihren sehr lebendigen Köpfen glaubt man die Bildnisse zweier bedeutender Kanzelredner der Zeit, von Thomas Murner und von Geiler von Kaysersberg, erkennen zu können. Daß letzterer mit dem Präzeptor des Ordens Guersi befreundet war, wissen wir schon – was liegt also näher, als auch in der Antoniusfigur ein Porträt zu vermuten und zwar des Stifters des Ganzen. Das hat schon Wilhelm Vöge getan, wenn er auch – sicher zu Recht – im Kopf des Antonius eine Art gesteigertes Idealbild Guersis sieht. »Die Isenheimer Köpfe sind dem Leben nachgedichtet«, sagt er, »so lebensnah sie auch anmuten.«

Über die Weihgabenträger zu Füßen der großen Figuren, die Stifterfigürchen, und über die geschnitzte Predella können wir hier hinweggehen – und auch vom Rankenwerk zu Häupten der Antoniusfigur war schon die Rede. Bleiben noch die Seitentafeln des Mittelstücks: ›Die Versuchung des heiligen Antonius‹ und ›Der heilige Antonius besucht Paulus, den Eremiten‹, auf denen die Figur des Antonius gleichfalls die Züge des Ordenspräzeptors Guersi trägt. W. K. Zülch hat das in seinem Buch über den historischen Grünewald überzeugend nachgewiesen.

Vergegenwärtigen wir uns noch einmal, daß diese dritte Schauseite des Altars mit der Apotheose des Heiligen diejenige war, vor die die Kranken getragen wurden, um eine Heilung von ihrer Krankheit zu erflehen. Sie war also die eigentliche Konfrontation des Bresthaften mit dem Quell des Heilswunders, das vom Leiden, welches nach der Auffassung der Zeit ja Sünde war, erlösen kann. Mathis der Maler hat diesen Gedanken aufgegriffen und in den Tafeln in zwei Erzählungen aus dem Leben des hl. Antonius Gestalt werden lassen. Der eine Flügel zeigt die Versuchung des Heiligen durch ein ganzes Heer höllischer Bestien mit gemeinen Fratzen, zerfressenen, mit ekelhaften Geschwüren bedeckten Gliedern, Sinnbilder der Krankheiten von Seele und Leib. Die andere Tafel stellt den Besuch des Antonius bei dem Eremiten Paulus dar, wie ihn die ›Legenda Aurea‹ berichtet. Nach langer Irrfahrt fand der neunzigjährige Antonius den einhundertdreizehnjährigen Paulus, der sich von Datteln und Quellwasser nährte und dem

Gott täglich einen Raben mit Brot als Nahrung schickte. (Hier hat übrigens ein Auerhahn, den Neithart aus dem Spessart kannte, die Rolle des Raben übernommen.) Im frommen Gespräch mit Paulus, der von Vertrauen auf die Hilfe Gottes erfüllt ist, findet der gepeinigte Antonius auf diesem Bild Trost in seinen Anfechtungen und Erlösung von seinen Bedrängnissen, die auf dem anderen so schrecklich geschildert sind und die zu der verzweifelten Anrufung Christi durch den Gequälten führten, wie sie auf dem Zettel an der rechten unteren Bildkante aufgezeichnet ist – doch davon war schon die Rede. Zülch schreibt über diese Tafeln in seinem Buche:

Ein doppeltes Wunder hat Meister Mathis in den beiden Bildern einander gegenübergestellt und hat ihre Gegensätzlichkeit durch eine Reihe feinster Kontraste herausgehoben: Morgenstimmung eines wolkenlosen Tages über einer weltentrückten Einsiedelei, der Zustand der ›Anschauung‹, durchgeführt in große Tiefe und ferne Höhe – und dem gegenüber wilder Kampf auf einem engen Prospekt, schwüle Abendstimmung unter gefährlichen Wetterwolken, über denen Gottvater wie eine Verheißung erscheint.

Es erübrigt sich, die vielen ›realistischen‹ Details auf beiden Tafeln näher zu beschreiben – das ist oft genug geschehen, und jeder Betrachter wird da Neues entdecken; uns scheint gerade bei diesen beiden Tafeln wesentlich, darauf hinzuweisen, wie sehr sich gerade hier die Bemerkung Huysmans vom ›mystischen Naturalisten‹ Grünewald, die wir oben zitierten, bewahrheitet. Denn:

Der Sinn für die Wirklichkeit wird hier in die Phantasie eingeschmolzen, schreibt Wilhelm Hausenstein. *Von Einbildungskraft dahingetragen, verläßt der schauende Gedanke die genau umschriebene Welt irdischer Gegenstände; die Augen träumen lichte Gebirge, im Schrankenlosen weiten sich Blick und Atem, die beide schon im Umschränkten so groß sind wie die ganze überschwengliche Größe deutscher Kunst.*

Colmarer Einzelheiten

Nach der Hoch-Zeit der Künste im 15. und 16. Jahrhundert hat Colmar nie wieder eine solche Bedeutung erreicht, obwohl von dort auch später noch manche künstlerische Anregung ausgegangen ist. Hier soll auf einen wesentlichen Kunstzweig aus dem 19. Jahrhundert hingewiesen werden, der für Colmar und das Elsaß sehr charakteristisch und für unser Buch von Wichtigkeit ist.

Der Zeichner und Lithograph *Jacques Rothmüller*, ein gebürtiger Colmarer, hat in der ersten Hälfte des vergangenen Jahrhunderts in zahlreichen, sehr subtil gearbeiteten graphischen Blättern die Schönheiten seiner Heimatstadt und auch die Landschaften und Städte des übrigen Elsaß festgehalten. Sie sind vorzugsweise als Illustrationen zu den Reisebeschreibungen und populären, historischen Werken hergestellt worden, die seinerzeit über das Elsaß in großer Zahl erschienen; Landschaft und Städte wurden gleichsam neu entdeckt. Unser Buch zeigt eine ausgewählte Folge solcher Ansichten aus der Reiseliteratur dieser Zeit, an denen auch noch andere Künstler wie die Pariser *Chapuy* und *Villeneuve*, die Straßburger *Sandmann* und *Müller* und viele andere beteiligt waren. Diese schönen Dokumente der frühen romantischen Lithographie sind durchweg in einheimischen lithographischen Anstalten auf Stein gezeichnet und gedruckt worden, vorzugsweise natürlich in Straßburg, aber auch in vielen anderen Orten des Landes. Nach Straßburg ist Colmar der wichtigste Platz für diesen Zweig des Druckgewerbes gewesen. Heute noch wird im Elsaß, auf dieser Tradition fußend, hervorragender Illustrationsdruck geleistet. Die Kupfertiefdrucke der Firma Braun seien hier als Beispiel genannt.

Ein anderer sehr bekannter Colmarer Künstler aus dem 19. Jahrhundert war der Bildhauer *Frédéric Auguste Bar-*

tholdi, denn er hat die New Yorker Freiheitsstatue geschaffen, die am 28. Oktober 1886 enthüllt worden ist, als Unterpfand der Freundschaft Frankreichs zu den Vereinigten Staaten. Bartholdi hatte angesichts der Pharaonengräber von Abu Simbel beschlossen, dies Riesenstandbild zu machen, dem er die Züge seiner Mutter gab und zu deren Figur seine spätere Frau Jeanne Emilie Rheux de Puysieux Modell stand. Der Unterbau der Statue kostete 450 000 Dollar, die Amerika aufbrachte; Frankreich sammelte die gleiche Summe, und das Baugerüst errichtete Gustave Eiffel, dessen berühmter Turm in Paris 1889 eingeweiht wurde. Seine Heimatstadt hat Bartholdi mit zahlreichen Denkmälern geschmückt. Das des Feldhauptmanns von Schwendi vor dem Rathaus kennen wir schon – stellvertretend für die vielen anderen sei das des napoleonischen Generals Rapp genannt, vor der ›Präfektur‹, die – wenn auch erst im 19. Jahrhundert gebaut – den Stil Louis XIII. auf eindrucksvolle Weise dem Stadtbild einfügt.

Zum Schluß unseres Besuches sei noch eines berühmten Besuchers der Stadt aus dem 18. Jahrhundert gedacht, der gerne in Colmar geblieben wäre und dem dies nicht vergönnt war:

Auch *Voltaire* hat es in der Stadt nicht schlecht gefallen. Als er sich durch seine Geldgeschichten bei seinem Gönner Friedrich dem Großen sehr unbeliebt gemacht hatte, und weil er in Frankreich schon so unbeliebt war, daß ihm der Aufenthalt in Paris verboten wurde, ließ er sich in Colmar nieder, denn der Herzog Karl Eugen von Württemberg, Herr von Reichenweier, hatte ihm die Summe von 7 500 Reichstalern zugesagt, und zwar sollte er das Geld aus den Erträgen der Reichenweierer Weinberge erhalten. Von Colmar aus bemühte sich Voltaire nun um die Auszahlungen, die nur unregelmäßig eintrafen. Auf seine Beschwerde teilte ihm der herzogliche Amtmann Rosé mit, daß den Herzog die Ausbeutung einer Silbermine große Summen koste. Voltaire schrieb zurück: »Ich gratuliere Herrn Rosé zu diesen Minen, aber ich glaube, daß die besten Minen die Weinberge von Reichenweier sind.« In Colmar schrieb er seine ›Annales de l'Empire‹ und hier sind sie bei Joseph Schöpflin gedruckt worden. Übrigens sei in diesem Zusammenhang darauf hingewiesen, daß die erste große Gesamtausgabe der Werke Voltaires nicht in Frankreich – wo sie unterdrückt wurde –, sondern im rechtsrheinischen Kehl erschienen ist: wieder ein Beweis für den lebhaften Austausch zwischen den Ländern über den Strom hinweg.

Als auf Veranlassung des Jesuiten Aubert das ›Dictionnaire‹ von Bayle öffentlich verbrannt wurde, ärgerte er sich gewaltig. »La capitale des Hottentots gouvernée par les jésuites; une ville moitié allemande, moitié française et tout à fait iroquoise« nannte er die Stadt. Sonst gefiel sie ihm aber so gut, daß er erklärte: »J'ai envie de me faire Alsacien.« Daraus wurde aber nichts, denn die französische Regierung verwies ihn des Landes, und Voltaire emigrierte in die Schweiz.

DIE WEINSTRASSE

Über den Wein im Elsaß

Weinstock und Traube sind Sinnbilder der Liebe Gottes zu den Menschen, der innigen Gemeinschaft Christi mit den Seinen. Im 12. Jahrhundert entstand in Deutschland als tiefe Wein-Blut-Symbolik die auf Jesaias 63, 3 und auf den Vergleich des Jüngsten Gerichts mit der Kelter in der Apokalypse zurückgehende Darstellung ›Christus in der Kelter‹. Zuerst erscheint der Heiland als triumphierender Keltertreter, dann, unter dem Einfluß der Mystik, seit dem späten 13. Jahrhundert Christus selbst als Traube und als Schmerzensmann, dessen Blut aus der Kelter strömt und die Welt erlöst, und schließlich erscheinen Traube und Ähre als Symbol der Eucharistie. Sie wachsen aus den Fußwunden des Erlösers. Der Wein, dem Heiligen von altersher nahestehend, ist seit der Antike von Legenden und Sagen umwoben; des ›Dionysos Meerfahrt‹ ist eine der berühmtesten und frühesten.

Von den späten Geschichten sei hier eine berichtet, die mit unserer Reiseroute in Verbindung steht:

Vor langer Zeit lebte in Zillisheim, südlich von Mülhausen, ein schönes, fleißiges Mädchen, dessen Hochzeit nach der Weinlese gefeiert werden sollte. Vergnügt arbeitete sie mit ihrem Bräutigam im Weinberg; sie pflückten die Trauben, und der junge Mann leerte die Kiepen in die Bottiche. Doch plötzlich glitt sein Fuß von der öligen Wagenachse und die schwere Last fiel auf den Nacken des Mädchens, das tot zur Erde stürzte. Zur Zeit der Lese läßt sich seitdem manchmal ein Gespenst sehen. Es wiegt Trauben in seinen Händen. Finden die Winzer in der Frühe den Abdruck eines Frauenschuhs im Erdreich, wissen sie, daß es ein vorzügliches Weinjahr geben wird.

Es ist eine traurige, doch schöne Sage, die am Beginn der *Weinstraße* steht. Mit Hilfe einer straffen Verkehrsplanung ist sie seit 1951 geschaffen worden. Sie beginnt bei Thann und zieht sich rund 180 km bis nach Marlenheim bei Straßburg, immer am Fuß der Vogesen hin, begleitet von Städtchen, Dörfern, Burgen und den berühmtesten Lagen des Elsässer Weins. Wir werden einige von ihnen besuchen, nicht ohne hie und da einen Abstecher zu machen. Jeder Ort feiert sein Weinfest, und es gab Zeiten, da man die Schutzheiligen, wenn sie die Bitte um gute Ernte nicht wunschgemäß weitergeleitet hatten, bestrafte. So wurde zum Beispiel der hl. Urban, der Weinheilige, einmal in einen Brunnen geworfen, weil er versagt hatte.

Auf den Hügeln zwischen Ebene und Gebirge liegen die Rebgärten; sie ziehen sich an den geschützten Hängen des Gebirges empor, dringen in die Waldtäler ein und ziehen weit hinaus in die Ebene. Es ist eine überaus liebliche und heitere Landschaft und wohl die bekannteste im Elsaß. Die Rebe wurde hier im 3. Jahrhundert von den Römern eingeführt, und schon Plinius spricht in seiner ›Historia Naturalis‹ vom guten Wein der Sequaner, eines keltischen Stammes im Oberelsaß. Aus dem 7. Jahrhundert stammen die ersten urkundlichen Belege für den Weinbau. Rufach wird 682 erwähnt, Rappoltsweiler 759, Gebweiler 794, und zu Beginn des 9. Jahrhunderts wurde bereits Wein ausgeführt. Colmar, Schlettstadt und Straßburg waren die Haupthandelsplätze, vor allem Colmar, das vom 16. Jahrhundert an im Jahre durchschnittlich 93 000 Hektoliter Wein verkaufte, der auf der Ill verschifft wurde. Elsässer Wein ging nach England, Skandinavien, Norddeutschland, Polen, Bayern, Württemberg und in die Rheinlande.

Als verbreiteste Traubensorten gab es den Elbling, hier Burger genannt; auch der Räuschling, der gelbe, grüne und rote Heunisch gehören zu den uralten Rebsorten des Landes. Bereits früh sind edle Sorten gezogen worden, so Traminer, Riesling und Muskateller. Der Rotweinbau dagegen ist im 19. Jahrhundert aufgegeben worden. Gegen den Französischen kam er nicht an.

J. C. Stoltz führt 1828 in seinem ›Verzeichnis der Traubensorten und Varietäten ...‹ sechsunddreißig Sorten an, von denen der Burger, der Knipperle und der Rheingauer Riesling am meisten verbreitet waren. Daneben nennt er Räuschling, gelben Heunisch, Silvaner, Gutedel, Traminer und Ruländer. Als seltene Sorten führt er Muskateller, Spätburgunder und Veltliner auf.

Der Silvaner ist entschieden ein ›grand vin‹. Er wird auf Flaschen mit der Aufschrift »appellation contrôlée« abgezogen oder auch als offener grüngoldener, frischer und etwas säuerlicher Landwein ausgeschenkt. Auch der Riesling ist ein ›grand vin‹, den man vor allem in Reichenweier als ›Cuvée exceptionelle‹ findet, trocken, voll und frisch.

Eine besondere Art der Weinbereitung im Elsaß ist seit Mitte des 18. Jahrhunderts der ›Strohwein‹. Vollreife Trauben wurden in luftigen, trockenen Räumen auf Stroh gelagert, damit sich durch Verdunstung des Wassers der Saft der Beeren konzentriere. Erst nach acht- bis zehnjähriger Lagerung kam der Wein dann zu hohen Preisen auf den Markt. Vor allem in Reichenweier und Rappoltsweiler wurde diese ganz besondere ›Trockenbeerenauslese‹ angewendet.

Eine weitere Berühmtheit unter den elsässischen Weinen ist der ›Zwicker‹ oder ›Edelzwicker‹, der seinen Namen zu Recht trägt, denn er trinkt sich leicht und angenehm, ist aber gefährlich. Gewonnen wird er aus einer Mischung von Edelsorten wie Riesling, Ruländer, Muskateller mit einfacheren Sorten wie Elbling, Ortlieber, Gutedel.

Bekannt sind die Weine des Rangenberges bei Thann, von denen die ›Thanner Chronik‹ sagt, daß sie ihrer Stärke wegen halt seltener, höflicher, bescheidener und behutsamer als andere Weine getrunken werden müssen. Die Gebweiler Weine: Kitterle, Wanne, Jähring, Schewing, sind gleichfalls von hervorragender Güte. Es folgen unter den bekannten Winzerorten Orschweier und Rufach, Pfaffenheim, Hattstadt, Vögtlinshofen, dann die Rebberge von Häusern, Egisheim, Wettolsheim, Wintzenheim und Colmar. Am Eingang zum Münstertal liegt Türkheim mit der bekannten Lage ›Brand‹, dann an der Weiß »drei Städt in ein Tal«, Ammerschweier, Kaysersberg, Kienzheim und das benachbarte Sigolsheim. Der Kaysersberger Brunnen von 1618 trägt die Inschrift:

> *Drinkstu waser in den Kragen*
> *Ober Disch es kalt dein Magen*
> *Drink masig alten subtiln Wein*
> *Rath ich und las mich waser sein.*

Es folgen Reichenweier, Zellenberg, Hunaweier, Rappoltsweiler – alles Höhepunkte sowohl landschaftlich wie weinbaulich.

Heute werden hauptsächlich kultiviert: Riesling, Ruländer, auch Tokayer genannt. Weißen Burgunder – Pinot und Auxerrois –, Muskateller, Gewürztraminer, Silvaner und Gutedel, Ortlieber, Knipperle und Elbling gibt es nur noch selten, auch Veltliner und Räuschling spielen nur noch eine geringe Rolle.

Die Erträge des Elsässer Weinbaus waren schon in früherer Zeit ungewöhnlich groß. Im Jahre 1255 gab es eine so reiche Ernte, daß es an Keltergefäßen fehlte; ebenso 1300 und 1306, als man den alten Wein umsonst anbot, um Fässer frei zu bekommen. 1484 gab man fünfzig Liter für ein Ei ab. Reichenweier, wo viel ›Gutedel‹ angebaut wurde, erzielte noch 1851–1879 einen Durchschnittsertrag von fast neunzig Hektoliter auf den Hektar. In unseren Tagen sind die Erträge nicht geringer geworden, und der Wein gehört zu den Köstlichkeiten des Landes, zu Recht weit über seine Grenzen hinaus bekannt. Wilhelm Hausenstein, fast ein Kind dieses Landes, denn er stammt von ›Gegenüber‹, vom Schwarzwald, hat einmal eine Weinprobe in der Colmarer Gegend sehr schön beschrieben:

Wir waren auf ein Glas eingeladen, und es wurde unter den schrägeren Strahlen der Sonne allmählich Zeit, hinzugehen.

Platanen säumten die Straße. Schließlich wartete ein schlichtes Haus, im Haus drinnen ein schlichtes Zimmer mit dem bürgerlichen Charakter der achtziger Jahre, der mir die Jugend wiedergab. Unser Wirt stieg selber in seinen Keller hinunter, kam mit einer Flasche seines eigenen Siebenundvierzigers rüstig wieder herauf. Mit sorgfältiger Sachlichkeit zog er den Pfropfen, goß er ein, und es war ein Getränk, das jedem weißen Bordeaux oder Burgunder würde standgehalten haben: zwar nicht in der Eigentümlichkeit, wohl aber an Süße und Fülle. Das Gespräch kreiste einige Momente darum, daß es angenehm sei, den Weißen nicht zu kalt zu trinken, wie es anderwärts eine fast schon leidige Gewohnheit ausmache: nur eben kellerfrisch, aber nicht eisig. Unser Wirt sagte, er würde den Wein durch zu viel Kälte »umbringen« – den seinen jedenfalls... Man schwieg, man trank. Die Frau des Hauses, die still, doch mitwaltenden Sinnes dabei saß, hatte graues Hausbrot, dazu neue Walnüsse ihres großen Gartens beigebracht, und nun geschah es, wie es ein halbes Jahrhundert früher auf der badischen Rheinseite beim Großvater geschehen war: ich drückte die genau geschälten Kerne in das Brot, kaute diesen Kuchen langsam, da erst bekam der Wein sein Relief.

Wir stapften zurück. Da und dort entstand, bald französisch, bald im Elsässer Dialekt geführt, ein kleines Gespräch zwischen meinem einheimischen Mentor und einem Bürger des Städtchens – einem Kaufmann, Küfer, Anwalt, Notar. Die Fragen der großen Politik schmolzen in den Frieden des Städtchens ein, der, man hätte es angesichts der gewesenen Kriege und einer ungewissen Zukunft nicht glauben wollen, etwas von dem guten Geiste an sich hatte, den wir unter dem Namen des ›Ewigen Friedens‹ zu greifen suchen.

Der Abend sank herein. Man fuhr nach Hause. Am Wege lagen die Ruinen eines Ortes.

In Colmar gab es zu später Stunde noch eine Flasche wunderbaren älteren Rieslings. Er war wie ein hellgoldenes Licht im Mittelpunkt der Nacht.

Zwischen Gebweiler und Colmar

Entlang der Weinstraße finden wir schon hier manchen interessanten Ort, in einigen wollen wir kurz verweilen.

Da ist zunächst *Rufach-Rouffach*, das zum ältesten Besitz des Bistums Straßburg gehörte, seit etwa 662. Die Stadtbefestigungen sind zum Teil erhalten, aber was man zuerst sieht, sind die hohen wuchtigen Türme der Liebfrauenkirche, eines bedeutenden Baus des 11.–14. Jahrhunderts. Er steht auf dem weiten Platz, der von guten alten Häusern gesäumt ist, darunter das vornehme Renaissance-Rathaus. Weiterfahrend kommen wir nach *Pfaffenheim*, einem reizenden alten Winzerdorf mit großer Pfarrkirche des 19. Jahrhunderts, von der allein der Chor, um 1200, zu den reichsten und prächtigsten Bauwerken staufischer Zeit gehört, »ein Hauptwerk elsässischer Dekorationskunst«, wie Dehio sagt.

Der nächste Ort ist das Städtchen *Egisheim*, das fast kreisförmig um die Reste der Burg, Stammsitz der Grafen von Egisheim, gelagert ist, geschützt von Türmen und Mauern, im Stadtgrundriß Nördlingen in Schwaben vergleichbar, – ein Städtchen von höchst malerischem Reiz.

Hier wurde 1002 Bruno, späterer Bischof von Toul, Sohn des Grafen Hugo IV. und der Gräfin Heilwig von Dagsburg, geboren. Kaiser Heinrich III. ließ den gelehrten, frommen, für seine Reformbestrebungen bekannten Prälaten 1048 zum Papst wählen. Als Leo IX. zog er mit kleinem Gefolge, barfüßig wie ein Pilger, begleitet von Hildebrand aus Cluny, dem späteren großen Gregor VII., in Rom ein. Er begann sogleich seine Reformpläne in die

Tat umzusetzen: Konzile gegen die Simonie – den geistlichen Ämterkauf –, das Konkubinat der Priester, und außerdem suchte er die völlig verwahrloste Verwaltung zu ordnen. Unermüdlich besuchte er Synoden in Italien, Frankreich und Deutschland. 1052 erhielt er Benevent im Tausch gegen Bamberg, das Kaiser Heinrich II. der römischen Kirche geschenkt hatte. Aber er ist dieses neuen Besitzes nicht froh geworden, da es zum Krieg mit den Normannen kam, in dem er unterlag und gefangen genommen wurde. Gedemütigt, als gebrochener, erfolgloser Mann kehrte er 1054 nach Rom zurück, wo er am 12. April des gleichen Jahres gestorben ist. Ganz in der Nähe der Stadt erheben sich auf einem Hügel die Trümmer der ›Drei-Exen‹, Egisheimsche Burgen, deren drei mächtige Türme ›Weckmund‹, ›Wahlenburg‹ und ›Dagsburg‹ noch stehen. Die Türme hätten etwas »Südlich-Bedeutendes«, meint Wilhelm Hausenstein, der sich von ihnen und von der Vegetation ringsum an San Gimignano erinnert fühlte.

Unterhalb der Burg hat 1754 ein zu seiner Zeit sehr berühmtes Paar gewohnt, nämlich der Dichter und Dramatiker Graf Vittorio Alfieri und die Gräfin Luise von Albany, eine geborene Gräfin von Stolberg-Gedern, die mit dem dreißig Jahre älteren Thronprätendenten Charles Edward Stuart vermählt war, der unter dem Namen ›Bonnie Prince Charlie‹ durch seinen Versuch, den englischen Thron für sein Haus zurückzuerobern, bekannt geworden ist. Da alle Versuche scheiterten, ergab er sich dem Trunk, und seine liebenswürdige, lebenslustige Frau trennte sich von ihm, um mit Alfieri zu leben.

Eguisheim, wie die Franzosen den Ort schreiben, liegt kurz vor den Toren Colmars, und über die Stadt hinweg kann man in der Ferne nach Osten den Altbreisacher Münsterberg und den Kaiserstuhl sehen. An dieser Stelle sei Hausensteins Schilderung, auf die wir schon hinwiesen, eingefügt; sie trifft den Charakter der Ortschaften und der Landschaft an der Weinstraße haargenau:

Die Straße geht durch behagliche Städtchen mit Fachwerk oder rotem Vogesensandstein, mit gestaffelter Gotik und ziersamer Renaissance. Die Nerven spüren, daß in dieser Welt das 15. und 16. Jahrhundert besondere, prägende Bedeutung müssen gehabt haben ... Wir fahren; Oleander blüht weiß und rosa in Kübeln vor den Kellerfenstern, auf den Terrassen. Das Elsaß wäre ohne Oleander das Elsaß nicht, wie Baden ohne Oleander nicht Baden wäre.

Kornhäuser; Rathäuser. Auf den Straßen gehen Männer mit scharfgrünen Hüten; es sind Winzer, und das Vitriol, mit dem sie ihre Reben spritzen, ist auf sie zurückgesprungen. So laufen sie herum – ganz selbstverständlich inmitten ihrer gnomenhaften Wunderlichkeit; ihre Hüte sitzen ihnen als eine Patina an den Köpfen, so grün wie das Dach des Zwingers in Dresden. Man sieht die Männer auch draußen in den Weingärten und auf den Landstraßen, und es fügt sich, daß ihre grünen Hüte vor der bläulichen Röte eines Sandsteinbruchs erscheinen. Aber auch die Erde ist rötlich, und noch der Ton der Straße geht ins Steinrot der Vogesen, aus dem das Straßburger Münster gemacht ist.

Durch das Fechttal

Ehe wir der Weinstraße weiter folgen, wollen wir einen Abstecher nach Westen in die Vogesen machen. Wir können über *Türkheim* oder über *Wintzenheim* fahren, beides hübsche Orte, vor allem Türkheim mit seinen drei wuchtigen Tortürmen und prächtigen Häusern. Hier hat sich die Vielfalt von Vorbergen mit Burgtrümmern, Weingärten und Talgründen noch einmal der größeren Weite der Rheinebene aufgetan.

Die Straße, der wir nun folgen, hat erst Napoleon III. 1869 von Osten, von Gerardmer her, anlegen lassen. Vorher war es ein Holzabfuhrweg, den auch die Schmuggler fleißig benutzten. Sie führt an der Fecht entlang, deren klare Wasser durch das anmutige Tal fließen, begleitet von dichten Wäldern, die immer mehr und mehr in das dunkle Grün der Tannen und Fichten übergehen. Bei *Münster*, dem Hauptort, wird das Tal, früher ›St. Gregoriental‹ genannt, eng, und die Straße beginnt in vielen Kehren bergan zu steigen. Dieses Gebiet ist bekannt geworden durch den guten ›Münsterkäse‹, dessen Herstellungsrezept sich seit sehr langer Zeit nur vom Vater auf den Sohn vererbt. Abbé Grandidier erzählt, daß die Sennereien in der handschriftlichen Geschichte des Herzogtums Lothringen von Thierry Alix, dem Präsidenten der Rechnungskammer, 1594 beschrieben sind und daß sie seit 1031 betrieben werden. Von ihnen sagte Sebastian Münster: »Ihr Handel und Nahrung ist mehrentheils von dem Vieh, dann sie fast gute Weyd haben, treiben auch im Sommer ihr Vieh auf alle Höhen der Bergen gleich wie im Schweizer Gebirg.«

Auf der östlichen Seite sind die Almen von geringem Umfang, auf der Westseite viel ausgedehnter. Die grünen Matten dieser Sennereien sieht man allenthalben im Wald an den steilen Hängen liegen und man hört die Glocken des weidenden Viehs.

Höher und höher schraubt sich die Straße; tief unten im schluchtartig verengten Tal rauschen die Wasser der Fecht unsichtbar dahin. Dunkel, fast schwarz steht der Nadelwald vor dem Himmel, von strengem Ernst gegenüber der Heiterkeit des östlichen Gebirgsabfalls. Das meiste zu diesem Eindruck tun die grauen Felsen und der Wald, über denen die runden, baumlosen Kuppen sogar noch Ende April mit schimmernden Schneefeldern bedeckt waren. Darunter ist alles von Wald überzogen. Je höher wir kommen, desto mächtiger erscheint dieser unermeßliche, schwarze Wald, ein großartiger, düsterer, sich immer steigernder Eindruck. Nichts ist mehr vorhanden als Felsen, Bäume, Matten, das

Gluckern der Rinnsale und das Sausen des Windes im Geäst. Geschichte und ihre Spuren sind weit draußen am Rand des Gebirges geblieben; hier herrscht die Einsamkeit, sobald man die Fahrstraße verläßt. Noch einige Kehren und wir haben die Höhe des ›Col de la Schlucht‹ erreicht, ein sehr beliebtes Ausflugsziel, im Sommer und im Winter. Etwas nördlicher liegt der ›Haut Fourneau‹, etwas südlicher das ›Hohneck-Massiv‹, das 1361 m Höhe erreicht.

Jenseits der Schlucht geht es hinab nach *Gérardmer*. Von der ›Roche du Diable‹ schaut man auf die tief unten liegenden Seen, den kleinen dunkelblauen, melancholischen *See von Retournemer* im Kranz des dunklen Waldes unter den Steilhängen und den größeren *See von Longemer* in den Talwiesen. Die Sage erzählt, daß Karl der Große im See von Retournemer einst einen gewaltigen Hecht gefangen habe, dem er ein Goldglöckchen umhing und ihn dann wieder ins Wasser entließ. Noch heute soll zuweilen ein feiner Glockenton aus der Tiefe zu hören sein.

Wir biegen hinter *Xonrupt-Longemer* nach Norden und fahren, immer durch dichten Tannenwald, über den ›Col de Martinpré‹ nach *Anould*, dann ostwärts über den ›Col de Bonhomme‹ nach Kaysersberg an der Weiß, wo wir den Anschluß an die Weinstraße wieder gewinnen.

Kaysersberg, beherrscht von einer staufischen Burgruine aus Barbarossas Zeiten, das ist eines der vielen wunderschönen Städtchen mit pittoresken alten Häusern, mit Brücken, Erkern, Portalen und lauschigen Winkeln, wie sie uns Hausenstein beschrieben hat. Manche der spätgotischen Häuser zeigen auf der Haustür ein von einem Dolch durchbohrtes Herz. Es soll an einen aus Neid begangenen Brudermord erinnern.

Als ›Mons Caesaris‹ war es in römischer Zeit eine kleine Wegstation auf der alten Paßstraße über den ›Col de Bonhomme‹ nach Toul. Adolf von Nassau erklärte die Stauferstadt zur freien Reichsstadt, die nun eine bedeutende politische Entwicklung nahm. Im vierzehnten Jahrhundert Reichsvogtei, wird sie 1354 in den ›Zehnstädtebund‹ aufgenommen, Kaiser Karl IV. hielt in ihren Mauern eine Versammlung der freien Reichsstädte ab. Erst sehr viel später ist Kaysersberg ein kleines Winzerstädtchen geworden.

Zwischen Renaissancerathaus, Hauptstraße, altem Friedhof und Michaelskapelle steht die *Pfarrkirche Heiligkreuz*, ein schlichter, behäbiger Bau des 12.-19. Jahrhunderts, dessen von romanischen Atlanten gestütztes Portaltympanon eine Marienkrönung des 13. Jahrhunderts schmückt. Die Figur zur Linken ist bezeichnet als ›Cunradus‹ und ist wohl das Portrait des Bildhauers. Im Chor steht der imposante Schnitzaltar des Hans Bongart aus Colmar, 1518 gefertigt und mit Szenen der Passion geschmückt. Das spätgotische Heilige Grab im nördlichen Querhaus wurde 1514 von Jakob Wirth »ernuwert und erwitert«. Ausdrucksvoll ist, im Innern der Kirche noch das mächtige Triumphbogenkreuz um 1500 und besonders schön der sitzende ›Jacobus Maior‹, der aus der Schule Nikolaus Gerhaerts von Leyden (Ende des 15. Jahrhunderts) stammen soll.

Vor der Kirche plätschert der von Hans Bongart 1521 geschaffene Brunnen mit der Figur Kaiser Konstantins. Gekleidet als spätgotischer Kaiser, die alte Reichskrone auf dem Kopf, hält er mit beiden Armen das Kreuz hoch, das seine Mutter in Jerusalem fand und das Mutter und Sohn in den Westen gebracht haben.

In Kaysersberg ist Albert Schweitzer zur Welt gekommen, aber er lebte, wenn er zu Hause im Elsaß war, in Günsbach bei Münster, wo ihn 1955 Reinhold Schneider mit Freunden besuchte:

Ein wenig mühsam fragten wir uns nach Günsbach durch. Das Rebengebreite weicht zurück, da wir tiefer ins Münstertal fahren. Jetzt erkenne ich den spitzen Turm der Kirche, vertraut von so vielen Bildern, abseits der Straße, unter den Bergen. Nein, ich will nicht weiter. Da ist ein altes Wirtshaus: ›Au Petit Sergeant‹ steht in weißer Schrift auf dem blauen Schilde; ich bestelle einen Marc, den scharfen Schnaps, und ein Viertel Tokayer. Und nun bin ich ganz glücklich. Ich lasse mich durch kein Zureden verleiten. Es sei ein schlimmes Gedränge von Menschen und Fahrzeugen vor dem Hause. Aber gegen fünf Uhr wolle sich Albert Schweitzer aller erbarmen und auf der Orgel spielen. Ach nein. Mir ist es genug, daß ich hier bin, in seiner Welt ... Ich steige ein wenig hinter dem Gasthaus zwischen den bunten Gärten herum; die Alten halten Abendfrieden vor den sorglich aufgeschichteten Holzstößen; die Jungen, die keine Ruhe haben, machen sich mit den Motorrädern zu schaffen. Von der Kirche weht ein Schlag. Die Orgel ist nicht zu hören, aber sie spielt.

Da ich zurückkehre, vor dem ›Petit Sergeant‹, erreicht mich ein Abgesandter: ich werde ernstlich erwartet, Albert Schweitzer habe das Abendbrot um eine halbe Stunde verschoben. Er wolle mich sehen. Die Menschen haben sich verlaufen ... Nie habe ich den Verehrten so spannkräftig, so sprühend-männlich gefunden. Mich ergriffen die Schönheit des Landes, der Weingärten, der Wälder darüber zu sehr; ich sprach von dem Opfer, das er gebracht habe, als er fortging. »Reden Sie nicht von Opfer. Das würde ja Leiden bedeuten.« Und er sagte ein paar Worte vom Mond über Lambarene. Er ist ganz bei seiner Aufgabe, der Arbeit, die nur noch ein Sich-Verschenken ist, ein fast rückhaltloses.

Da wir im Auto sitzen, hebt sich der Vorhang hinter dem Fenster neben der Tür. Er wird noch einmal sichtbar in der hellen leinenen Sommerjacke, ein Winken, eine Gebärde, das Nicht-Sagbare, das Letzte eines Menschen. Er wäre nicht, wenn er nicht aus fortwirkendem Segen hätte hervorgehen können. Aber nun ist es, als ob er selber mächtig geworden wäre, zu segnen; als ob der Friede des Landes, der Weinberge und alten Kirchen und ihrer Grüfte, der müden Bauern, der sich erschöpfenden Rosen und in der Sommerschwere sich neigenden Felder von ihm gesegnet und gehalten wäre.

Reichenweier – Riquewihr

Am Fuß der Vogesen, inmitten seiner berühmten Weingärten, liegt *Reichenweier*. Man sieht die Stadt nicht, bevor man nicht durch den Torbogen des Rathauses in die Hauptstraße eingetreten ist, die den Namen des französischen Staatspräsidenten de Gaulle trägt. Wir wurden von Menschengewühl empfangen, denn es war Ferienzeit, während der die reisewütige Menschheit auch die abgelegensten Winkel nicht mehr verschont.

Es war schon dunkel, als wir ankamen. Hell erleuchtet reihte sich Gastwirtschaft an Gastwirtschaft, in denen Ausflügler und Urlauber bei Tisch saßen. Vor den Haustüren standen in Gruppen die den Feierabend genießenden, schwatzenden Bürger und machten offensichtlich ihre Glossen über die flanierenden Fremden, die vielfach in den merkwürdigsten Kostümen daherkamen. Es herrschte eine fröhliche Stimmung. Im ›Cerf‹, einem schönen Renaissancefachwerkhaus, delektierten wir uns an einer vortrefflichen ›choucroute alsacienne‹, die hier beim Servieren mit Champagner begossen wurde, und dazu tranken wir einen Riesling von ganz besonderer Güte – das Etikett trug auch die Bezeichnung ›Cuvée exceptionelle‹. Merian sagt, daß hier »der edelste Wein im Land wachset«. Es gibt ihn auch anderswo im Elsaß, doch an diesem ersten Abend hätten wir Merians Lob ohne Zögern bestätigt.

Zu Thann im Rangen,
Zu Gebweiler in der Wannen,
Zu Türkheim im Brand,
Wächst der beste Wein im Land.
Doch gegen den Reichenweier Sporen
Haben sie all das Spiel verloren.

So sagt ein alter elsässischer Spruch. Unter den Traubensorten sind, wie Kenner behaupten, Riesling und Traminer die besten. Ihnen verdankt Reichenweier, wo es seit 1520 eine Rebleutezunft gibt, seinen Wohlstand.

Doch zurück ins Städtchen, das eine alte Geschichte und viel erlebt hat. Hier stand wohl schon zu Römerzeiten eine Siedlung, ja, der Grundriß der Stadt erinnert an ein römisches ›Castrum‹, obgleich ich nicht weiß, ob sie wirklich etwas mit den Römern zu tun hatte. Der Ort wird erstmals in einer Schenkungsurkunde von 1049 an das Kloster Heiligkreuz bei Colmar als ›Richovilare‹ erwähnt. Im 11. Jahrhundert ist er Besitz der Grafen von Egisheim, ging ein Jahrhundert später an die Grafen von Horburg über, welche 1291 die Stadtmauer bauten und Reichenweier zur Stadt erhoben. Deren letzter Sproß verkaufte 1333 Stadt und Herrschaft an den Grafen von Württemberg. Im gleichen Jahrhundert erheiratete Eberhard von Württemberg die Grafschaft *Mömpelgard* oder *Montbéliard,* so daß der württembergische Besitz im Elsaß einen ansehnlichen Umfang angenommen hatte. In Reichenweier bauten die Württemberger 1540 das Schloß, hier war der Sitz ihrer Verwaltung.

Bis 1796 waren die Württemberger Herren des Landes. Residiert haben sie in Mömpelgard, südlich von Belfort, das seit 1397 württembergisch gewesen ist und 1789 an Herzog Friedrich Eugen, den Bruder des regierenden Herzogs Carl Eugen, gefallen war.

Reichenweier präsentiert sich uns heute mit einem wohlerhaltenen, mit der Patina von Jahrhunderten versehenen Stadtbild, das unter heißer Sommersonne wie auf Hochglanz poliert erscheint. Beginnen wir den Rundgang beim 1801 erbauten klassizistischen *Rathaus* im Osten, so haben wir gleich linkerhand das *Schloß* von 1540, mit dessen Bau damals eine emsige Bautätigkeit einsetzte, die uns das Bild deutscher Renaissancearchitektur des 16. und 17. Jahrhunderts in der Stadt in reicher Auswahl hinterlassen hat. Da steht ein stattliches Haus von Fachwerk oder Stein neben dem anderen, hochgiebelig unter steilen roten Dächern, mit breiten rundbogigen Toren, durch welche die Weinfuder bequem einfahren können. An Torbögen und Portalen, an Eckpfosten und Erkern haben vergessene Meisterhände in unerschöpflichem Reichtum Ornamente, Blumengewinde, Figuren und Köpfe geschnitzt und gemeißelt und dabei auch nicht vergessen, das Baujahr anzugeben. Wie reizvoll ist zum Beispiel das ›Storchennest‹ an der Hauptstraße. Der reizende kleine Hof ist umzogen von einer blumengeschmückten hölzernen Galerie auf gedrehten Holzsäulen. Der Storch könnte übrigens der elsässische Wappenvogel sein, denn allenthalben im Land sieht man seine Nester auf den Dächern der Städte und Dörfer. Gottvater, so erzählt die Legende, freute sich so über dieses schöne Land, daß er eine Handvoll Blüten von Zwetschgen, Kirschen und Äpfeln darüber ausstreute. Ehe sie die Erde berührten, verwandelten sie sich in Störche.

Von einer Storchentragödie berichtet die Baronin Oberkirch. Bei Straßburg sah sie auf dem Dach eines Gasthauses, wo sie zu Nacht aß, im Nest stehend die Silhouette eines Storches und seiner Jungen gegen den roten Abendhimmel, und sie fährt fort:

Sie schienen etwas zu erwarten, denn sie stießen von Zeit zu Zeit Schreie aus. Schließlich sahen wir aus der Ferne einen Storch pfeilschnell heranfliegen, verfolgt von einem großen Raubvogel, wohl einem Adler des Gebirges. Der Storch war verstört, vielleicht verwundet; seinen Schreien antworteten die Rufe des ganzen Nestes. Der verängstigte Vogel kam geradewegs zu seinem Nest und fiel dort halbtot vor Erschöpfung und Schmerz nieder. Der andere Storch verließ sofort seinen Platz und warf sich auf den Feind. Ein schrecklicher Kampf begann; die beiden Kämpfer stürzten sich auf

9 Colmar – Die Münsterkirche St. Martin

10 Colmar – Haus Pfister
←

11 Kleinstadt an der Weinstraße – Kaysersberg

12 *Schloß Andlau, vor der Zerstörung*

13 *Die Ruinen von Egisheim*

14 Blick in die Rheinebene von der Hohkönigsburg aus

15 Hohkönigsburg

16-17 Die Hohkönigsburg, vor der Erneuerung

18 Schlettstadt – Chor und Vierungsturm der Kirche St. Fides
→
19 Gebweiler – Westpartie der Kirche St. Leodegar

20-21 Die Ruine des Schlosses Rappoltsweiler – Ribeauvillé

22 Rosheim – Chorpartie der Kirche St. Peter und Paul
→

einander, herzzerreißende Schreie ausstoßend. Doch der wunderbare Instinkt der Vaterschaft entwickelte bei dem Storch unglaubliche Kraft und Energie. Den Riesen der Lüfte angreifend, verlor er keinen Augenblick seine Jungen aus den Augen, die klagten und zitterten. Zu schwach, um den ungleichen Kampf zu überstehen, deckte er sie mit seinen Schwingen, solange ihm Atem blieb. Endlich, mit verzweifelter Anstrengung, näherte er sich dem Nest, wo seine sterbende Gefährtin lag und die Jungen, die noch nicht flügge waren; er nahm das Nest in seinen langen Schnabel, schüttelte es kräftig, drehte es um und stürzte den Gegenstand seiner Liebe vom Dach, da er sie dem Feind nicht überlassen wollte. Dann, sich selbst opfernd, ließ er sich auf die Straße fallen, wo ihn der Raubvogel mit einem Schnabelhieb tötete.

Doch zurück nach Reichenweier. Wie wuchtig hält noch immer der hohe Stadtturm, der ›Dolder‹, die Wacht, und auch von den Befestigungen, deren zweiten Ring die Württemberger angelegt haben, ist ein großer Teil erhalten. In allen Gassen und Gäßchen stehen die schönen Häuser, man wird des Schauens nicht müde, und alles das kann man sich ohne Mühe erwandern, um sodann auf der Terrasse des ›Cerf‹ oder eines anderen Gasthauses eine Flasche ›vin mousseux‹ zur Erfrischung zu trinken und das lebhafte Treiben der vorüberflutenden Menge zu beobachten.

Ganz in der Nähe von Riquewihr erreichen wir, wenn wir der Weinstraße nach Norden folgen, Ribeauvillé – das alte Rappoltsweiler.

Rappoltsweiler – Ribeauvillé

»Drei Schlösser auf eim Berg« – das ist *Rappoltsweiler*, eine sehr alte Stadt, die 759 urkundlich schon erwähnt wird. Kaiser Heinrich IV. gab den Ort dem Bistum Basel, das 1178 den Grafen von Urslingen damit belehnte. Von diesem Hause stammen die Nachfolger, die Grafen von Rappoltstein, ab, neben den Grafen von Lichtenberg das vornehmste Adelshaus des Elsaß. Die Erbtochter Katharina heiratete im 17. Jahrhundert den Pfalzgrafen von Zweibrücken, Stammvater der heutigen Wittelsbacher. Letzter Herr der Herrschaft war Maximilian Joseph, der erste bayerische König. Philipp Jakob Spener, der berühmte Gründer des Pietismus, wurde in Rappoltsweiler geboren.

Die bemerkenswert schöne Stadt war eigentlich eine kleine Residenz. Hinter der Pfarrkirche führt der Weg zur Höhe zu den drei Rappoltsteinschen Burgen *Girsberg*, *Hohrappoltstein* und *St. Ulrichsburg*, dem Hauptsitz der Familie, den sie nach dem Dreißigjährigen Krieg aufgaben, um in das Stadtschloß zu übersiedeln, das später Realschule geworden ist. St. Ulrich ist das älteste und größte der drei Schlösser und eines der besten Beispiele staufischen Burgenbaus des 12. und 13. Jahrhunderts, mit prachtvollem Palas und hohem Bergfried.

Der Blick ins Land ist herrlich von hier oben, er wird nach Norden zu von der mächtigen Hohekönigsburg abgeschlossen, die wie eine Landeskrone über den Wäldern thront. Ein schöner hölzerner Prunkschild der Familie, mit den vier Jahreszeiten 1599 bemalt, wird im Colmarer Museum aufbewahrt und ist in farbiger Wiedergabe in unserem Buch zu finden. Man sieht auf ihm die Herren von Rappoltstein auf der Jagd, bei Picknicks und anderen ländlichen Vergnügungen, und all dieses Treiben spielt sich in einer Landschaft ab, die wir sofort wiedererkennen: Die Herren vergnügen sich nämlich eben in der Umgebung ihrer Burgen, die wir auf unserer Fahrt durchqueren – vor allem ist die Hohekönigsburg deutlich zu erkennen.

Die Sage erzählt, daß lange vor den Rappoltsteinern das Land dem alten Grafen Silberbart gehörte. Dieser war traurig, da ein Fahrender ihm prophezeit hatte, sein Haus werde mit seinen

Drillingssöhnen aussterben. Die jungen Männer bewohnten jeder eine der drei Burgen und hatten eine seltsame Gewohnheit sich morgens zu wecken. Wer zuerst erwachte, schoß mit der Armbrust einen Bolzen gegen die Fensterläden der Brüder. Alle drei verliebten sich in dasselbe Mädchen, und sie beschlossen, den als Haupt der Familie anzuerkennen, der sie heimführen werde. So geschah es, aber die Brüder hielten am alten Brauch des Morgengrußes fest. Eines Abends aber hatte das junge Paar vergessen, den Laden zu schließen, und als der Bruder in der Frühe den Bolzen entsandte, wurden beide tödlich getroffen. Voller Entsetzen und Gram verließen die beiden überlebenden Brüder Rappoltsweiler und sind nie mehr wieder gesehen worden.

In der Grand'Rue Nr. 14 steht das hübsche *Pfeiferhaus* mit Renaissanceportal und reich geschnitztem Erker, an dessen Pfosten die Verkündigung dargestellt ist. Mit diesem Haus hat es eine besondere Bewandtnis, denn Rappoltsweiler war das Königreich der fahrenden Leute. Allerdings ist das Haus nie ihre Herberge gewesen – sie kamen in der ›Sonne‹ zusammen –, doch läßt sein Name die Erinnerung an längst verklungene Zeiten aufleben.

Die Spielleute des Landes, die »onechten lüte«, trafen sich alljährlich einmal, und zwar die aus der Gegend von Hauenstein (bei Basel) bis Ottensbühl in Thann, die zwischen Ottensbühl und Epfig wohnenden in Rappoltsweiler, die von Rappoltsweiler und Hagenau in Rosheim oder Mützig. Ihre Zahl war im Lauf der Zeit so angewachsen, daß sie allenthalben als Landplage empfunden wurden. Um sich einen gewissen Schutz und Zusammenhalt zu geben, gründeten die rechtlosen und vogelfreien Spielleute des Elsaß die ›Pfeiferbruderschaft‹, wahrscheinlich am Ende des 14. Jahrhunderts.

Aus solchen Bruderschaften haben die Kaiser Lehen gemacht, und der damit betraute Landesherr bestellte als Vertreter jeweils einen vertrauenswürdigen Mann aus der Bruderschaft. So hatten die Kesselflicker die Herren von Rathsamhausen als Könige, die Pfeifer aber die Grafen von Rappoltstein. Daß diese sich der Bruderschaft tatkräftig angenommen haben, erfahren wir aus einem Brief des Grafen Wilhelm an den Bischof von Basel 1461, aus dem hervorgeht, daß es zwanzigjähriger Bitten bedurft hatte, dem fahrenden Volk das Recht zu erwirken, an der Messe teilnehmen zu dürfen. Das ›Pfeifergericht‹ bestand aus dem König, Schultheißen, vier geschworenen Meistern, den Zwölfern und dem Weibel. In den Satzungen heißt es ausdrücklich, da diese »bruderschafft Gott und sonderheitlich der allerheiligsten Mutter zu höchsten ehren von unsern altvordern ist errichtet worden, so solle auch jeder jährlich eine mess lesen lassen, und nicht nur am pfeiffertag der mess beywohnen ...«

In Rappoltsweiler also wurde der Jahrtag der Pfeiferbruderschaft abgehalten, an Mariä Geburt am 8. September. Zum Geläut der Glocken zogen die Spielleute mit ihrem Banner in die Kirche, voran die Musik, dann der Graf oder der stellvertretende Pfeiferkönig, die Krone auf dem Kopf; es folgte das Pfeifergericht, voran der Weibel, dann die Spielleute. Jeder trug als Abzeichen das Bild der Schutzheiligen, der Muttergottes von Dusenbach. Der kirchlichen Feier folgten Festessen und Konzert im Schloß, und dort wurde dem Grafen gehuldigt und ein Ständchen gebracht. Heute noch heißt der Tag Mariä Geburt ›Pfeifertag‹, auf elsässisch ›Rappschwihrer Pfifferdai‹. Er gilt als die lustigste Kirchweih des Landes.

Die Hohkönigsburg – Haut-Koenigsbourg

Eine der schönsten Fahrten, die man machen kann, führt von Rappoltsweiler über *Bergheim*, wo man links abbiegt, und über *Thannenkirch* zur *Hohkönigsburg*. Man durch-

DIE HOHKÖNIGSBURG

fährt eine der lieblichsten Landschaften des Elsaß. Waldinseln, hell und dunkel getönt, Wiesengründe, von Bächen durchflossen, wechseln einander ab, und über allem steht auf dem 755 m hohen Bergsporn das höchstgelegene und größte Schloß des Landes.

Die gewaltige Anlage bestand im 12. Jahrhundert aus zwei Burgen, welche die staufischen Herrscher zu Beginn des 13. Jahrhunderts den Herzögen von Lothringen zu Lehen gaben, welche sie wiederum den Grafen von Werd, Landgrafen des Unterelsaß, verpfändeten. Diesen Herren folgten die Hohenstein auf der östlichen Burg, die von Rathsamhausen auf der westlichen, der *Ödenburg*, deren Trümmer nahe des heutigen Schlosses liegen. Um die Mitte des 14. Jahrhunderts erhoben die schwäbischen Grafen zu Öttingen, Landgrafen des Elsaß, Anspruch auf das Lehen, doch verkauften sie ihre Rechte für 10 000 Gulden 1359 dem Bischof von Straßburg, wogegen die Lothringer Einspruch erhoben. Der Kaiser – damals Karl IV. – setzte daraufhin die Rathsamhausen und später auch die Hohenstein wieder ein.

In der Folgezeit wurde die Burg ein übles Raubnest, so daß die Stadt Straßburg im Bündnis mit dem Bischof, den Herren von Rappoltstein und Erzherzog Sigismund 1462 die Burg einnahm und völlig zerstörte. Kaiser Friedrich III. belehnte die Schweizer Grafen von Thierstein, die das Schloß größer und fester wieder aufbauten. Seit 1517 sah die Hohkönigsburg in rascher Folge verschiedene Herren, darunter vor allem die Sickingen und Fugger, aber 1633 eroberten die Schweden die Burg und brannten sie nieder. 1865 kaufte Schlettstadt den riesigen Trümmerhaufen, von dem der bekannte elsässische Maler ›Onkel Hansi‹ schrieb:

Dunkel ist es in den gewölbten unterirdischen Gängen; bei jedem Besuch entdeckte man eine neue Einzelheit: einen behauenen Stein, die ersten Stufen einer Treppe, eine Feuerstätte; man durchquerte kleine Höfe und zerfallene Räume; durch mehrere Stockwerke hindurch überschichteten sich Kamine und leere Fenster und wenn man ganz oben auf dem flachen Dach anlangte, so genoß man eine der wunderbarsten Aussichten aufs Elsaß.

Mit dem Blick ist es auch heute noch so. Im Norden, am Eingang zum Weilertal, sehen wir den roten Klotz der Burg Ortenberg, dann die Ruine Ramstein, weiter links die Frankenburg, St. Odilienberg und bei klarer Luft den Straßburger Münsterturm, der nadelfein in den Himmel gezeichnet erscheint. Im Osten vor uns liegt Schlettstadt, im Westen verläuft der Grenzkamm des Gebirges, im Südwesten steht der Tännchel, im Süden erspäht man die Burg Hohrappoltstein, den Großen Belchen, Colmar und alle die Städte und Dörfer der Ebene.

Mit dem Bau ist es leider nicht mehr so wie zu Hansis Zeiten. 1899 schenkte Schlettstadt die Hohkönigsburg Kaiser Wilhelm II., der Bodo Ebhardt, den wilhelminischen Burgenbauer, mit dem Wiederaufbau beauftragte. Dieser hat nach eingehenden Studien dem Schloß seine heutige Gestalt gegeben, die aber in vielen Einzelheiten trotzdem nicht dem Urbild entspricht. Wie ein historisierendes Untier aus dem beginnenden 20. Jahrhundert sitzt das Schloß auf dem Berg. Bis heute hat es noch kaum Patina angesetzt, und unter den alten Ruinen des Landes wirkt es aus der Ferne zwar ganz imposant, in der Nähe aber doch wie ein glatter Emporkömmling, dem man das Ritterliche nicht recht glauben kann.

Von der Hohkönigsburg sollte man den schönen Weg über *Kestenholz – Châtenois* und *Nothalt* nach *Andlau* nehmen. Wir werden das auch tun, jedoch nicht ohne von Châtenois aus einen Abstecher nach Schlettstadt und Ebersmünster zu machen, das heißt ein wenig ostwärts und auf der großen Hauptstraße auf Straßburg zu fahren. In Schlettstadt trifft man auf die Straße von *Marckolsheim*, das man auch erreicht, wenn man auf einer Fahrt ins Elsaß vom Kaiserstuhl kommend die Rheinbrücke bei *Sasbach* benützt. Von dort nach Schlettstadt sind es fünfzehn Kilometer.

Schlettstadt – Sélestat

Im 15. Jahrhundert war die berühmteste Anstalt, wo man die Kunst des Redens, Schreibens und Dichtens lernte, die Lateinschule zu Schlettstadt. Aus ihr gingen so bekannte Männer hervor wie der Jurist und Theologe Jakob Wimpfeling, Rektor der Universität Heidelberg, seit 1515 wieder in seiner Heimatstadt ansässig. Seine Schrift ›Gravamina‹ an Kaiser Karl v. legte die kirchlichen Mißstände dar. Ferner der Historiker Beatus Rhenanus, dessen Bücherei als einzig vollständig erhaltene Sammlung eines Humanisten in der Stadtbibliothek – ›Bibliothèque Humaniste‹ – aufbewahrt wird, und auch der bekannte Reformator Martin Bucer ist ein Schlettstadter.

Die geistig regsame Reichsstadt ist Mitglied der ›Dekapolis‹ gewesen und verdankt ihre Bedeutung Kaiser Friedrich II., der ihr 1217 die Reichsfreiheit schenkte, nachdem er sie von seinem Reichsschultheißen von Hagenau, Wolfhelm, hatte befestigen lassen.

An der großen Straße Colmar-Straßburg gelegen, entgeht sie leicht dem Reisenden, der an ihr vorüberfährt und daher nichts von der Schönheit des Stadtkerns und der beiden Kirchen erfährt, deren Türme über den Dächern aufsteigen.

Schlettstadts Geschichte – es war schon zur Zeit der Römer besiedelt – beginnt im 8. Jahrhundert mit einem fränkischen Königshof und Markt, wo 775 Karl der Große Weihnachten gefeiert hat. Ende des 11. Jahrhunderts besaßen die Staufer hier Güter. Als geschichtlich gewordenes Stadtbild ist Schlettstadt noch heute sehr anziehend. Um die beiden Kirchen St. Fides, und St. Georg und um kleine Plätze sind die Bürgerhäuser des 16.–18. Jahrhunderts gelagert: hübsche, teils prächtige Fachwerkbauten mit steilen Dächern, darunter das ansehnliche Haus des Stadtbaumeisters Ziegler von 1538 bis 1545. Alles in allem ist der Ort noch ein geschlossenes Ganzes mit Straßen und Gassen, die im Lauf der Jahrhunderte zu diesem halb städtischen, halb ländlichen Gebilde zusammengewachsen sind, wie es für das Mittel-Elsaß so typisch ist. Vor den Toren liegt immer noch das weite Bauernland der Rheinebene.

Von den Befestigungen steht nur noch der *Hexenturm* oder das *Niedertor* aus dem 13. Jahrhundert und der schlanke hohe *Neue Turm*, der 1634 den oberen Abschluß mit den vier Ecktürmchen erhalten hat.

Soviel auch im Lauf der Zeit an diesem Bilde verändert worden sein mag, das Kostbarste ist fast unversehrt auf uns gekommen: *St. Fides*, dieser großartige, würdevolle Bau elsässischer Romanik. 1087 ließ die Herzogin Hildegard von Schwaben, eine geborene Gräfin von Egisheim, hier nach dem Vorbild der Grabeskirche in Jerusalem eine Kapelle bauen, die sie 1094 zur Propstei erweiterte und der Abtei Conques unterstellte. 1503 fiel das Priorat an das Bistum Straßburg. Während der Restaurierung 1892 entdeckte man Reste der Krypta und darin den Abguß einer Frauenbüste. Es ist eines der frühesten Porträts, die wir kennen, entstanden durch Übergießen des Leichnams mit Kalk. Wahrscheinlich sehen wir in dieser Totenmaske, die in der Bibliothek aufbewahrt wird, das Bildnis der Herzogin Hildegard oder ihrer Tochter Adelaide.

Die heutige dreischiffige, mit drei Apsiden versehene Kirche entstammt dem 12. Jahrhundert. Zwei Türme flankieren die Westfassade mit der Vorhalle, ein dritter sitzt als mächtiges Oktogon über der Vierung. Die Helme der Westtürme und der Giebeloberteil der Fassade sind Zutaten des vergangenen Jahrhunderts.

Die Großartigkeit der aus rotem und grauem Sandstein gemauerten Fassade wird noch betont durch den sparsam verwendeten Schmuck der Blendarkaturen über der Vorhalle. Reicher geschmückt sind Chor, Obergeschosse der Westtürme und der Vierungsturm mit Bogenblenden auf Säulen, mit Kopfkonsolen, Band- und Rankenwerk und mit Gesimsen, eine Dekoration, die vor allem dem Vierungsturm unter dem hohen Steinhelm archaische Wucht verleiht.

Im Innern überrascht die Klarheit des Raumes, der infolge seiner harmonischen Verhältnisse größer und weiter wirkt, als er ist. An den Kapitellen wechseln Blatt- und Rankenwerk mit figürlichen Darstellungen.

Wenige Schritte weiter und wir stehen vor der Kirche *St. Georg*, wohl der ursprünglich karolingischen Palastkapelle, deren Fundamente unter dem Chor gefunden wurden. Die Kirche steht stilistisch zwischen dem Hof des Klosters Ebersmünster und dem Hexenturm. Der Bau aus leuchtend rotem Sandstein, 1220, wurde vielfach verändert. So entstanden unter dem Einfluß der Straßburger Münsterbauhütte Langhaus und Ostquerschiff, im 14. Jahrhundert Westbau und Turm, wahrscheinlich sogar von den Söhnen Meister Erwins gebaut, während den neuen, hellen, hohen Chor der Straßburger Erhard Kindelin 1400 bis 1414 aufführte. 1460–1490 erfolgte die Aufstockung des Turms. Die Steinplastik des Außenbaus ist in der Französischen Revolution heruntergeschlagen worden.

Romanik und Gotik stehen in Gestalt dieser beiden Kirchen als Zeugen fürstlicher und bürgerlicher Baugesinnung nebeneinander, verschwistert durch den Geist der Frömmigkeit, der sie entstehen ließ. Kommt man sonntags um die Mittagsstunde nach Schlettstadt, dann liegt die Stadt wie im Schlaf: kein Mensch auf den Straßen, verlassen die Höfe und Plätze – man sitzt beim Mittagessen. Nichts durchbricht die Stille als der Glockenschlag von den Kirchtürmen und das gelegentliche Rattern eines Autos, das eilig durch eine Gasse vorbeischnurrt.

Ebersmünster

Als einst der Apostel Petrus die Zeit des Martyriums nahen fühlte, versammelte er seine Jünger und gab ihnen den Auftrag, das Evangelium zu verkünden, gab ihnen die Gewalt zu binden und zu lösen, Wunder zu wirken und entließ sie. Den hl. Apollinaris sandte er nach Ravenna, den hl. Clemens nach Lothringen, den hl. Martial nach Frankreich und den hl. Maternus an den Rhein. Als dieser mit seinen Genossen Eucharius und Valerius in das Oberelsaß kam, verkündeten sie das Evangelium und wirkten manche Wunder. Eines Tages zog Maternus mit vielen Bekehrten nach Ebersmünster, zerbrach die Götzenbilder und machte aus dem Tempel eine Kirche. Dann ging er nach Straßburg. Dort aber empfing man ihn übel und prügelte ihn samt seinen Gefährten zum Tore hinaus. Maternus beabsichtigte nach Ebersmünster zurückzukehren, aber unterwegs ereilte ihn der Tod in der Nähe von Benfeld. Eucharius und Valerius, den Zorn der Heiden fürchtend, reisten nach Rom und berichteten dem Petrus. Dieser sagte: »Unser Bruder Maternus ist nicht ge-

storben, er schläft. Gebt ihm meinen Stab in die Hände mit den Worten: Maternus, Petrus der Zwölfbote gebietet dir, daß du im Namen des Vaters, des Sohnes und des hl. Geistes aufstehst und das Amt, zu predigen, das dir aufgetragen, ausführst.«

Die beiden Priester kehrten ins Elsaß zurück und berichteten dem Volke Petri Gebot. Sie gruben den Leichnam aus, der keine Spuren von Verwesung zeigte, legten den Stab in seine Hände und wiederholten Petri Worte. Maternus erhob sich alsbald, lebte noch 30 Jahre und bekehrte viele Heiden.

Mit dieser Legende ist die Entstehung von Ebersmünster verbunden. Fährt man auf der schnurgeraden Chaussee von Schlettstadt nach Norden, sieht man auf der weiten Ebene, etwa 8 km nach Schlettstadt, zur Rechten die Fassade einer Barockkirche, ein für das Elsaß ungewohnter Anblick. Sie steht in einem freundlichen Dorf an der Ill, die einst das Kloster ganz umfloß, und »wäre nicht die Kirche, niemand würde hier wohl eine der Stätten vermuten, an denen sich die bewegte und oft glänzende Geschichte des Elsaß wie in einem Brennspiegel konzentriert«, wie G. Metken schreibt.

Möglicherweise liegt das ehemalige Benediktinerkloster an Stelle eines keltischen Heiligtums; die erste Anlage aber scheint auf Mauern eines römischen Tempels gebaut worden zu sein und wurde der Legende nach 660 von Herzog Eticho, dem Vater der hl. Odilia, durch Berufung des hl. Deodat gegründet. Die Liste der Äbte beginnt erst 1002, und 1155 wurde ein viertürmiger Neubau geweiht, der 1632 im Dreißigjährigen Krieg abbrannte. Erst Abt Bernhard Roethlin ließ ab 1710 von Peter Thumb aus Vorarlberg den neuen Kirchenbau beginnen, der 1717 einem Blitzschlag zum Opfer fiel und 1719–1727 von Peter Thumb wiederhergestellt wurde, und zwar nach dem Vorarlberger Münsterschema der Wandpfeilerkirche mit Emporen. Die Innenausstattung war erst 1759 beendet.

Zwei schlanke Türme mit Zwiebelhauben rahmen die durch Pilaster und Gesimse gegliederte Fassade, und ein dritter Turm, der ›Heidenturm‹, ist dem Chor angefügt. Im Lande der romanischen Münster und Pfarrkirchen wirkt dieser elegante Bau wie ein heiterer Gruß des süddeutschen Barock. Diese Heiterkeit wirkt fort im Glanz der Ausstattung, an welcher auch der Tiroler Maler Joseph Mages beteiligt war, dem wir im schwäbischen Ottobeuren wieder begegnen.

Es ist ein heller, hoher Raum, dessen weiße Putzflächen durch die rosa Sandsteinpilaster einen schönen farbigen Akzent erhalten. Dem strengen architektonischen Schema untergeordnet sind Stuck, Plastik und Deckenbilder und mit ihm zu untrennbarer Einheit verschmolzen. Beichtstühle, Altäre und durchbrochene Emporengitter sind weißgold gefaßt, das prachtvolle braune Chorgestühl von Matthias Wurtzer trägt in Nischen Benediktinerheilige, und die Fresken darüber zeigen in kühlen, hellen, durch Restaurierung hie und da etwas hart wirkenden Farben in den Hauptbildern das Martyrium des hl. Mauritius, den Ordensgründer St. Benedikt, wie er dem Ostgotenkönig Totila die Niederlage durch den byzantinischen Feldherrn Narses prophezeit, die Verklärung des Heiligen und schließlich die Himmelfahrt Mariä von Joseph Mages, das beste Fresko der Kirche.

Weiß herrscht in der Kirche vor; zu ihm gesellen sich Gold, zartes kühles Rosa, Blau, Gelb und Grün; nichts von dem glühenden Rausch gleichzeitiger bayerischer oder österreichischer Kirchen, sondern heller, vornehmer Farbenschimmer, in Hochaltar und Chor mit dem bräunlichen Gestühl farbkräftiger und feierlicher werdend.

Warum ich von Ebersmünster gesprochen habe? Nicht weil es dies nicht anderswo vielleicht noch großartiger und prunkvoller gibt, sondern weil dieser Barockbau im Elsaß und in Frankreich überhaupt etwas Einzigartiges darstellt, weil sich hier, wie in allen Bauwerken dieses verschwenderischen Jahrhunderts, die harmonische Einstimmung einer zahlreichen Gemeinschaft von Künstlern und Handwerkern unter der Führung eines genialen Baumeisters in schöpferischer Einheit offenbart. In dieser formalen Geschlossenheit liegt eine gewisse Verwandtschaft des Barock zum frühen Mittelalter – wenn auch nur in diesem einen Zug. Renaissance im Norden und vor allem die Spätgotik entfalten ihre Kraft in der individualistischen Vielfältigkeit, die ja für so viele Bauten im Elsaß als charakteristisch gelten kann. Ebersmünster aber hat etwas von der großen Ruhe der elsässischen Romanik.

Nach Schlettstadt zurückgekehrt, fahren wir die schöne Straße nach Andlau über Nothalt, die uns wieder in nähere Berührung mit den Waldbergen bringen wird.

Andlau

Andlau ist eines der vielen reizvollen Städtchen des Landes, mit stattlichen Renaissance- und Fachwerkhäusern. Wir übernachteten Anfang Mai im ›Bœuf Rouge‹ und wurden im Morgengrauen von leiser Musik geweckt. Ärgerlich dachten wir: Warum muß der Zimmernachbar um diese Zeit sein Radio spielen lassen? Als wir dann aus der Kirche kamen, hatten sich vor dem Gasthaus die Feuerwehrleute zum Platzkonzert niedergelassen, dessen lustige Weisen das Frühstück begleiteten. Die Wirtin erzählte, daß die Feuerwehr alljährlich in der ersten Mainacht ausrücke, um in den Gassen zu spielen. Es ist der Auftakt zu den Maiandachten und heißt: La voie de Marie. In der Morgendämmerung des ersten Maisonntags konzertiert die Feuerwehr in einem Weinberg. Das war die leise Musik, die wir vernommen hatten, und ihr folgte dann das Platzkonzert.

Andlau besitzt eine große Klosterkirche, die wir nun besuchen wollen. Richardis, Tochter des Herzogs Erchanger von Unterelsaß, Gemahlin Kaiser Karls des Dicken, hat das Kloster gegründet. Karl hatte ihr in dem damals noch wilden, wenig besiedelten Waldgebiet Land geschenkt, damit sie (887) ein Kloster stiften konnte. Der Kaiser war kein bedeutender Regent, er unternahm zum Beispiel nichts gegen die Einfälle der Normannen, und die Kaiserin versuchte mit Hilfe des Kanzlers, Bischof Liutward von Vercelli, das Reich zu regieren. Die schwäbischen Großen revoltierten gegen den untätigen Herrscher, und sie wollten außerdem den unbequemen Kanzler loswerden. Um dieses zu erreichen, klagten sie ihn des Ehebruchs mit Richardis an, worauf sie, wie die Legende berichtet, die Feuerprobe bestehen mußte. Ihre Unschuld »bewert sie domitte, das sii ein gewihsset (wachsgetränktes) hemede ane det und domit in ein für ging und bleip unversert von dem füre«. Danach hatte sie aber vom Regieren genug und nur noch den Wunsch, sich ins Kloster zurückzuziehen.

Auf dem Odilienberg, dem ›Heiligen Berg‹ des Landes, den wir seit langem schon vor uns liegen sahen, bat sie Gott im Gebet, so berichtet die Legende weiter, ihr anzuzeigen, wo sie das Kloster bauen solle. Im Traum erschien ihr ein Engel und befahl, das Kloster dort zu errichten, wo sie eine Bärin mit ihren Jungen antreffen werde. Sofort begab sich die Kaiserin auf die Suche und fand schließlich am Eingang zum Andlautal die Bärin, die ein Loch in die Erde scharrte, wie um den Platz für das Kloster anzuzeigen. In ihrer Stiftung ist Richardis 896 oder 897 gestorben. Ihr Grab wurde bald Ziel einer Wallfahrt, und 1049 erhob Papst Leo IX. sie zur Ehre der Altäre. 1004 verlieh Kaiser Heinrich II. seiner Schwester, der Äbtissin Brigitta, das

Marktrecht und 1288 wurde das Stift reichsfrei. Andlau ist bis zur Französischen Revolution ein adliges Benediktinerinnenstift gewesen, geleitet von Fürstäbtissinnen, unter denen auch Töchter des Hauses Andlau erscheinen. Starb ein Andlau, so war die Äbtissin gehalten, seine Leiche in feierlicher Zeremonie am Portal zu empfangen.

Die Kirche, nach Straßburgs altem Münsterbau die größte romanische Kirche des Elsaß, ist in der ersten Hälfte des 12. Jahrhunderts neugebaut worden; nach einem Brand erfolgte von 1698 bis 1703 teilweise ein Neubau, dem das heutige Schiff angehört und der sich an die romanischen Stilformen hält. Westbau und Chor entstammen dem 12., die Krypta dem 11. Jahrhundert. Besonders interessant ist der plastische Schmuck der Kirche. Das Portal trägt im Scheitel Christus, dem die heilige Richardis das Kloster übergibt; auf den Seiten sehen wir David und Goliath, Simson mit dem Löwen als Vorläufer des Sieges Christi über das Böse. Über dem Portal umzieht den Westbau ein schön gearbeiteter Figurenfries mit mythologischen Szenen und lustigen Bildern aus dem Leben. Die Nordseite zeigt Jagdszenen, Fabeltiere und Zentauren, den Gotenkönig Theoderich, wie er den Ritter Sintram aus dem Rachen des Drachen befreit, einen Skorpion, Dromedare und anderes mehr. Die Westseite beginnt mit einem Bild, das der Sage entnommen ist. Wahrscheinlich handelt es sich um eine Wiedergabe der dänischen Sage des Ritters Biarco, Träger eines Wunderschwertes, der einen gewaltigen Bären tötet, während sein Gefährte Hott sich zitternd in der Krone eines Baumes versteckt hat. Es folgen Hatz- und Falkenjagd, Löwen, Kampfszenen, Wasserjungfrauen auf Fischen reitend, ein weinfälschender Winzer, ein Kaufmann auf seinem Schatz sitzend und ein Bankett.

Im Tympanon des Portals zur Kirche selbst thront Christus zwischen den Aposteln Petrus und Paulus, flankiert von zwei Jägern mit Bogen und Schleuder. Darunter sehen wir die Schöpfungsgeschichte, die Vertreibung aus dem Paradies; in den Arkaturen zu beiden Seiten stehen die Wohltäter des Klosters, einige mit Namen bezeichnet. Der Chor enthält ein schönes spätgotisches Gestühl und den tabernakelartigen Schrein, den Meister Jean Cussenstein Ende des 14. Jahrhunderts für die Gebeine der heiligen Richardis schuf und mit Darstellungen aus ihrer Legende schmückte: Verleumdung der Kaiserin durch den Roten Ritter, Bischof Liutward das Kreuz küssend, die Feuerprobe und die Übergabe des Klosters an St. Peter. In der weiträumigen dämmerigen Krypta steht ein großer steinerner Bär, der wohl dem 11. Jahrhundert angehören dürfte. Sicher ist die Kirche einst sehr reich ausgestattet gewesen, aber damit hat die Französische Revolution gründlich aufgeräumt; doch erinnern die bedeutenden Reste an die glanzvolle Zeit des reichsfreien Stiftes.

Stotzheim

Von Andlau sind es nur wenige Kilometer ostwärts nach *Stotzheim*, das schon wieder in der Rheinebene liegt. Man passiert auf dem Wege dorthin das Andlausche Schlößchen *Ittenwiller*, dessen hübschen mittelalterlichen Torbau man durch die Parkbäume sieht. Ittenwiller ist deshalb interessant, weil es zwischen 90 und 200 n. Chr. Sitz einer umfangreichen römischen Töpferei für ›Terra Sigillata‹ – das sind rote Tongefäße für den täglichen Gebrauch – gewesen ist, deren einer Meister, Verecundus, an Signaturen auf Fundstücken festgestellt werden konnte. ›Itineris Villa‹ hieß es damals, und zur Entdeckung der Terra Sigillata-Fabrik kam es durch die Brüder Andlau, die als Buben immer wieder zahlreiche Scherben der roten Ware ins Haus brachten, die sie im Schloßgelände fanden.

Durch eine lange Platanenallee erreicht man den Stotzheimer Park, und dann steht das 1740 gebaute *Haus Stotzheim* vor uns, einstöckig, langgestreckt, ein schlichtes, wetterfestes, geräumiges Herrenhaus, das dem Ankommenden aus seinen Fensteraugen freundlich zuzublinzeln scheint. Geschnittene Buchsbäumchen in Pyramiden- und Kugelform begleiten die Front des Hauses, hinter dem ein Rasenplatz und daran anschließend der große Gemüsegarten liegen. Hinter hoher Hecke finden wir den Wirtschaftshof, dessen Orangerieflügel die Wohnung des jüngeren Sohnes aufnehmen soll und daher die ›Georgerie‹ genannt wird. Hinter dem Park drängen sich die roten Dächer des Dorfes, ringsum breiten sich Weingärten, Äcker und Wiesen, alles das ein Bild guter Ordnung wie schon seit manchem Jahrhundert, und im Westen schließt das grüne Gewoge der Vogesen das Bild ab.

Behaglich ist das Innere des Hauses mit seinen schönen alten Möbeln und Familienbildern, Schauplatz eines einfachen, vornehmen, ländlichen Lebensstils. Viele Besitzer hat Stotzheim gesehen, ehe es durch Erbschaft an die Andlaus gefallen ist. Dazu gehören die Herren von Marclesy. Wie man im Jahre 1793 hier lebte, schildert das Tagebuch des Fräuleins von Berckheim:

Nach unserem Aufenthalt in der Stadt besuchte ich Stotzheim, dieses reizende Haus, von Engeln bewohnt: Frau von Oberkirch, geborene von Waldner, und ihre Tochter Marie. Herr und Frau von Marclesy, ein sehr interessantes Paar, sind ihre nächsten Nachbarn. Nach dem Mittagessen gingen wir durch Gärten und einen Wald zu ihrem Landhaus. Wir unterhielten uns und Cornelie, Frau von Oberkirch, teilte uns mit, daß Herr und Frau von Marclesy sich gewöhnlich um diese Stunde im Garten aufhielten und musizierten. Wir näherten uns geräuschlos, doch zwei treue kleine Wachtposten meldeten unsere Ankunft, und das Konzert wurde unterbrochen. Herr von Marclesy spielte die Gitarre. Er ist ein hochgewachsener

Mann zwischen 50 und 60 Jahren und blind, aber sein Gesicht drückt Freundlichkeit und Zufriedenheit aus. Seine Manieren haben die französische Lebhaftigkeit, die bei Frau von Marclesy noch fühlbarer ist ... Herr von Marclesy hatte seinen Frack abgelegt, zog ihn aber bei unserem Erscheinen schnell wieder an ... Ich erkannte sofort den Mann von Geist und Welt mit jener besonderen, nicht gespielten oder gewohnheitsmäßigen, liebenswürdigen Zuvorkommenheit, die unserem Geschlecht gebührt, und die Überzeugung und Gefühl entspringt. Ein gewisser Ton, gewisse Manieren sind es, die zur guten Gesellschaft gehören, ein Anstand, der sich in unserem revolutionären Jahrhundert verliert und oft von denen lächerlich gemacht wird, die ihn nicht verstehen ... Es herrscht Behaglichkeit und Natürlichkeit, eine reizende Schlichtheit in allem, was die Marclesy's tun. Sie luden uns für den nächsten Tag zum Frühstück im Gartenhaus. Obgleich ich leidend war, ging ich hin. Wir haben unter den Bäumen beim Gartenhaus gegessen. Alles ist einfach aber elegant, gerade durch diese Einfachheit. Holzteller, Brettchen für Butter und Zwieback. In allem fand ich diese Natürlichkeit, dieses ›je ne sais quoi‹ des Distinguierten wieder, das ich sonst nirgendmehr antreffe ... Der Garten ist, was man einen englischen Park nennt ...

So lebte man in Stotzheim vor bald 200 Jahren, doch der Geist der Gastfreundschaft, der schlichten, vornehmen Lebenshaltung ist geblieben.

Ein anderer Herr auf Stotzheim ist der Freiherr von Bernhausen, dessen Tochter Angélique den Grafen Joseph Andlau heiratete. Papa Bernhausen muß ein origineller Herr gewesen sein, wie aus einem Brief seines Schwiegersohns aus dem Jahre 1831 hervorgeht:

... Ich habe Dir eine Anekdote von Deinem Vater versprochen. Hier ist sie! Er war auf dem Land bei Herrn von Montgelas, dem berühmten bayerischen Staatsminister, fünf oder sechs Meilen von Regensburg. Da er nicht wußte, wie er von dort nach Regensburg zurückkommen sollte, schrieb er dem Arzt Montgelas', daß dieser krank sei und seiner Hilfe bedürfe. Der alte Arzt macht sich mit

Pferd und Wagen auf, trifft bei Montgelas ein, ißt zu Mittag, immer darauf wartend, daß Montgelas ihm von seiner Gesundheit spreche. Schließlich fragte er, was ihm fehle. Montgelas antwortet: »*ich fühle mich prächtig*«. *Der Arzt ist wütend, daß man ihn hatte kommen lassen, und Dein Vater teilt ihm mit, daß er ihm auf der Heimfahrt Gesellschaft leisten werde. Dem Arzt blieb nichts übrig, als ihm einen Platz im Wagen anzubieten. Im Augenblick der Abfahrt wird der große Koffer Deines Vaters gebracht, und der zornige Arzt, für seine alte Kutsche fürchtend, schreit:* »*ich nehme nur einen mit, entweder Sie oder den Koffer*«. *Dein Vater setzt sich in den Wagen und sagt zu Montgelas:* »*Haben Sie die Güte, dafür zu sorgen, daß mein Koffer nach Regensburg befördert wird* ...«

Mit dem Schwiegersohn Bernhausens zogen die Andlau in Stotzheim ein. Sie gehören zu den ältesten Familien des Landes und sind eines Stammes mit den heute in Hessen angesessenen Grafen von Berckheim. Der Sage nach soll die Familie aus Bologna stammen und mit Pantaleon und Balthasar Andelo im Gefolge Karls des Großen ins Land gekommen sein. Der erste Andlau soll sogar römischer Ritter gewesen sein und bei der Gefangennahme Christi am Ölberg die Laterne gehalten haben. Das sich von Andlau zum Hohwald erstreckende Tal hieß einst ›Eleontak‹, was die alten Chronisten auf Pantaleon bezogen. Das Flüßchen jedoch hieß schon um das Jahr 900 Andelaha. Balthasar soll eine elsässische Dame geheiratet und vom Kaiser für seine treuen Dienste ansehnlichen Grundbesitz erhalten haben; außerdem hat er das erste kleine Kloster Andlau gegründet. Die Familie gehörte zu den vier Erbrittern des Heiligen Römischen Reichs Deutscher Nation – Andlau, Strumeck, Meldingen und Frauenberg –, unter denen sie den ersten Platz einnahmen. Als Mitglieder des Deutschen Ordens, als hohe Geistliche – drei Damen des Hauses waren Fürstäbtissinnen von Andlau – und als Offiziere haben sie sich hervorgetan. Georg Andlau, Domherr von Basel, ist einer der Begründer der dortigen Universität und ihr erster Rektor. 1676 wurden sie in den Reichsfreiherrnstand erhoben, 1760 verlieh ihnen Ludwig XV. den Titel ›Comte‹, den der Kaiser von Österreich 1817 bestätigte. Im Elsaß waren sie reich begütert, auch im Breisgau und in der Schweiz, doch wurden die elsässischen Besitzungen in der Revolution von 1789 konfisziert und verkauft. Dazu gehörte auch das Palais Andlau in Straßburg.

Graf Joseph Andlau, Schwiegersohn Bernhausens, diente zuerst im österreichischen Heer, trat jedoch als glühender Verehrer Napoleons 1810 in die französische Armee ein. Später lebte er in Stotzheim, wo er lange Jahre das Bürgermeisteramt verwaltete und sehr beliebt war. Hier, wie in so vielen anderen Schlössern oder Herrenhäusern, empfindet man den eigentümlichen Willen zur Dauer und Erhaltung von Familie und Haus. Mit dieser Fähigkeit, zu der auch ständige Anpassung an veränderte Umstände gehört – das hat nichts mit Opportunismus zu tun – verbindet sich auch die Fähigkeit zur Beschränkung und, wenn es nottut, zum Verzicht. Zur Repräsentation einer solchen Familie gehört das Haus, sei es groß oder klein, denn durch das Haus und seinen Inhalt wird der Rang der Familie demonstriert. Daß der architektonische Ausdruck eines Standes, wie der Adel Europas ihn einst darstellte, in Zeiten revolutionärer Umtriebe als erstes vernichtet wird, haben wir noch in unserem Jahrhundert erlebt. In Stotzheim kann man das Fortleben adliger Haltung und Gesinnung in enger Verbindung mit Land und Volk noch erleben, ja man kann sich gut vorstellen, daß die verstorbenen Bewohner sich noch von Zeit zu Zeit an diesem hübschen Ort sehen lassen, wie »die alt Marclesere«, welche die Dorfbewohner des öfteren auf einer Steinbank im Park gesehen haben wollen.

BESUCH IN EPFIG

Den Besuch von Andlau, wohin wir nun zurückkehren, kann man mit einem Besuch von *Epfig* verbinden, das mitten zwischen Barr und Schlettstadt liegt. Am Ende des Dorfes, wo es sich zur Ebene öffnet, steht die ebenso reizvolle wie interessante Kirche *Ste.-Marguerite* in einem Friedhof, hinter hoher Mauer und umgeben von uralten Lebensbäumen. Es ist eine winzige Kirche, beherrscht von mächtigem Vierungsturm, ein wohlproportionierter Bau aus der 1. Hälfte des 11. Jahrhunderts in Kreuzform, dessen Chor- und Querschiffsfenster im 16. Jahrhundert verändert wurden. Doch die ernste Stimmung der Romanik ist durchaus spürbar, vor allem in der Vorhalle mit dem offenen Dachstuhl, die wie ein Kreuzgang Süd- und Westseite umzieht und deren dickes Mauerwerk von Rundbogen mit kräftigen Säulchen durchbrochen ist. Tiefe Stille liegt um Kirche und Gräber, unter denen eines uns verkündet, daß hier Josephine Reibel ruht, ›épouse de Joseph Napoléon Spitz, ancien cafetier à Epfig‹.

Eine Linde, geformt wie ein mächtiger Kandelaber, steht an der Mauer, und der Blick geht hinaus in die Rheinebene, auf Äcker und Wiesen, Pappeln und Obstbäume. Wir folgten dem Feldweg ein Stückchen, vorüber am steinernen Wegkreuz. Duft von Gras und Staub hing in der warmen Luft, und aus der Tiefe des einsamen sommerlichen Landes schwankte leise knarrend ein mit Grummet beladener Wagen heran. Hier gibt es nichts, was sich ›photographieren‹ ließe, nur ebenes Land und hohen Himmel, Äcker, Wiesen und Wäldchen, und als wir zurückgingen, leuchtete vor uns der rosagraue Sandstein des stämmigen Kirchleins durch die dunklen Lebensbäume.

Burgruine Andlau

Beim Forsthaus *Hungerplatz*, gerade vor den Toren von Barr, beginnt der Aufstieg zum ›Silberberg‹, der die Täler Andlau und Kirneck trennt und die Stammburg der Grafen Andlau trägt. Ein schmaler Pfad führt durch Stangenholz von Edelkastanien, durch Buchen- und Eichenwald bergan. Die Burg, welche man von Barr aus auf der Höhe sitzen sieht, bleibt beim Näherkommen verborgen, bis man, nach Überquerung des tiefen Halsgrabens, im Dämmer des Waldes unvermittelt vor den Zwingermauern aus dem 16. Jahrhundert steht, über denen sich aus dem Felsen aufwachsend die eigentliche *Burg Andlau* erhebt, eine einfache, eng geschlossene Anlage mit schönen Maßwerkfenstern und zwei mächtigen Türmen. Im Volksmund heißt sie ›Kiwele‹, weil sie von ferne einem Kübel mit zwei Henkeln gleicht. Auf dem Bild in unserem Buch kann man leicht feststellen, daß dieser Vergleich durchaus stimmt.

Die Burg – heute von hohen Bäumen umstellt, die eine freie Sicht in die Ebene verwehren – hat ein trauriges Schicksal gehabt. Möglicherweise besaßen die Andlaus schon in karolingischer Zeit hier einen festen Sitz, den sie im 13. Jahrhundert zur Burg ausbauten und ein Jahrhundert später nach einem Brand neu aufführten. Bis zur Französischen Revolution war sie wohlerhalten und bewohnt. Nun aber wurde die Familie enteignet, ihre Güter verkauft, und es begann eine gefahrvolle, unsichere Zeit für den Adel das Landes. Ferdinand Graf Eckbrecht von Dürckheim-Montmartin erzählt von jenen Tagen: »Ich erinnere mich sehr gut, im Elsaß alte adelige Herren und Damen bettelarm von Schloß zu Schloß wandelnd und Hilfe suchend gekannt zu haben.« Der neue Burgherr begann 1806 mit dem Abbruch der Gebäude. Ziegel und Dachbalken, Vertäfelungen, Fußböden und Treppen, alles wurde verkauft, die Mauern dienten als Steinbruch. Schließlich griff die Regierung ein und verhinderte die vollständige Demolierung der stattlichen Anlage, die die Grafen Andlau 1822 zurückkaufen konnten.

Als die Burg noch von der Familie bewohnt war, ereignete sich ein merkwürdiger Vorfall, eine spukhafte Abmeldung, wie sie vielfach bezeugt sind. Die Begebenheit ist von General Parmentier, Präsidenten der Befestigungskommission, Vizepräsidenten der französischen astronomischen Gesellschaft, mitgeteilt worden. Saßen da Hausfrau und Gäste, nachdem man lange des auf die Jagd gegangenen Hausherrn geharrt hatte, mittags bei Tisch und wunderten sich ein wenig, daß der Graf sich so sehr verspätete; doch dachte man aber nicht weiter darüber nach. Da, auf einmal, bei völliger Windstille, schlägt eines der offenstehenden Fenster des Eßzimmers mit Gewalt zu und prallt gleich wieder auf. Alle Anwesenden haben es gesehen, sahen auch, daß eine auf dem Fensterbrett stehende Flasche unversehrt stehen blieb und daß die Scheiben nicht zerbrochen waren. Die erschrockene Hausfrau ahnte sofort Unheil; die Tafel wurde aufgehoben und kaum eine Stunde später brachten sie den Grafen auf einer Bahre ins Haus. Die Schrotladung der eigenen Flinte war ihm in die Brust gedrungen. »Meine Frau – meine armen Kinder«, hatte er noch rufen können, dann war er gestorben.

Heute ist der freie Blick nach Osten und Süden in die Ebene, der sicher früher sehr schön gewesen ist, uns verwehrt; doch nach der anderen Seite, nach Norden und Westen, schauen wir in das Gebirge hinein und in die Wälder, die aus den blauen Abendschatten der Täler aufsteigen in den feinen Dunst eines Spätsommertages. Es ist die Richtung auf den ›Odilienberg‹ hin, einst keltische Fluchtburg aus vorgeschichtlicher Zeit, später – und auch heute noch –

Sitz eines berühmten Wallfahrtsortes. Wir haben ihn schon lange vor uns gesehen, doch wollen wir ihn uns bis ans Ende unserer Fahrt über die Weinstraße aufsparen. Wir wollen ihn also auf seiner Ostseite umfahren und erst Barr, Obernai und Rosheim besuchen.

Oberehnheim – Obernai

Der Weinstraße wieder folgend über das hübsche alte *Barr* am Ausgang des ›Kirnecktals‹, das zu besuchen sich lohnt, erreichen wir Oberehnheim. Barr hat überdies etwas ganz Besonderes, nämlich das ›Musée de la Folie Marco‹, nahe der Pfarrkirche. 1760–1763 baute sich der Anwalt und Verwalter der Herrschaft Barr das große schöne Haus. Seine Mitbürger nannten ihn einen Narren, und Marco hat sich tatsächlich durch dieses Unternehmen ruiniert. Die Brüder Heinrich und Gustav Schwarz schenkten später das Haus der Stadt. Wir betreten ein vornehmes Bürgerhaus, das auf das geschmackvollste mit Möbeln des 18. und 19. Jahrhunderts eingerichtet ist und ein ausgezeichnetes Bild bürgerlicher Wohnkultur dieser Zeit vermittelt.

Oberehnheim – oder Obernai – ist eine der malerischsten Städte des Landes, ein uralter Ort, der schon 778 genannt, 1240 Reichsstadt und befestigt wird. Der Mauerring mit seinen Türmen wurde im 16. Jahrhundert erneuert und ist in großen Teilen erhalten. 1354 trat die Stadt der ›Dekapolis‹ bei und war einer der bedeutendsten Orte des Elsaß. Am Mauerring entlang zieht sich ein Lindengang, von dem aus sich immer neue Einblicke durch die Lücken zwischen den auf der Stadtmauer sitzenden Häusern ergeben. Oberehnheim hat trotz mannigfacher Restaurierungen im vergangenen Jahrhundert sein altes Aussehen bewahrt, und das wird auf dem Rundgang durch die Straßen deutlich, vor allem auf der reizenden ›Place de l'Étoile‹ und mehr noch auf dem weiträumigen Marktplatz mit dem vornehmen, von Stadtbaumeister Hans Jüngling 1521 umgebauten *Rathaus*, das 1604 den Balkon erhalten hat. Daneben erhebt sich der schlanke, elegante ›Kapellturm‹, Rest einer spätgotischen Kapelle. Den Oberteil des Turms baute Georg Widemann 1596. Er trägt über vorkragender Maßwerkbrüstung mit übereck gestellten Türmchen einen Spitzhelm. Gegenüber steht die *Kornhalle*, ein stattlicher Renaissancebau mit Glockentürmchen auf dem Giebel. Hier ist das städtische Museum untergebracht, in dem Glasfenster aus der alten Pfarrkirche aufbewahrt werden.

Am Markt steht auch der reich verzierte *Sechseimerbrunnen* von 1579, dessen Baldachin drei Säulen mit korinthischen Kapitellen tragen. Es gibt ein Steinhaus des 15. Jahrhunderts, das an Stelle der staufischen Burg errichtet wurde und als Geburtshaus der Etichonentochter, der hl. Odilia, gilt. Ein anderes stattliches Steinhaus steht in der Pilgergasse 8, erbaut um 1200, dessen Giebelseite durch Säulen gekoppelte Fenster trägt. Zum vollen Genuß des Stadtbildes kommt man erst, wenn man durch das Gewimmel der Gassen schlendert, aus denen sich die überraschendsten Ausblicke öffnen. Allenthalben im Oberelsaß trifft man auf den Namen Hansi, und gerade hier ließ der vor dem ersten Weltkrieg bekannte und beliebte Maler und Zeichner aus Colmar, den man ›Onkel Hansi‹ nannte, seine kleinen Mädchen mit den großen Elsässer Hauben und seine Buben mit Pelzkappe und rotem Wams auftreten.

1516 besuchte Kaiser Maximilian I. die Stadt. Der Kaiser lobte den köstlichen Wein, worauf ihm der Stettmeister antwortete: »Majestät, wir wissen, daß er gut ist. Wir haben aber noch besseren im Keller, aber den saufen wir selber.« Der Kaiser lachte über die unhöfliche Bemerkung und schenkte dem Stettmeister zwei Pistolen mit den Worten:

»Findet Ihr einen, der gröber ist als Ihr, so schenkt sie diesem.« Seitdem heißt der beste Wein von Oberehnheim ›Pistolenwein‹.

Rosheim

Die Stadt *Rosheim* liegt in einer Talmulde an der Magel, zwischen Hügeln mit Weingärten und Hopfenkulturen, und den Hintergrund im Südwesten beherrscht der ›Heilige Berg‹ mit *St. Odilien*. Eine freundliche, stille, ländliche Stadt empfängt uns, ländlich trotz der beiden Tore, die wir durchfahren müssen, um das Innere zu erreichen, das durchzogen wird von der endlos langen Hauptstraße zum oberen Tor, begleitet von hübschen Häusern; darunter als ältestes und vornehmstes das romanische Haus des 12. Jahrhunderts, das mit seinem stolzen Umriß und dem schönen rundbogigen Doppelfenster so vornehm und fremd inmitten der kleinbürgerlichen Umgebung wirkt, daß die Rosheimer es das ›Jagdschloß Karls des Großen‹ nennen.

Schon vor dem Jahre 1000 besaßen hier die Abteien Fulda und Luxeuil Güter. Herzog Friedrich von Schwaben eroberte 1132 den Ort, der seitdem staufisch war und Reichsstadt wurde, als welche sie 1354 dem Städtebund der ›Dekapolis‹ beitrat. Zwei große Brände gingen über die Stadt: 1385 der erste, dem auch die Pfarrkirche St. Peter und Paul zum Opfer fiel, und 1622 der zweite, als die Truppen des Grafen von Mansfeld sie anzündeten. Damals blieb die Pfarrkirche verschont, weil, wie die Legende erzählt, fackelschwingende Engel einen undurchdringlichen Kreis um die Kirche gelegt hatten, so daß sie in Flammen zu stehen schien.

»Ach, wie hübsch«, sagten wir, als wir durch die beiden Tore einfuhren. Türme, Tore, vornehme Häuser, schattige Höfe und malerische Winkel zeigen fast alle elsässischen Städte in vielfacher Abwandlung. Kaum eine aber hat eine

Kirche wie Rosheim. Nach dem zweiten Tor öffnet sich ein Platz, auf dem sich über die Hauptstraße erhöht die Kirche *St. Peter und Paul* erhebt, deren goldgelber Vogesensandstein in der Sonne leuchtet, so daß man wohl glauben kann, daß die Soldateska des Dreißigjährigen Krieges sie in Flammen stehen sah.

1143 begann der Neubau der Kirche, deren Vierungsturm nach dem Brand von 1385 erhöht wurde. Es ist ein Bau von schwerem und vollem Klang einer klar gefügten, mächtigen Architektur, die von einer ganz besonderen Spannung erfüllt zu sein scheint. Diese Spannung liegt in dem wundervollen, vollkommen durchgebildeten und geformten, kräftigen und lebendigen Quaderwerk. Die Mauern der Kirche sind durch Lisenen und Friese gegliedert, und vor allem zeigt die Westfassade diese Gliederung in vornehmster Feinheit und Pracht sich übersteigender doppelter Bogenfriese, gipfelnd in der wuchtigen Kraft des figürlichen Schmucks, wie zum Beispiel des Adlers auf dem Giebelknauf und wie der Akroterien an den Dachecken, die Löwen mit Menschen zwischen den Pranken darstellen.

Im Tympanon des Portals mit seinem Gewände zierlicher gedrehter und kannelierter Stäbe befinden sich Reste eines Christus in der Mandorla, die Bildnische darüber enthielt eine Kreuzigung, und darüber liegt eine Nische mit der Statue des hl. Petrus. Das Südportal ist flankiert von zwei reichverzierten Säulen, das Fenster der Chorapsis ist in einen reichen Palmettenrahmen, umgeben von den Evangelistensymbolen, eingelassen. Der während der Französischen Revolution abgeschlagene Engel des Matthäussymbols ist im Umriß noch gut erkennbar. An den Schrägwänden des achteckigen Vierungsturms sind Tiergruppen angebracht.

Der Figurenschmuck ist ohne Rahmung kühn auf die

Mauerfläche gesetzt, sehr körperhaft, lebensvoll und meisterhaft gearbeitet. In romanischer Zeit ist das Motiv des Löwen allenthalben zu finden; er wird als Bote des Todes gedeutet, auch als Illustration des Psalmwortes: »aperuerunt super me os suum, sicut leo rapiens«, aber auch als Sinnbild göttlichen Schutzes gegen dämonische Kräfte.

Auf der südwestlichen und nordwestlichen Seite unter dem Turm sehen wir zwei außerordentlich ausdrucksvolle, vollplastische Figuren, zwei sitzende Männer: der eine hält einen Beutel oder Becher und schaut in die Ferne, der reichgekleidete andere, ebenfalls ins Weite schauende, streicht seinen Bart. Von diesen Figuren erzählt die Sage:

In den Vogesen lebte ein Graf von Salm, ein stolzer, strenger und hartherziger Mann. Ein Wolf hatte nacheinander alle seine Kinder gerissen, bis auf eines, das der Graf sorgsam bewachen ließ. Als er eines Tages von der Jagd heimkehrte, mußte er zu seinem größten Schmerz erfahren, daß auch dieses Kind verschwunden war. Der Vater erging sich in bittern Klagen gegen Gottes Erbarmungslosigkeit, aber bald ging er in sich und erkannte, daß der Herr ihn zu Recht bestraft hatte. Er bereute seine Schuld und fragte einen alten Eremiten um Rat. Dieser tröstete ihn und stellte ihm Gottes Vergebung und die Geburt mehrerer Kinder in Aussicht, wenn er an dem Ort, den ihm ein Vogel zeigen werde, eine Kirche baue. Als nun der Graf wieder einmal jagte und an eine einsame Kapelle kam, schwirrte ein Vogel auf, umkreiste ihn und ließ sich nahe der Kapelle nieder. Hier ließ der Graf sogleich mit dem Bau der Kirche St. Peter und Paul beginnen und tatsächlich wurden ihm Erben geschenkt. Daher sollen die beiden Männer den Grafen und den Eremiten darstellen. Nach einer anderen Version ging dem Grafen während des Baus das Geld aus, und man mußte eine besondere Bausteuer ausschreiben. Die Figur mit dem Beutel sei daher nicht der Klausner, sondern der Architekt, der den Geldbeutel festhalte. Der Adler auf dem Giebelknauf stelle den Vogel dar, der den Bauplatz wies, die Löwen der Akroterien die Bestien, welche die Kinder rissen.

Das dämmerige Innere der Kirche ist sehr eindrucksvoll durch die ungeheure Stärke der Pfeiler und Säulen, welche die breiten Arkadenbögen tragen. Es ist ein erstaunlicher Bau, von einfacher und überzeugender Form; trotz aller Wucht hat er eine feine Eleganz. Wie Murbach oder Maursmünster steht er als ein Zeugnis der Frühe auf seinem hohen Sockel wie ein kostbarer Schrein vor uns im Glanz des goldfarbenen Steins, »fremdartig, rätselhaft, ein Märchen aus alten Zeiten«, wie Viktor von Scheffel sagt.

Josel von Rosheim

In der Zeit des Übergangs vom 15. zum 16. Jahrhundert, mit dem für uns die Neuzeit beginnt, in dieser Zeit geistiger Hochspannung, des Wechsels, neuer Erkenntnisse, neuer wirtschaftlicher Systeme, des beginnenden Individualismus, nahm auch die Auseinandersetzung mit dem Judentum schärfere Formen an. Sie spielte sich jetzt nicht mehr allein im religiösen, sondern auch im wirtschaftlichen Bereich ab.

Bereits die salischen Kaiser hatten die deutsche Judenschaft in ihren Schutz genommen und der Kammer des Reichs unterstellt. Man nannte sie ›Kammerknechte des Heiligen Römischen Reichs Deutscher Nation‹, und je nach Charakteranlage oder Machtstellung sind ihnen die Kaiser gute oder weniger gute Herren gewesen. Kaiser Friedrich III. hatte bestimmt, daß ihm das Judenregal »als römischen Kaiser von des heiligen römischen Reichs wegen unmittelbar und allein und niemandem anders unterworfen sei und zugehöre«. Er verbot den Städten, ihre Juden auszuweisen oder zu drangsalieren, ja er hatte sogar seinen jüdischen Leibarzt Jakob Jehiel Loans, aus dem französischen Ort Louans, in den Ritterstand erhoben. Kaum hatte Friedrich III. die Augen geschlossen, gerieten die Juden durch die sofort einsetzende Ausweisung aus den Städten in größte soziale und wirtschaftliche Not. Zwar trat der Humanist Johannes Reuchlin für sie ein, vor allem in seinem Streit mit den Dominikanern über das jüdische Schrifttum, zwar tat der Kaiser alles, was in seiner Macht stand, aber niemand kehrte sich daran. In dieser Zeit der Bedrückung sollten die ›Kammerknechte des Reichs‹ einen Sachwalter ihrer Rechte finden, wie es vorher und nachher keinen gegeben hat: Josel von Rosheim, ihren ›Befehlshaber‹ und ›Obersten‹, einen ebenso klugen wie tatkräftigen, unerschrockenen und tapferen Mann. Wer seine Biographie von Selma Stern liest, möchte nicht glauben, daß einem Juden jener Zeit das gelingen konnte, was er erreicht hat.

Der Vater Gerson ließ sich nach seiner Vertreibung aus Endingen am Kaiserstuhl in Oberehnheim nieder, einer Reichsstadt, die sich in der Folge am schärfsten gegen ihre jüdische Bürgerschaft gewandt hat. Während des Krieges mit Herzog Karl dem Kühnen von Burgund mußte die Familie abermals fliehen; sie konnte nicht zurückkehren, da die Stadt mit anderen Städten übereingekommen war, keinen Juden mehr aufzunehmen. Straßburg, zu dem immer die besten Beziehungen bestanden, und Hagenau hatten diesem Beschluß nicht zugestimmt. In Hagenau fand die Familie eine Zuflucht, und hier ist Josel 1478 geboren worden. Wahrscheinlich war er mit dem Leibarzt Kaiser Friedrichs III. verwandt, denn er unterschreibt auch als Joseph ben Gerschom Louans.

Die Juden des Elsaß hatten sich schon Ende des 15. Jahrhunderts zu festorganisierten Landständen zusammengeschlossen, um ihre Rechte besser wahrnehmen zu können. 1510 wählten sie Rabbi Josel, der sich in Rosheim niedergelassen hatte, zum Vorsteher im Elsaß, und von diesem Tage an stand sein Leben im Dienst seines Volkes, zog er jahrelang auf Reichstage, zu Städten und Fürsten, um für die verbrieften Rechte der ›Kammerknechte‹ zu kämpfen.

Als Karl V. 1520 in Aachen gekrönt wurde, stellte sich Josel dem jungen Kaiser vor und erbat seinen Schutz. Die Privilegien wurden bestätigt und im Laufe der Regierungszeit Karls von ihm und seinem Bruder, König Ferdinand, immer wieder erneuert. Rastlos war Josel für sein Volk tätig, »denn wir auch Menschen in Gottes Bild beschaffen sind, darauf Päpste, Kaiser und Könige mit Mildigkeit gehalten haben und also Härtigkeit nie gehört worden«. Sein Name war bereits im ganzen Reich so bekannt, daß ihn die gesamte Judenschaft zu ihrem Obersten wählte, zum »Befehlshaber gemeiner Jüdischheit deutscher Nation«. Der Landvogt des Oberelsaß tituliert ihn als »Obersten über alle Juden deutscher Nation«. Seine Funktionen überwogen die des von Karl V. ernannten Reichsrabbiners. 1530 erneuerte der Kaiser durch ein Edikt alle Freiheiten und Rechte der Juden.

Die Protestanten machten damals den Versuch, sich dem Judentum zu nähern, es zu verstehen, und die Reformatoren arbeiteten in der Bibelforschung vielfach mit jüdischen Kommentatoren zusammen. Auch Luther stand ihnen anfangs nicht feindlich gegenüber. Josel aber hatte den tiefen Gegensatz zwischen Luthers Lehre und der jüdischen Religion erkannt und erklärt, daß die Juden bei ihrem Gesetz blieben. Das wurmte den großen Reformator, der 1537 noch »seinem guten Freund« Josel mitgeteilt hatte, er werde eine Schrift zur Judenfrage schreiben, und von nun an verfolgte er alles Jüdische mit seiner Abneigung. Die versprochene Schrift wurde ein wahrer Haßgesang. Luther ermahnte die protestantischen Pfarrer, kein Mitleid mit dem von Gott verdammten Volk zu haben, er behauptete unter anderem, daß die Juden Kinder mordeten, um deren Blut für rituelle Zwecke zu gebrauchen. Energisch wies Josel diese Vorwürfe des Reformators zurück und widerlegte sie in ruhiger, vornehmer Weise, worauf der Straßburger Rat ihm versprach, Luthers Schriften in seinem Gebiet zu verbieten. Auch Karl v. trat dieser Hetze scharf entgegen und befahl als ›oberster Herr und Richter‹, daß kein Jude, keine Jüdin in Zukunft gefangen genommen, gefoltert, beraubt und getötet werden dürfte, es sei denn, sie hätten sich echter Verbrechen schuldig gemacht.

So ist das Leben dieses bedeutenden Mannes im ständigen Kampf um Recht und Freiheit verlaufen. Es gibt eine Federzeichnung eines bärtigen Mannes von Dürer im Britischen Museum in London, die während der Kaiserkrönung in Aachen entstanden ist, und die man sich als ein Porträt Josels vorstellen könnte. Sie zeigt einen hakennasigen Mann mit scharfem Blick und energischem Mund. Bis zuletzt ist Josel von Rosheim unermüdlich sorgend und hilfreich tätig gewesen. Wie die Juden die Todesnachricht von 1554 aufnahmen, zeigen einige Memorbücher der Zeit:

Gott möge gedenken der Seele des Greises, des Fürsten Rabbenin Joseph, Sohn des Gerschom S. A., welcher genannt wurde mit seinem Namen Joselmann, mit den Seelen Abrahams, Jizschaks und Jakobs, weil er weder seine Ehre noch sein Vermögen geschont hat, und weil er viele Male sein Leben in Gefahr gebracht hat durch seine Fürbitte und seinen Schutz für die Gesamtheit und für Einzelne. Er ging länger als vierzig Jahre an die Höfe der Könige und Fürsten und hielt von der israelitischen Nation Austreibungen, Verfolgungen und Ermordungen fern. Auch erlangte er Schutzbriefe am Hofe des Kaisers. Für alles dies nahm er weder Dienst noch Belohnungen. Er tat es nur aus Liebe zu Gott und Israel. Um dessentwillen sei sein Anteil mit den anderen Hirten und Führern Israels und seine Seele sei eingebunden in dem Bunde des Lebens mit den anderen Frommen im Paradiese.

Die Schöne Straßburgerin
Gemälde von Nicolas Largillière,
um 1703
Musée des Beaux-Arts, Straßburg

Nach kurzer Fahrt südwärts durch hügeliges Obst- und Weinland erreichen wir ein ganz besonders reizvolles Landstädtchen – *Börsch*. Drei Tore, das Ober-, After- und Niedertor, samt Mauern schützen den Ort. Es ist ein winziges Städtchen, wie aus einer Spielzeugschachtel in das enge Tal gesetzt. Die Häuser tragen reich geschnitztes Gebälk, und aus dem Gewinkel wächst das stattliche, erkergeschmückte Rathaus, vor dem der prächtige ›Sechseimerbrunnen‹ steht.

Der Heilige Berg

Der Chaussee von *Börsch* nach *Ottrott* folgend durchquert man den herrlichsten Hochwald von Buchen und Fichten. Es war an einem Sonntag, als wir dort fuhren. Überall am Straßenrand unter den Bäumen saßen Familien auf Klappstühlchen an Tischen und picknickten. Sie dachten sicher nicht daran, daß diese Wälder einst den blutigen Kult der Druiden gesehen hatten. Neueste Funde aus der Bronzezeit deuten darauf hin, daß jene Gegend schon im 2. Jahrtausend vor Christus besiedelt gewesen ist. Die sogenannte *Heidenmauer*, ein riesiger, jetzt nicht mehr im ganzen erhaltener Befestigungsring, welcher das Plateau um Sainte Odile und das angrenzende Gelände in einer Länge von über zehn Kilometern umschließt, gehört jener Zeit an, und er ist auch für die Kelten Refugium und Festung gegen römische und germanische Angriffe gewesen. Zyklopische Sandsteinblöcke, einst durch eichene Klammern verbunden, bilden unter Ausnutzung der Felsen den Wall, der stellenweise fünf Meter hoch gewesen ist, und Felsen wie der ›Männelstein‹ und der ›Wachstein‹ dienten als Wachttürme.

Fünfhundert Meter über der Rheinebene, am nordöstlichen Steilhang des Berges, den so viele Geheimnisse heidnischen Kultes umwittern, steht das *Kloster Ste-Odile*, der

ODILIEN-LEGENDE

›Heilige Berg‹ des Elsaß. Ihm gilt nun unser Besuch. Seine Entstehung ist mit einer Legende verbunden.

Um 622 wurde dem elsässischen Herzog Etticho eine blinde Tochter geboren, worauf er voller Zorn beschloß, sie töten zu lassen. Die Mutter vertraute das Kind einer Dienerin an und hieß sie fliehen. Zuerst verbarg sie sich im Vogesendorf Scherweiler; als ihr dieser Ort nicht sicher genug erschien, brachte sie das Kind ins Kloster Baume-les-Dames in Burgund, wo es aufgezogen wurde. Zehn Jahre später träumte dem Bischof Erhard von Regensburg, er erhalte den Auftrag, in Baume ein blindes Mädchen zu taufen. Sofort brach er auf, fand das Kind und als das Taufwasser ihm die Haare netzte, wurde es sehend. Es erhielt den Namen Odilia. Wieder Jahre später holte einer ihrer Brüder, Graf Hugo, das Mädchen heim, worüber der Herzog in solche Wut geriet, daß er seinen Sohn erschlug. Sie aber bezauberte durch Demut und Liebe den Vater, der seine Taten tief bereute. Odilia hatte den tiefen Wunsch, ihr Leben Gott zu weihen, doch der Herzog plante, sie vornehm zu verheiraten. Odilia wußte sich keinen Rat mehr, entfloh kurzerhand über den Rhein, wurde aber zu Mußbach bei Freiburg eingeholt. Als die Not am höchsten war, öffnete sich der Fels und gewährte ihr Asyl. Dieses Wunder änderte des Vaters Sinn. Er beugte sich dem Willen Gottes und übergab seiner Tochter die auf dem Nordostgipfel des Berges an der Stelle eines römischen Kastells stehende ›Hohenburg‹, damit sie dort ein Kloster gründen könne.

Später baute sie zu Füßen des Berges noch die Nonnenabtei ›Niedermünster‹, von der heute nur noch Reste zu sehen sind. Sie war 707 als Spital gegründet worden und hatte ihre größte Blüte im Mittelalter. 1540 wurde sie endgültig zerstört. Die Ausgrabungen haben bestätigt, daß der mittelalterliche Bau Rücksicht auf einen älteren Kultplatz, wohl die ›Odilienquelle‹, nahm. In der Kirche wurde auch das Wunderkreuz aufbewahrt, »das Karl der Große dem Kloster auf einem Kamel geschickt haben soll«. (W. Hotz)

Als Odilia um 720 starb, begannen, der Legende nach, die Glocken in allen Dörfern und Städten von selbst zu läuten, um den Tod der ›Mutter des Elsaß‹ anzuzeigen. Diese Verehrung der Heiligen hat sich durch die Jahrhunderte bis heute gehalten. Karl der Große pilgerte von Schlettstadt zu ihrem Grab, König Ludwig der Fromme verehrte 817 ihre Reliquien, 1153 kam Kaiser Friedrich Barbarossa, und auch König Richard Löwenherz von England kehrte auf dem Rückweg vom dritten Kreuzzug nach seiner Befreiung auf dem Odilienberg ein. 1235 hielt sich wahrscheinlich Kaiser Friedrich II. von Hohenstaufen im Kloster auf, der zum Staunen der Elsässer mit prächtigem Gefolge, mit herrlichen arabischen Pferden, mit Kamelen und arabischen Leibwächtern nach seiner Pfalz Hagenau gezogen war, als er in Mainz Reichstag hielt. Auf dem Odilienberg ist er vielleicht zur Weihe der ›Doppelkapelle vom Heiligen Kreuz‹ erschienen, die sein Großvater achtzig Jahre vorher gegründet hatte.

In der 2. Hälfte des 12. Jahrhunderts stand die hochgebildete Herrad von Landsberg als Äbtissin dem Kloster vor. Sie muß eine ausgezeichnete, sehr sympathische Frau gewesen sein, eine echte Mutter ihrer Mitschwestern, die mit ihr eine verschworene Gemeinschaft bildeten. Unter ihrer Leitung entwickelte sich auf dem Odilienberg ein echtes geistliches Zentrum, das weit ins Land hinaus wirkte. Zu ihrer Zeit lebte auf dem Odilienberg auch die Witwe Tankreds von Lecce, die Kaiser Heinrich VI. nach dem Tode ihres Mannes mit ihren Töchtern dorthin schickte.

Herrad ist berühmt geworden durch ihren ›Hortus deliciarum‹, das ›Lustgärtlein‹, eine umfassende, kompilatorische Enzyklopädie des theologischen und profanen Wissens jener Zeit, beginnend mit der Schöpfungsgeschichte und endend mit dem Jüngsten Gericht, mit eingestreuten Abhandlungen über christliche Sitten und Gebräuche, aber auch über Astronomie, Geographie, Mythologie, Philosophie und Geschichte, über Acker- und Gartenbau und über die Kunst, soweit es für die Klosterfrauen passend war. Dazwischen fügte sie eigene lateinische Gedichte und dazugehörige Vertonungen ein. »Dieses Buch, Lustgarten genannt«, erklärt sie im Vorwort, »habe ich kleine Biene unter Gottes Antrieb aus verschiedenen Blüten der Heiligen Schrift und der menschlichen Weisheit zusammengestellt und aus Liebe zu euch wie zu einem Honigkuchen gebildet, zur größten Ehre Jesu Christi und der Kirche ...«

Die reiche Ausstattung der Originalhandschrift mit Miniaturen ist wohl in Straßburg entstanden, doch ist sie leider zerstört. Man kennt aber einen anderen Codex in der Bibliothek des ›Grand Séminaire‹ zu Straßburg, dessen von der Augustinerin Guda von Schwarzenthann und dem Benediktiner Sintram von Murbach ausgeführte Illustrationen stilistisch große Ähnlichkeit mit denen des ›Hortus Deliciarum‹ haben. Mit Ausnahme der heiligen Gestalten erscheinen alle übrigen Personen in der Kleidung ihrer Zeit; man sieht die Geräte, die damals benutzt wurden, lernt die Tischsitten kennen, erfährt, wie man reiste, musizierte, baute und wie St. Odilien gegründet wird. Die Originalhandschrift ist während der Beschießung von Straßburg 1870 leider verbrannt, doch gibt es noch Kopien des Werks, die ahnen lassen, was hier verloren ging.

870 zerstörten die Ungarn das Kloster, dessen Neubau Papst Leo IX. 1045 weihte; im Anfang des 12. Jahrhunderts geriet auch dieser in Verfall und erst zwischen 1155 und 1165 ließ Friedrich Barbarossa die Klosterbauten erneuern und erweitern. Damals wurde das Kloster zur Reichsabtei erhoben. 1546 brannte es wiederum ab – nur das Odiliengrab blieb verschont. Die Nonnen verließen ihr altes Heim, die glanzvolle Zeit der Reichsabtei war vorüber. Prämonstratenser zogen in sie ein und bauten das

Kloster nach dem Dreißigjährigen Krieg wieder auf. In der Französischen Revolution wurde es säkularisiert. Seit 1853 ist es aber wieder Wallfahrtsort und wird jetzt von den Schwestern vom Heiligen Kreuz betreut.

»Wohlgelegen ist das Stift. Man sieht von seiner Schwelle weit umher die Städt' und Burgen, Fluß und Feld und Hain und allen Reichtum dieser Welt«, schreibt Ludwig Uhland. Dem Reichtum dieser Welt begegnet man zunächst in Gestalt unzähliger Automobile auf den Parkplätzen vor dem Kloster, das einen großen, mit alten Linden bestandenen Hof umgibt. – Doch was ist erhalten von dem Ort religiöser Kontemplation? Da ist die ›Kreuzkapelle‹ aus dem 12. Jahrhundert mit der schönen, skulpierten Mittelsäule und mit dem Sarkophag der Eltern Odilias. Anschließend die im 17. Jahrhundert fast ganz erneuerte ›Odilienkapelle‹ mit dem alten Sarkophag der Heiligen. Auf der großen Terrasse mit dem unermeßlichen Blick über das Land bis zum Schwarzwald hinüber steht die ›Tränenkapelle‹, wo Odilia nach dem Tode ihres Vaters geweint und gebetet haben soll, und auf dem äußersten Rand des Gipfels erhebt sich die ›Engelskapelle‹. Schließlich kann man noch zum ›Odilienbrunnen‹ hinabsteigen, wo der Legende nach auf der Heiligen Gebet hin Wasser aus dem Felsen sprang, das Augenkranken hilft.

In der Johannisnacht, so erzählt das Volk, schwebt Odilia in weißen Schleiern, begleitet von Engeln, segnend über die Weinberge des Elsaß hin. Die ganze Anlage des ›Heiligen Berges‹ in der Verbindung von Frömmigkeit, Landschaft und Geschichte spricht so eindringlich zu dem Besucher, daß man dieser Sage gerne Glauben schenken möchte. Heute ist, wie gesagt, der Odilienberg das große Heiligtum des Elsaß, und Gläubige aus allen Teilen der Welt lösen einander bei Tag und Nacht im immerwährenden Gebet ab. Verläßt man die heilige Stätte mit einem letzten Blick von der Höhe auf das Land zu Füßen des Berges, so sieht man – fast zum Greifen nahe – die Stadt Straßburg in der Ebene liegen, aus deren Häusergewirr sich die unvergeßliche Silhouette des Münsters erhebt.

STRASSBURG-STRASBOURG

Aus Straßburgs Geschichte

Es war zu Kehl vor einem Jahr, wo ich den Rhein zum ersten Mal sah, als ich über die Schiffsbrücke fuhr. Die Nacht brach herein, der Wagen ging im Schritt. Ich erinnere mich, daß ich eine gewisse Ehrfurcht empfand, während ich über den Strom setzte. Ich wollte ihn schon lange sehen. Es bewegt mich immer, wenn ich mit solch großen Naturdingen, die zugleich auch große geschichtliche Erscheinungen sind, in Berührung oder gar in Verbindung trete ... Erinnern Sie sich noch, lieber Freund, an die Rhône im Wallis? – Entsinnen Sie sich noch, mit welchem Wutgebrüll, mit welchem Grollen die Rhône sich in den Abgrund stürzte, während die schwache Brücke unter unseren Füßen zitterte? Seitdem muß ich bei der Rhône immer an einen Tiger denken, der Rhein dagegen erinnert mich an einen Löwen.

Und so blieb es auch, als ich an jenem Abend den Rhein nun wirklich zum ersten Mal sah. Lange habe ich diesen stolzen, edlen Strom betrachtet, der da so heftig, aber nicht maßlos, so wild und doch majestätisch dahinfloß. Er war hochgeschwollen und sah, als ich über ihn wegfuhr, großartig aus. An den Schiffen der Brücke wischte er sich das gelbe Haar ab, seinen ›schlammigen Bart‹, wie Boileau sagt. Beide Ufer versanken im Abenddunkel. Sein Gebrause war ein mächtiges und friedliches Gebrüll. Er hatte etwas Meerhaftes an sich. Ja, mein Freund, das gibt dem Fluß seinen Adel, daß er gleichzeitig feudal und republikanisch, kaiserlich und würdig, deutsch und französisch sein kann. Die ganze europäische Geschichte, von diesen beiden großen Gesichtspunkten aus betrachtet, spiegelt sich in diesem Strom der Krieger und Denker, in dieser herrlichen Welle, die Frankreich begeistert, in diesem geheimnisvollen Gemurmel, das Deutschland besinnlich macht.

An diese Worte Victor Hugos, die er schrieb, als er den Rhein 1839 bei Kehl überquert hatte, mußte ich unwillkürlich denken, als ich zum ersten Male nach dem Zweiten Weltkrieg über die Kehler Brücke den Weg auf

AUS STRASSBURGS GESCHICHTE

Straßburg zu nahm. Wieviel hatte sich doch in diesen 120 Jahren geändert!

Aus welcher Himmelsrichtung man früher auch kam, man hatte stets das anmutige Bild der in der Ferne liegenden Stadt vor sich, über deren Dächern der schlanke, elegante Münsterturm hoch aufragte. Entzückt schreibt Goethe: »... in dieser schönen Gegend eine Zeitlang wohnen und hausen zu dürfen: die ansehnliche Stadt, die weitumherliegenden, mit herrlichen, dichten Bäumen besetzten und durchflochtenen Auen.« Dieser Eindruck ist durch die vielen modernen Vororte und Industrieanlagen fast ganz verwischt worden, doch manches ist erhalten. Fast noch mehr als Geschichtsschreibung ist Architektur Gegenwart des Vergangenen für den, der an ihr teilhaben will, für den, der sich mit dem Leben der Vorfahren verbunden fühlt. Ihr Gedächtnis erhält sich in der Baukunst fast so, wie in einer Chronik.

In *Straßburg* treffen wir allenthalben auf solche Zeugen einer großen Vergangenheit. Was für Regensburg die Donau ist, das bedeutet für Straßburg der Rhein: die Lebensader. Wie Regensburg, Augsburg oder Basel verdankt Straßburg sein Dasein den Römern. Als um 12 n. Chr. Kaiser Augustus befahl, die Rheinlinie durch Kastelle zu sichern, baute man auch hier ein Castrum, das den Namen ›Argentoratum‹ erhielt. Es ist ein keltischer Name, der wahrscheinlich ›Flußfestung‹ bedeutet. Das Gelände konnte nicht besser gewählt sein, denn ein Netz von Flußläufen und Sümpfen umgab das Kastell; zudem war es durch die Ill mit dem Oberelsaß und dadurch mit dem Zugang ins Rhônetal verbunden. Kurt Bauch beschreibt das eindrucksvoll:

Viel Wasser gehört auch heute noch zum Bild der Stadt. An ihren Staden arbeiten die Wäscherinnen, die Fischer und die Gerber. Überall Wasserläufe – manche strömen noch verborgen zwischen den Rückseiten der Häuser, andere fließen überwölbt unter den

Straßen, andere sind zugeworfen, immer noch dünstend, von einigen spricht nur noch ihr alter Name. Viele Brücken sind zu überschreiten, schon draußen im weiten Umkreis an den großen Flüssen, dann am Rande des Weichbildes und noch im Innern der Stadt. Hier ist Stromland, einst durchzogen zwischen Bruch und Inseln, Sumpf und Wörth von den vielen Armen des Rheins und der Altrheine, von Breusch und Aare, drüben von Kinzig und Rench. In der nebelverhangenen Ferne der Frühgeschichte tauchen ungewiß erkennbar vorgermanische Namen auf. ›Argentorate‹ heißt Steinwall an der Ill. Bevor dieser Fluß der Elsässer, der Ill-sassen, sich in das Rheingebiet verliert, vereinigt er sich mit der Breusch. Hier, in der Nähe des Zusammenflusses, lag eine Fluchtburg der kunstreichen Kelten, vielleicht schon – wie auch sonst in Oberdeutschland – überkommen von einer älteren Bevölkerung, uns aber überliefert in ihrem keltischen Namen.

Unter den Kaisern Tiberius und Trajan wurde das Kastell vergrößert und stärker befestigt. Als ein ummauertes Rechteck von 500 auf 400 Meter stellte es sich dar. Am Ende des 1. Jahrhunderts lag der Schwerpunkt der Verteidigung des Römischen Reichs am Limes; ›Argentoratum‹ wurde Versorgungszentrum der Besatzungsarmee und die Zivilbevölkerung erhielt die Erlaubnis, sich in der Festung niederzulassen. Sie hatte bisher ihre Häuser außerhalb der Mauern gehabt. Ein Anfang der Entwicklung zur Stadt war gemacht. In römischer Zeit war es eine bescheidene Stadt ohne Amphitheater, prächtige Tempel und Triumphbögen, aber der Rhein floß an ihr vorüber, und die Brücke über den Strom verband sie mit den jenseitigen Ländern. Diese geographische Lage erschloß die günstigsten wirtschaftlichen Möglichkeiten, und langsam begann der Ort zu wachsen.

Zu Ende des 5. Jahrhunderts ist der hl. Amandus der erste Bischof. Seine Kirche war wohl Alt-St. Peter am westlichen Eingang zur Stadt. Als die Alemannen das

Kastell eroberten, hatten die Legionen und ein großer Teil der Zivilbevölkerung die Stadt verlassen, die 451 von den Hunnen zerstört wurde. Die Alemannen tauften ›Argentoratum‹ in ›Straßburg‹ um; der Name ist seit Ende des 5. Jahrhunderts nachweisbar, während die lateinische Form ›Argentina‹ erst im 10. Jahrhundert erscheint.

Zur Regierungszeit des Merowingers Chlodwig (466 bis 511) machte sich der Bischof nach der Unterwerfung der Alemannen zum Herrn der Stadt und richtete seinen Verwaltungsbezirk mit Kathedrale, Hof und Kurien im alten Römerkastell ein, dessen Umriss im Stadtplan noch deutlich sichtbar ist. Betrachtet man das Straßennetz des Plans, sieht man, daß die beiden Achsenstraßen des Castrums bis zu den beiden Petersstiften im Norden und Westen verlängert wurden.

Straßburg blieb aber noch geraume Zeit ein unbedeutender Ort und gehörte in karolingischer Zeit zu den Kleinstädten. Ende des 12. Jahrhunderts zogen zahlreiche Bauern, Handwerker und Händler in die Stadt, aber erst das folgende Jahrhundert brachte die entscheidende Änderung, denn 1201 oder 1205 hatte der deutsche König Philipp von Schwaben Straßburg Rechte und Freiheiten einer Reichsstadt verliehen. Stetig wuchs die Bevölkerungszahl und bald war Straßburg eine der ersten Städte am Rhein. Sie erlebte einen wahren ›boom‹; Vorstädte entstanden, 1344 ein neuer Mauerring, und das Wachstum hielt bis etwa 1450 an. Damals hatte die Stadt rund zwanzigtausend Einwohner.

So lag Straßburg zu Ende des Mittelalters im Panzer von Mauern und Türmen, die im 16. Jahrhundert von Daniel Specklin noch einmal erneuert worden sind. Hand in Hand mit dem Aufblühen der Stadt ging jedoch die Ausbildung eines bürgerlichen Gemeinwesens, das nach vielen Kämpfen erreicht worden ist. Um 1200 gibt es den ersten, noch durchaus bischöflichen Rat, besetzt mit Ministerialen und Patriziern, der dann ausschließlich an letztere überging, als die Bürgerschaft 1262 bei Hausbergen über den Bischof siegte. Straßburg war nun wirklich freie Reichsstadt mit einem vornehmen Patriziat, deren Familien teilweise dem alten Adel angehörten, wie die Kageneck, Zorn von Bulach und Böcklin. ›Das beständige Regiment‹ war ein kunstvolles Gebilde, wie es jeder Reichsstadt eigen gewesen ist. Allerdings wurde der Alleinherrschaft des Patriziats durch die erzwungene Teilnahme der Zünfte am Regiment ein Ende gemacht, und mit dem ›Schwörbrief‹ von 1482 war die endgültige Form der Stadtverwaltung gefunden. Straßburg hatte sich zur freien und reichen Handelsstadt entwickelt, deren Kaufherren Faktoreien in Europa unterhielten, freundlich den Schweizer Städten verbunden.

Straßburg war zu dieser Zeit auch geistig eine höchst lebendige Stadt. Schon im 15. Jahrhundert wirkten berühmte Männer in ihren Mauern: Johann Geiler von Kaysersberg, Wimpfeling, Sebastian Brant, der Verfasser des ›Narrenschiffs‹, und viele andere. Von ihnen soll noch die Rede sein. Im 16. Jahrhundert erhielt die Stadt eine Universität, hat die ›Felix Argentina‹, die ›urbs omnium pulcherrima‹, wie sie genannt wurde, noch einmal eine große Zeit gehabt, denn die Reformation, der sich Straßburg sehr zum Unwillen des Fürstbischofs angeschlossen hatte, zog berühmte Prediger an wie Matthäus Zell, Martin Bucer aus Schlettstadt, Wolfgang Capito aus Hagenau, Kaspar Hedio aus Ettlingen, und 1538 fand Calvin Zuflucht in Straßburg. 1529 wurden die Messen im Münster abgeschafft, und erst Ludwig XIV. hat 1681 das Gotteshaus der katholischen Kirche zurückgegeben.

Verweilen wir einen Augenblick bei der für Straßburgs Geistesleben so überaus fruchtbaren Reformationszeit. Kurt Bauch hat sie glänzend beschrieben:

In der blühenden Handelsstadt hatte sich nach langen inneren und äußeren Kämpfen eine lebendige Geistigkeit gebildet, kritisch gegen überkommene Autoritäten, lieber auf eigenen geistigen Überlieferungen fußend, darin selbständig und über den eigenen Bereich hinaus schöpferisch, mit einer Neigung zu volkstümlicher Unmittelbarkeit und derbem Spott. Johann Geiler von Kaysersberg war einer der bedeutendsten und bekanntesten Prediger der Zeit. Von der schönen Kanzel aus, die der Münsterbaumeister Hans Hammer ihm im Langhaus des Münsters errichtet hatte, haben die berühmten Predigten Geilers in ihrem kräftigen, scheltend-scherzhaften Ton das Volk gepackt und in tiefem Ernst die Schäden der Welt und der Kirche aufgedeckt, um sie zu bessern. Lehrhafter Spott ist auch das Feld des Straßburger Ratsschreibers Sebastian Brant. Sein ›Narrenschiff‹ hat eine kaum mehr verständliche Berühmtheit genossen: es wurde 1494 in Basel, im gleichen Jahr noch in Straßburg selbst und in Augsburg, Nürnberg, Stuttgart, Reutlingen gedruckt und später ins Französische, Englische, Holländische übertragen. Thomas Murner, ein Franziskaner aus Oberehenheim, hat einen noch geistreicheren Spott, den er zur Bekämpfung Luthers verwandte, aber gegen den reichstreuen Wimpfeling mißbrauchte. Er ist der erste der vielen politischen Emigranten Straßburgs in der neueren Zeit. Die didaktisch-politische Satire wird von dem weitgebildeten Johannes Fischart in der zweiten Jahrhunderthälfte wieder aufgenommen und hat bis zu Moscherosch und darüber hinaus in Straßburg immer einen besonderen Boden gehabt.

Mit diesem Schrifttum, das in Straßburg gegenüber dem Humanismus der Schlettstädter Schulmänner und der Basler Gelehrten stets mehr die lehrhaften religiösen und politischen Themen und die volkstümlichen Töne pflegte, hat sich hier ein breites und hochstehendes Verlagswesen entwickelt innerhalb jenes unermeßlichen Aufblühens in ganz Deutschland, das seine Bücher ins gesamte Abendland ausgeführt hat. Und wie überall mußten auch in Straßburg die Bücher mit schönen Holzschnitten geschmückt sein. Waren im 15. Jahrhundert noch Augsburger und Ulmer Drucke kopiert

Das Straßburger Münster
Kolorierte Lithographie
von T. M. Richardson, um 1830
Kupferstichkabinett, Straßburg
Aus dem Schutzumschlag

worden, so beginnt Straßburg schon gegen die Jahrhundertwende eine selbständige, bald eine der führenden Stellungen einzunehmen. Der junge Dürer hat damals für den Verleger Grüninger gearbeitet, als er kurz nach Schongauers Tode von Kolmar nach Straßburg kam. Er hatte – noch für den Basler Verlag – für Brants ›Narrenschiff‹ die Holzschnitte geliefert. Seine Nachfolger in Straßburg waren mehrere fruchtbare und bedeutende Holzschnittzeichner, darunter Hans Wechtlin und Hans Weiditz. Auch Vogtherrs Musterbuch von 1526 mit allerhand Vorlagen von figürlichen und Schmuckformen hängt von Dürer ab.

Wie Basel mehr von Augsburg, geht Straßburg künstlerisch mehr von Nürnberg aus. Sein größter Künstler, Hans Baldung-Grien, der größte elsässische Maler der Zeit, aus Schwaben stammend, kam gegen 1509 aus Dürers Lehre nach Straßburg zurück. Seine Holzschnitte, die großartigen Gemäldefolgen, seine Erneuerung der elsässischen Glasmalerei, seine Anregungen auf anderen künstlerischen Gebieten zeigen eine großzügige, klar umrissene Persönlichkeit. Seinem Lehrer gegenüber bevorzugt er eine breite Entfaltung der Formen, farbige Einheitlichkeit der Oberflächenwirkung, eine zügig zusammenfassende Zeichnung, die ihn ebenso zu eindrucksvollen Bildnissen wie zu farbenschönen, weitflächigen Glasgemäldeentwürfen befähigte. Niemand der andern konnte sich seiner Einwirkung entziehen.

Ganz aus diesen Überlieferungen des altdeutschen Holzschnittes, aus Dürers Geist und Baldungs Schwung, bereichert durch das Wissen und die Formen des späteren 16. Jahrhunderts, erwächst dann in Straßburg die Kunst des letzten großen Graphikers der Reformationszeit, des Tobias Stimmer. Der universal gebildete Fischart bezeugt ihm, er habe sich »beynach allein under andern vielen die bestendige ware Geschicklichkeit und Art des rechten Malens durch ... offenbare monument erhalten und sich der frembden Welschen art zu malen, die heut der mehste theil nachäfft und doch nicht für die beste weisz gründlich bestehn und beschützet kan we rden entschlagen.« Sein Straßburger Nachfolger, der aus der Bodenseegegend stammende

Architekturmaler Wendel Dietterlin, sucht mit manieristischen Wandfresken und graphisch-ornamentalen Phantasien andere Wege, verbleibt aber in seiner krausen kleinmeisterlichen Phantastik erst recht im Rahmen der Überlieferungen bürgerlicher Spätgotik.

Diese Entwicklung ging, wie gesagt, nicht ohne heftige Kämpfe zwischen Bischof und Rat vor sich. 1569 hatte Johann Graf von Manderscheid und Blankenheim den fürstbischöflichen Stuhl bestiegen. Er sah sich einer protestantischen Stadt, einem verfeindeten Domkapitel gegenüber, denn die Herren des »edelsten Kapitels« im Reich bekannten sich zum Teil zur neuen Lehre. Altem Brauch gemäß sollte der neue Oberhirt nach der Eidesleistung auch der Stadt ihre Privilegien zusichern, so wie der Rat den Bischof zu achten versprach. Manderscheid aber verlangte Bedenkzeit. Zudem hatte er, wie gesagt, Schwierigkeiten mit dem rebellischen Kapitel, dem auch kölnische Domherren angehörten, wie die Grafen Georg Wittgenstein, Adolf und Eberhard Solms und die Freiherrn von Winneburg, die in Straßburg erschienen waren, um sich ihre Pfründe zu sichern, was ihnen nicht gelungen ist. Es kam zu den größten Verdrießlichkeiten, aber zu keinem Ausgleich, und die Freiheit der Stadt schien bedroht.

Dennoch muß das Leben in Straßburg damals keineswegs nur von religiösem Streit erfüllt, sondern auch großzügig und heiter gewesen sein, wie die lustige Dichtung Johann Fischarts ›Das glückhafte Schiff von Zürich‹ beweist. Im Jahre 1576 nämlich brachten die Zürcher Schützen in eintägiger Schnellfahrt über Limmat, Aare und Rhein einen noch heißen Breitopf nach Straßburg zum großen Schützenfest, das 2 Monate dauerte. 54 Männer machten sich auf den Weg: die Jungmannschaft, Herren des Rats, ein Arzt, ein Pfarrer, fünf Goldschmiede, Spielleute und Schiffer. In der Morgenfrühe des 20. Juni schifften sie sich in Zürich ein, samt einem Faß, das den mit kochendheißem Hirsebrei gefüllten eisernen Hafen barg. In Basel wurde das Schiff mit Jubel und Kanonenschüssen begrüßt.

> *Da ging es daher in der wog,*
> *Als ob es in dem Wasser flog;*
> *Die Ruder gingen auf und ab*
> *Schnell, das es ein Ansehen gab,*
> *Als ob ein frembds ungwont geflügel*
> *Da auff dem Wasser rhürt di fligel.*

Abends hatten sie Straßburg erreicht, wo ihrer ein großartiger Empfang harrte. Der Zürcher Obmann sagte, man sei gekommen, um der Stadt Straßburg zu zeigen, daß Zürich Hilfe schicken könne, »ehe der Brei kalt würde«. Und tatsächlich, als die Tonne geöffnet, der Deckel des Topfes gelupft wurde, entstieg ihm ein Dampfwölkchen.

Mit der Reichsfreiheit der Stadt war es endgültig zu Ende, als sie durch den Frieden von Rijswijck (1697) an Frankreich abgetreten wurde und Hauptstadt der französischen Provinz Elsaß geworden war. Durch die ›Reunionen‹ hatte Ludwig XIV. schon 1681 Straßburg in Frankreich einzugliedern versucht, doch ging es erst 1697, wie gesagt, endgültig verloren. Sein Ruf als reiche Handelsstadt und geistiges Zentrum des Landes aber lockte nach wie vor Fremde und Studenten an.

Während der Französischen Revolution führte der fränkische Franziskanermönch Eulogius Schneider ein Schrekkensregiment. Er war öffentlicher Ankläger in der Provinz. Die Guillotine wurde aufgestellt, und auf diesem Instrument hat Schneider vortrefflich zu spielen verstanden. Er war ein jammervoller Mensch, ohne Robespierres Tugend, ohne Dantons Kraft, der die Gelegenheit nur nutzte, um im Namen einer Phrase zu morden. Auf Befehl von St.-Just, des ›Erzengels des Schreckens‹, wurde er verhaftet und auf der Place d'Armes guillotiniert, »pour expier l'insulte faite aux moeurs de la République naissante.« Das gleiche Schicksal traf den Bürgermeister von Straßburg, Baron Friedrich Dietrich, einen reichen Hüttenherrn und Grundbesitzer, dessen Besonnenheit die Verhinderung des Ärgsten zu verdanken ist. Danach wurden die Kirchen profaniert und zahllose Bildwerke des Münsters zerstört, weil sie »Denkmäler des Fanatismus« seien. »Abattre toutes les statues« lautete der kurze Befehl des Konventskommissars, und das amtliche Protokoll konstatierte, wie Dehio berichtet, das Verschwinden von zweihundertfünfunddreißig Statuen. Ja, man beabsichtigte sogar, den Turm abzutragen, weil er den Revolutionsidealen widerspreche, aber man begnügte sich damit, ihm eine große, rote, blecherne Jakobinermütze aufzusetzen.

Hier sei noch eines Ereignisses gedacht, das mit der Revolution in engem Zusammenhang steht und das in vielen Stichen der Zeit festgehalten worden ist. Im Hause des Bürgermeisters Baron Dietrich wurde die ›Marseillaise‹ geboren. Wir hören davon in einem Brief der Baronin an ihren Bruder:

Lieber Bruder! Ich möchte Dir mitteilen, daß ich seit einigen Tagen nichts anderes tue als Noten abschreiben und umsetzen ... Da wir, wie Du weißt, viele Leute empfangen und man sich immer etwas ausdenken muß, um Abwechslung in das Gespräch zu bringen, so hat mein Mann den Einfall gehabt, ein Gelegenheitslied komponieren zu lassen. Der Hauptmann vom Ingenieurskorps Rouget de l'Isle, ein liebenswürdiger Dichter und Komponist, hat das Kriegslied schnell vertont. Mein Mann, der einen schönen Tenor hat, sang das Stück, das sehr mitreißend und von einer gewissen Eigenart ist ... Das Stück ist bei uns gespielt worden, zur großen Zufriedenheit der ganzen Gesellschaft.

Allen kriegerischen Ereignissen zum Trotz – 1870 wurde Straßburg durch Beschießung schwer mitgenommen – steht die ›wunderschöne Stadt‹ immer noch als eine höchst eindrucksvolle Stadtpersönlichkeit vor uns. In unseren Tagen hat Straßburg als Sitz des ›Europarates‹ sogar wieder eine europäische Aufgabe übernommen und ist heute zum Sinnbild für das Bemühen um friedliches Zusammenleben der Nationen geworden.

Schließen wir diesen kurzen Blick auf Straßburgs Geschichte mit Fischarts Wunsch aus dem ›Glückhaften Schiff‹:

> *Got wöll die Statt Straßburg erhalten,*
> *Die vorlängst ward geehrt von Alten*
> *Und die die jung Welt nun auch ehret*
> *Das ir Ehr und Lob ewig wäret.*

Das Münster Unser Lieben Frau

An einer Wegbiegung verflüchtigte sich plötzlich der Dunst, und ich erblickte das Münster. Es war sechs Uhr morgens. Die riesenhafte Kathedrale, nächst der großen Pyramide der höchste Gipfel, der je von Menschenhand erbaut wurde, zeichnete sich deutlich auf einem Hintergrund herrlich gestalteter dunkler Berge ab, in denen die Sonne hier und dort ein breites Tal überflutete. Das für die Menschen geschaffene Werk Gottes und das für Gott geschaffene Werk der Menschen, das Gebirge und die Kathedrale, wetteiferten an Größe. Ich habe noch nie etwas Erhabeneres gesehen.

Nachdem ich die Kirche besichtigt hatte, stieg ich auf den Turm, von dem aus man eine herrliche Aussicht hat. Zu unseren Füßen liegt Straßburg, eine alte Stadt mit Treppengiebeln und großen, von Luken übersäten Dächern, von Türmen und Kirchen durchsetzt. Die Ill und der Rhein heitern diese düstere Anhäufung von Gebäuden mit ihren klaren grünen Wasserflächen auf. Rings um die Stadtmauer erstreckt sich, so weit das Auge reicht, eine unermeßliche Ebene voll Bäume und Dörfer. Durch dieses Land fließt in zahllosen Windungen der Rhein, dessen Hauptarm bis auf eine Meile an die Stadt herankommt. Wenn man auf dem Turm die Runde macht, sieht man im ganzen drei Gebirgsketten: die Kuppen des Schwarzwaldes im Norden, die Vogesen im Westen und im Süden die Alpen. Ich ging von einem Eckürmchen zum andern und blickte so nacheinander nach Frankreich, in die Schweiz und nach Deutschland hinaus, die alle ins gleiche Sonnenlicht getaucht waren.

(Victor Hugo, 1839)

An der Stelle des Münsters, so erzählt die Legende, lag einst inmitten eines heiligen Hains ein See. Dort habe der Merowingerkönig Chlodwig nach seinem Sieg über die Alemannen die Taufe empfangen und beschlossen, über dem Wasser eine Kirche zu bauen. So ist es begreiflich, daß man bis heute glaubt, tief unter den Fundamenten liege noch der See. Zuweilen hört man das Rauschen der Flut, wenn unterirdische Boote sie durchfahren. Das sind die Rheingeister, doch werden sie bewacht und in Schranken gehalten von den Geistern der Heiligen, deren Gestalten das Münster, diesen geheimnisumwitterten Bau, bevölkern.

Biegen wir in die Rue Mercière – die Krämergasse – ein, so stehen wir unversehens vor einer der wunderbarsten Erscheinungen gotischer Baukunst, die im warmen Glanz des rosigen Sandsteins leuchtet. Da wir nur einen Ausschnitt des riesigen Baues am Ende der Gasse sehen, gleicht dieser einem überaus kostbaren, reich geschmückten Schrein. Weitergehend enthüllt sich uns nach und nach die Westfassade, die ins Unendliche emporzuwachsen scheint, im Schmuck unzähliger, zierlicher Fialen und Wimperge, der drei breiten Portale und der herrlichen Rose. Sie beherrscht mit gewaltigem Schwung die Fassade, ihre steinernen Speichen zielen im vollkommensten Maß zum Herzen der ihr eingeschriebenen kleinen Rose. Es heißt, daß in Meister Erwin von Steinbachs Todesstunde sein letzter

Blick auf der Rose ruhte. Als er den letzten Atemzug getan, hätten seine Augen noch ihr Spiegelbild getragen.

Überall Spitzen, Streben, Pfeiler, Maßwerk, Balustraden und Simse, auf denen die Skulpturen stehen, doch das Auge verliert sich nicht in der zur Einheit gebändigten Fülle; es erfaßt vielmehr den großen Zusammenklang, das allen Teilen gemeinsame Emporstreben zum Himmel. Vielfache Beziehungen bestehen zur französischen und deutschen Kathedralarchitektur, und nicht umsonst wurde 1459 die Straßburger Bauhütte auf dem Regensburger Bauhüttentag zur ersten des Reichs erklärt. Scheinbar sinnverwirrende Fülle beherrscht auch das Skulpturengewimmel an der Westfassade, das Wilhelm Pinder »ein ungeheures, steinernes Buch« nennt..., »eine gewaltige Gesamtdarstellung der Heilswahrheit«. Das Ganze aber ordnet sich durch das strenge Programm gleichsam noch als »herrliches Vermächtnis des 13. Jahrhunderts« zu einer überzeugenden Übersichtlichkeit.

»Vom Einzug in Jerusalem«, so schreibt er, »bis zur Auferstehung liest unser Auge von unten links aufsteigend die Erzählung an einer reichen Figurenfolge ab.«

Umschreiten wir nun das Münster, so sehen wir, daß Generationen an ihm gebaut haben. Schon in karolingischer Zeit stand hier eine Kirche. Reste ihrer Krypta wurden gefunden, aber wahrscheinlich genügte diese Kirche nicht mehr den Ansprüchen des Bischofs Werner, eines Habsburgers, der 1015 den Neubau begann, dessen gewaltige Maße für alle späteren Veränderungen verbindlich blieben.

Der Wernerbau war eine flachgedeckte Basilika mit breiten Seitenschiffen, weitausladendem Querhaus und rechteckig ummanteltem Chor über der Krypta, und beiderseits des Chors erhoben sich doppelgeschossige Kapellen. Die Westfassade mit Vorhalle lag zwischen zwei Türmen.

Wohl nach dem Brand von 1176 begann die staufische Umgestaltung von Osten her. Über der Vierung wurde der Turm errichtet, das Querhaus wurde verkürzt und zu zwei Schiffen ausgebildet, das Nordportal geschaffen. 1187 empfing Kaiser Friedrich I. im Münster die Gesandten des Papstes, um mit ihnen über den Kreuzzug zu verhandeln. 1220 setzte man den Umbau des Münsters fort. Ihm gehört die Johanneskapelle und der südliche Teil des Querhauses an, das als Ganzes nun mit dem Chor einen einzigartigen Raum bildet, dessen romanischer Charakter gewahrt geblieben ist. Der Umbau des Langhauses, welcher den Meistern Rudolf, Vater und Sohn, zugeschrieben wird, war 1275 abgeschlossen. Ein Jahr später begann man mit dem Westbau, der ungeheuer reichen Fassade, die erst 1439 mit der einst von einer Marienstatue bekrönten Turmspitze vollendet worden ist.

Stand der erste Bauabschnitt unter der Schirmherrschaft von Fürstbischöfen und Domkapitel, so sorgte für den zweiten Abschnitt die Bürgerschaft allein. Erwin von Steinbach, gestorben 1318, – sein Name war einst am Hauptportal eingemeißelt – ist der Meister der Westfassade. Goethe schreibt:

Was brauchts dir Denkmaal! und von mir! Wenn der Pöbel heilige Namen ausspricht, ists Aberglaube oder Lästerung. Dem schwachen Geschmäckler wirds ewig schwindeln an deinem Coloss, und ganze Seelen werden dich erkennen ohne Deuter ... mit welcher unerwarteten Empfindung überraschte mich der Anblick, als ich davor trat! Ein ganzer, grosser Eindruck füllte meine Seele, den, weil er aus tausend harmonisierenden Einzelheiten bestand, ich wohl schmecken und geniessen, keineswegs aber erkennen und erklären konnte. Sie sagen, dass es also mit den Freuden des Himmels sey, und wie oft bin ich zurückgekehrt, diese himmlisch-irdische Freude zu geniessen, den Riesengeist unsrer ältern Brüder in ihren Werken zu umfassen! ...

Unter Erwin entstanden in Anlehnung an die französische Kathedralarchitektur die Portale, die Rose und die Turmuntergeschosse. Nach seinem Tode führten Sohn und Enkel das Werk fort, und der Ulmer Ulrich Ensinger baute den Nordturm, der von dem Kölner Johann Hültz erhöht worden ist. Das ist in kurzen Zügen die Baugeschichte des Münsters, dessen Fassade uns, wie gesagt, eines der großartigsten biblischen Bilderbücher, zugleich aber auch die künstlerische Selbstdarstellung der mittelalterlichen Welt, des Zusammenwirkens ihrer vielfältigen Kräfte und Gedanken vor Augen führt. Es ist aber nicht nur das theologische Programm, das die Fassaden gotischer Kirchen mit einer oft kaum überschaubaren Fülle von Bildwerken schmückt, es ist auch die Gläubigkeit des Volkes, das der Verehrung der Heiligen als Mittler zwischen Gott und den Menschen durch Stiftung von Bildwerken aller Art Ausdruck verliehen hat, so daß die Räume besonders beliebter Kirchen einst wahren Riesensammlungen der Kunst geglichen haben müssen. Der Skulpturenschmuck der Straßburger Westportale gibt uns davon auch heute noch ein eindrucksvolles Bild, trotz der Verluste durch die Französische Revolution. Manches Original befindet sich übrigens heute im Frauenhaus-Museum und ist an der Fassade durch Kopien ersetzt.

Sehr gelitten hat auch das südliche Doppelportal, einst ein Hauptwerk staufischer Kunst. Allein ›Marientod‹ und ›Marienkrönung‹ des Ecclesiameisters sind erhalten und seine beiden herrlichen Frauengestalten an den Stirnpfeilern: ›Ecclesia‹ und ›Synagoge‹, Gestalten von adligster Haltung und Schönheit. (Die Originale sind im Frauenhaus-Museum). Georg Dehio, der sie noch an der alten Stelle gesehen hat, hat wohl die klassische Schilderung von Portal und Figuren gegeben:

Das Straßburger Südportal war in der ersten Anlage ein Säulen-

DAS SÜDPORTAL

portal gewesen, ohne jeglichen plastischen Schmuck. Nicht so leicht durchzuführen wie die Einfügung von Reliefs in die Bogenfelder, war die Aufstellung von Statuen an den Gewänden an Stelle der ausgebrochenen Säulen. Sie gehören zu den in der Revolution zerstörten Stücken ebenso, wie die sitzende Figur am Zwischenpfeiler. Ein flüchtiger Kupferstich aus dem 17. Jahrhundert gibt wenigstens die Anordnung. Rechtzeitig beiseite gebracht wurden 1793 nur die außerhalb der Portalöffnungen aufgestellten Standbilder der ›Ecclesia‹ und ›Synagoge‹, das sind die Personifikationen des Neuen und des Alten Bundes. Von der Mysterienbühne her, als Einleitung zum Weihnachtsspiel, waren diese Gestalten schon seit dem frühen Mittelalter bekannt. In die monumentale Plastik wurden sie hier zum erstenmal aufgenommen. Bewundernd verstehen wir die große künstlerische Denkarbeit, die nötig war, um mit so herrlichem Gelingen das statuarische Gesetz streng zu erfüllen und zugleich dem dramatischen Gehalt neues Leben zu leihen. Den räumlichen Abstand, der gegeben war, möchte man sich nachträglich nicht kleiner wünschen, auch er war in die Rechnung einbezogen. Die Streitenden sind einander entgegengeschritten; nun da das Urteil gesprochen ist, halten sie still; aber die Kampfworte klingen noch nach; eine später hinzugefügte Inschrift faßt sie so: über der Ecclesia: »Mit Christi Blut überwind ich dich«, über der Synagoge: »Das selbig Blut erblindet mich«. Wie schön und sprechend die Köpfe sind, die mimische Hauptleistung ist den Körpern im ganzen zugewiesen, ihrer Haltung und Wendung, und dies ist echt plastisch gedacht. ›Ecclesia‹ stützt sich fest auf den Kreuzstab, den Oberkörper leicht zurückgelehnt, den Kopf vorgebeugt, die Lippen noch in Bewegung, der Blick mit Siegerbewußtsein die Wirkung der Worte verfolgend. Bei der ›Synagoge‹ dagegen eine viel kompliziertere Haltung: das Gleichgewicht ist gestört, die Beine verharren noch in der Lage des unmittelbar vorangegangenen Moments, der Oberkörper wendet sich in die entgegengesetzte Richtung, und der Kopf sinkt, die Gesetzestafeln entsinken dem schlaff gewordenen linken Arm, der rechte hält kaum noch den zerbrochenen Fahnenstock, die Krone ist gefallen.

Sind die Körper naturwahr? Der Anatom wird ihre Lebensfähigkeit bezweifeln. Aber sicher sind sie aus einer durchaus einheitlichen Vorstellung hervorgegangen: überzarte Gebilde, doch nicht aus weichlichem Stoff; in ihrer binsenschlanken Biegsamkeit spannkräftig wie feiner Stahl; adlig geborene Mädchen vom Scheitel bis zur Sohle. Das Gewand liegt über ihnen wie ein zarter Hauch, aber ein Geist der Keuschheit und Strenge macht es fest wie einen Panzer.

Das *Innere des Münsters* entspricht in schönster Weise dem Äußeren. Vom dämmerigen Licht der noch vielfach erhaltenen Scheiben des 12.–15. Jahrhunderts durchschimmert strebt der Raum hoch hinauf, leicht, elegant, kräftig und feierlich. »Wie durchbrochen alles ist und doch für die Ewigkeit«, schreibt Goethe. Deutet diese Bemerkung des jungen Poeten nicht darauf hin, daß die Großartigkeit des Innenraumes des Straßburger Münsters von der Spannung beherrscht wird, die zwischen dem noch romanischen Chor und Querhaus einerseits und dem gotischen Langhaus andererseits besteht? Diese Spannung ist oft beschrieben worden und sie ist es, die dem Straßburger Bau seine Originalität und unverwechselbare Besonderheit verleiht. Darüber sind sich die deutschen wie die französischen Forscher von Marcel Aubert bis Hans Weigert einig – weniger allerdings darüber, ob der deutsche Anteil oder der französische an diesem Bau das wesentliche schöpferische Element darstellt. Wie dem auch immer sein mag – seine Schönheit resultiert aus dieser seiner Stellung zwischen den Zeiten und zwischen den Nationen: seine Schönheit ist eben eine spezifisch elsässische ›Beauté‹.

Heute zeigt das Innere weit weniger Bildwerke als im Mittelalter. Der Reichtum muß einst außerordentlich gewesen sein. Brände, Bildersturm der Reformation, der Eingriff von 1681 im Chor, dem der Lettner von 1260 zum

Opfer fiel, und die Französische Revolution haben der alten Einrichtung arg zugesetzt. Was ist an Schmuck geblieben? Da ist die steinerne Kanzel des Hans Hammer von 1485, errichtet für den Prediger Geiler von Kaysersberg, mit reichem figuralen Schmuck versehen. Wir nannten sie schon. Da ist die berühmte astronomische Uhr von 1547, da sind Schnitzaltäre des 16. und 17. Jahrhunderts, das schöne Grabmal des 1299 gestorbenen Fürstbischofs Konrad von Lichtenberg, der Meister Erwin in seine Dienste genommen hat.

Vor allem aber ist da der ›Engelspfeiler‹, das ungewöhnliche Werk, das in dieser Art in der europäischen Kunst nicht noch einmal existiert. Wir sehen den Mittelpfeiler des südlichen Querhauses als ein Bündel schlanker Säulen, figurierte mit unfigurierten wechselnd. Die schlanken, vornehmen, ganz aus der Säulenform entwickelten Gestalten stehen auf Konsolen und unter Baldachinen. Sie sind zu bewegten Gruppen zusammengefaßt. Der Pfeiler veranschaulicht das Wesen des Jüngsten Gerichts und wird zum Schauplatz der Erweckung der Toten. Das Werk ist bedeutend genug, um vor ihm längere Zeit zu verweilen und seinen Motiven nachzusinnen. Wir folgen der Beschreibung von Hans Weigert, der schon vor vierzig Jahren eine ausführliche Darstellung von Form und Inhalt gegeben hat:

In drei Geschossen ordnet der Meister der ›Ecclesia‹ um den Mittelpfeiler des Querhauses die Gestalten, die das Ende der Welt verkünden und beherrschen. Im untersten schreiten die vier Evangelisten um den Pfeiler. Als erdgeborene Menschen vermitteln sie der Menschheit die heilige Lehre und prophezeien ihr das Gericht. Die Sockel tragen die Engel, die vom Himmel herab der Erde mit dem Schall der Posaunen den Anbruch des Gerichtes verkünden, der Stelle der Schrift entsprechend: »Und er wird senden seine Engel mit tönenden Posaunen, und sie werden sammeln seine Auserwählten

*von den vier Winden, von einem Ende des Himmels bis zum andern.«
Zu oberst aber erfüllt sich die Schrift: »Und alsdann wird erscheinen
das Zeichen des Menschensohnes im Himmel ... und sie werden
sehen kommen des Menschen Sohn in den Wolken des Himmels,
mit großer Kraft und Herrlichkeit.« Hier stehen, im Dämmer des
Raumes sich fast verlierend, drei Engel mit den Leidenswerkzeugen
und Erlösungssymbolen: Dornenkrone, Kreuz und Lanze, den
›arma regis gloriae‹. An der inneren, noch dunkleren Seite dieser
Zone aber thront, mehr zu ahnen als zu erkennen, der Gottessohn
selbst, der das Urteil fällen wird. Am Sockel unter seinem Throne
ist die Auferstehung der Toten mit wenigen Gestalten geschildert.*

*Das Ganze gibt also nicht eigentlich die Darstellung des Gerichtes
selbst, sondern den furchtbaren Augenblick, der ihm voraufgeht. Die
Engel haben die Posaunen abgesetzt, die Toten entsteigen den
Gräbern, der Weltenrichter hebt die Hand. Das ungeheure Ereignis
der Weltenwende will geschehen, auf das die vieltausendjährige
Geschichte der Menschheit zielt und das ihren Sinn erfüllen wird.
In dieser Auffassung und mit dieser Auswahl der handelnden Ge-
stalten ist das Jüngste Gericht niemals vorher oder nachher gegeben
worden. Die Engel, die sonst nur Nebenrolle spielen, und die
Evangelisten, die sonst nur durch ihre Symbole vertreten sind, sind
hier zu Hauptdarstellern geworden. Dafür hat der Straßburger
Meister auf alles verzichtet, was den Hauptinhalt der Gerichts-
darstellung sonst auszumachen pflegt ... Er stellt nur dar, was die
Liturgie am Ende des Kirchenjahres vom Weltenende verkündet:
Seine Prophezeihung, die Aussendung der Engel, die Auferweckung
der Toten, das Erscheinen des Menschensohnes und seines Zeichens...*

*Dem Wesen des Mannes, der den Marientod bei aller Leiden-
schaftlichkeit so lautlos und in so feierlicher Stille gab, der die
Apostel zu ihrer Schönheit und hohen Haltung geadelt hat, konnten
die auf simple Naivität des niederen Volkes berechneten drastischen
Effekte der üblichen Gerichtsdarstellungen nicht gemäß sein. Seinem
tiefer schauenden Geiste mußte auch das Jüngste Gericht mehr bedeuten als die Bestrafung der Bösen und die Belohnung der Guten.*

Aus den Auferstehenden, die er zu Füßen des Weltenrichters gebildet hat, spricht eine höhere Erwartung. In anderen Gerichtsdarstellungen, auch in der des Süd-Westportals, knüpfen sie sich die Stiefel und ziehen sich die Hemden über. Hier schauen sie zu Christus auf, strecken sehnend die Hände nach ihm, als erhofften sie jetzt die Erfüllung der täglichen Bitte: »Zu uns komme dein Reich.« Es mag wohl sein, daß der Meister ihrer Geste nicht diese Bedeutung hat geben wollen, daß er sie nur als Bitte um Gnade beim bevorstehenden Gericht gemeint hat. Aber sie ist so groß, so tief beseelt, daß sie über die besondere Bedeutung dieser Szene hinaus als ein Symbol für die ewige Sehnsucht des Menschengeschlechtes nach dem Gottesreiche Gültigkeit hat ... Dieser Pfeiler ist keine epische Darstellung des ›dies illa, dies irae‹, er ist überhaupt weniger Schilderung, als Repräsentation, denn er gibt eine Rangordnung von Gestalten der christlichen Hierarchie, ein Gedanke, der bis in die Maße der Figuren hinein durchgeführt ist.

Gehen wir noch einmal durch die hohen Räume, die an besonderen Festtagen noch feierlicher wirken durch die großen, im Langhaus ausgespannten, 1638–1657 für Notre Dame in Paris gewirkten, von Straßburg erworbenen Gobelins, so fällt einem Hippolyte Taine's schöne Schilderung der besonderen Farbigkeit dieses Raumeindrucks ein: »Ein seltsames Licht, ein dämmeriger Purpur erfüllt das riesige Schiff«, so schreibt er und weist zugleich auf die herrlichen alten Glasfenster hin, die wesentlichen Anteil an dieser Schönheit haben. »Auf beiden Seiten leuchten auf den Scheiben bis hinauf ins Gewölbe, so weit das Auge reicht, die violetten rötlichen Prozessionen, die ganze biblische Geschichte, wie eine unserem armseligen Menschentum angemessene Offenbarung ...«

Erinnert diese Beobachtung des französischen Schriftstellers nicht an die alte Sage, die auch heute noch in Straßburg jedermann kennt? Sie erzählt, daß sich beim mitternächtlichen Glockenschlag der Johannisnacht die Gräber öffnen und Baumeister, Künstler und Werkleute in langem Zug erscheinen, um an ihrem Werk, dem Münster, auf- und niederzuschweben.

Rundgang durch die Stadt

Spricht man heute von Straßburg, ist es, wenigstens für den Fremden, immer noch die alte Stadt hinter den Resten ihrer Wälle, sind es nicht die ständig wachsenden, teilweise zu Trabantenstädten gewordenen Vororte. Auch wir wollen uns der alten Stadt zuwenden, deren Befestigungen in den zwanziger Jahren unseres Jahrhunderts zum größten Teil abgebrochen worden sind. Es gibt also nur noch Reste der Stadtmauer, zum Beispiel hinter dem Bahnhof ein größeres Stück, und ebenso können wir noch fast überall die Gräben und Kanäle sehen, welche die Mauer außen begleiteten. Gérard de Nerval schreibt um 1840, daß Straßburg sehr einförmig wirke und in gar keiner Weise an die Schönheit flandrischer Städte erinnere, deren Häuser bemalt, skulpiert, ja manchmal vergoldet seien. Aber wir befinden uns ja auch nicht in Flandern, sondern im Elsaß. 1944 hat die Innenstadt Straßburgs durch Luftangriffe stark gelitten, doch hat man die Häuser der Altstadt zum großen Teil in der alten Form wieder aufgebaut, und dem Fremden erscheint der Charakter des mittelalterlichen Stadtbildes sicherlich weniger verändert als dem Einheimischen.

Für die bürgerliche Baukunst des Spätmittelalters und der Renaissance, die für das ganze Elsaß mehr oder weniger typisch ist, waren auch die alten Bürgerhäuser Straßburgs bezeichnend. Um dieses elsässische Bürgerhaus, das übrigens in ganz verwandter Form sich auch rechts des Rheins bis nach Frankfurt hin findet, einmal in seinem

Wesen genau festzuhalten, sei Kurt Bauchs schöne Beschreibung des Straßburger Hauses vor der Zerstörung hier aufgeführt:

Die Bürgerhäuser

In der Fülle und Pracht ihrer Bürgerhäuser tritt der glücklichste Lebensabschnitt der Reichsstadt uns unmittelbar entgegen, die Zeit der Reformation. In Straßburg bestimmt sie noch den Eindruck der Gegenwart. Ganze Straßenfluchten, ganze Viertel haben in den Hauptzügen das Gesicht des 16. Jahrhunderts bewahrt.

Tausende von Straßburgern wohnen noch heute in diesen Fachwerkhäusern. Im Handwerkerviertel beim Pflanzbad und Gerbergraben sieht es noch so aus wie an der Grenze des Mittelalters. Die Häuser sind völlig im Fachwerk verstrebt und gehalten, das als Gesamtgerüst des Hauses fertig dagestanden hat, bevor die Flächen zwischen den Balken ausgefüllt wurden: über dem gemauerten Erdgeschoß, das oft aus alter Zeit stammt, tragen vortretende Balken die profilierte Schwelle. Darauf stehen die Ständer, zwischen denen die Fenster hängen. Unmittelbar darüber tritt die Schwelle des nächsten Stockwerks vor. Das oberste Geschoß trägt mit steilem Dachstuhl das hohe Dach längs der Straße, seltener einen Giebel mit abgewalmter Spitze.

Hier ist das innere Gerüst hervorgekehrt, der ganze Aufbau des Hauses sichtbar gemacht. Darin prägt sich eine sehr besondere und bedeutende Auffassung des Bauens aus. Nur in germanischen Ländern gibt es echte Fachwerkskunst. In einer ihrer Wurzeln tief verwandt mit der alten Holzbauweise, hat die steingewordene Gotik hier auf die volkstümliche Baukunst zurückgewirkt und sie gelehrt, im Gerüst zu denken und dieses selbst als das Wesentliche des Baus zur Kunstform zu erheben.

In der späten Entfaltung dieses Stiles erblüht nun im 16. Jahrhundert überall die formenreiche Kunst der Zimmerleute. In Straßburg beginnt sie erst nach der Verdrängung des alemannischen, noch aus dem Bohlenbau entstandenen Fachwerks, wie es im Schwarz-

waldhaus erhalten ist, durch das fränkische Fachwerk, das seit dem Ende des Mittelalters in ganz Oberdeutschland vordringt. Baupolizeiliche Vorschriften haben seit alters Zahl und Maß der ›Überhänge‹ begrenzt, scheinbar auch – sehr zugunsten des Gesamtbildes – die Dachneigung einheitlich vorgeschrieben. Aber innerhalb dieser weiten Grenzen bleibt Raum für die reichste Entfaltung persönlicher Eigenart. Die Führung und Fügung der Balken kann locker oder straff ausfallen, kraftvoll oder schlank, gleichförmig oder gruppiert, eng oder durchsichtig, schlicht oder spielend geistreich.

Besondere Aufgaben lassen die meisterliche Beherrschung der wunderbar beweglichen Formen hervortreten. Da gibt es Ecklösungen mit spitzig steilen oder doppelt gebrochenen Giebeln oder schrägem Krüppelwalm, dort Giebel mit seitlicher Gaupengliederung. Oder die ganze Hauswand wird stockwerkweise aufgelöst in offene Trockengalerien für gegerbte Häute, auch das Dach noch durch verbundene Luken geöffnet. Erker, Dacherker und Zwerchhäuser erscheinen, Stockwerke werden vorgezogen, an der Hauswand kleine Zwischendächer angebracht. Endlich bieten die Galerien der mehrstöckigen, engen Höfe schwierige, aber reizvoll gemeisterte Aufgaben für diese volkstümliche Baukunst.

Dazu breitet sich am Holzwerk eine reiche Zierkunst aus. Fenster und Fenstergruppen werden in besondere, um Pfostenstärke vortretende Rahmen gefaßt, ›fränkische Erker‹, eine im Elsaß besonders reich ausgebildete Form. An diesem Rahmen, auch an Konsolen, Vorsprüngen, Knäufen, Gesimsen wird reiches Schnitzwerk ausgebreitet, das Bauformen darstellt und dazu überreiches Schmuckwerk fügt. Hier allein spricht sich eine gewisse Zeitfolge aus: der Übergang von spätgotischer Verzierung zu südlich anmutenden, nach oberdeutschen oder niederländischen Stichen entworfenen Formen, die schließlich in das phantastische ›Beschlagwerk‹ und dann im Ohrmuschelstil enden. Sobald klassizistische Formen oder die menschliche Figur versucht werden, erscheint sofort diese volkstümliche Schmuckkunst unmittelalterlich derb. Aber im ganzen gesehen, bereichert sie prächtig das Bild: Zierformen, Blumengehänge, Früchte,

Tiere, Allegorien werden angefügt. Darstellungen der Tugenden und Laster, der Sternzeichen, der fünf Sinne, der Menschenalter, der christlichen und heidnischen Helden – der ganze Bildungsschatz jener Bürgerzeit in seiner kleinmeisterlich-schmuckhaft gebundenen Form. Hier hat bürgerlicher Wohlstand das Kleinbürgerliche bereichert, ohne je darüber hinaus zu wollen.

Zwischen diesen Bauten erheben sich hohe Häuser aus Stein mit Giebeln und Erkern, mit Türmchen und Dachfahnen. Es sind die Wohnungen des Stadtadels und machen einen recht großstädtischen Eindruck. Kosmopolitisch ist das Leben in Straßburg immer gewesen, vor allem im 18. Jahrhundert, als eine elegante elsässisch-französische Gesellschaft in den längst ihrer eigentlichen Bestimmung entfremdeten Palais der Klinglin, Hanau-Lichtenberg, Zweibrücken, Andlau und anderer empfing, gruppiert um die königlichen Gouverneure Contades und Broglie, und um den Kardinal Fürstbischof aus dem herzoglichen Hause Rohan. In jener Zeit berichtet der Marquis de Pezay, daß Straßburg die hübschesten Mädchen des Königreichs besäße, und wir hören ihn von einem Festtag schwärmen:

Welch riesige, freudig bewegte Menge! Die Zugbrücken der Courtinen senken sich und hallen wider unter dem Schritt der Volksmenge. Alle diese entzückenden Mädchen sprechen kein Wort Französisch. Aber sie sprechen von Liebe: man versteht sie, man antwortet ihnen.

Die Rupertsau ist ein neues Eden am Glacis von Straßburg ... Es ist hier, wo sich der berühmte Grüne Baum befindet, dessen Geäst man über eine grüngestrichene Holztreppe erreicht, wo man in Abständen zwei Galerien eingebaut hat. Diese Galerien sind mit kleinen Tischen bestellt, an denen man auf das Wohl der Geliebten trinkt und seine Rendezvous verabredet. Es ist ein Vergnügen, sie heraufsteigen, es ist ein Vergnügen, sie herabsteigen zu sehen; es ist das größte Vergnügen, mit einer alleine oben zu bleiben, wenn die anderen gegangen sind, wenn die Vögel nicht mehr singen und die Nacht anbricht.

Über solcher Schilderung liegt die Anmut des Menschlichen, die stets das Elsaß auszeichnete, die Heiterkeit eines behaglichen Stadtvolkes und eines eleganten fürstbischöflichen Hofes. Der Bischof, er hieß Gaston Armand de Rohan, ließ die verfallende ›alte Hofhaltung‹ abreißen und baute (1728–1741) seine neue Stadtresidenz. Ausführender Architekt war Joseph Massol, der auch die Münstersakristei und den ›Hanauerhof‹ gebaut hat. Die Pläne lieferte Robert de Cotte, der zur gleichen Zeit mit dem Bau des Palais Thurn und Taxis in Frankfurt beschäftigt gewesen ist. Ja, Straßburg war damals eine heitere, menschliche Stadt, anmutig und großzügig, weltoffen und regsam, wie es der Tradition der Stadtgeschichte entsprach.

Beginnen wir unseren Spaziergang auf dem *Schloßplatz*, den das Münster mit großer Macht beherrscht. Besonders in der Dämmerung, wenn die Konturen der Bauten verschwimmen, wirkt es wie ein gewaltiges Schiff, das zur Fahrt durch die Stadt aufzubrechen scheint. Der Wucht des Münsters ist jenseits des Platzes die barocke Architektur des *Rohanschlosses* nur mühsam gewachsen. Wenn sie auch nicht in vergleichbaren architektonischen Verhältnissen steht, so hält sich die Front des zweistöckigen Corps de Logis, mit dem reizend-eleganten Ehrenhof und den zwei kleinen Seitenhöfen, am Münsterplatz immerhin recht tapfer, nicht minder die stattliche, palastartige Rückseite an der Ill. Die Fensterlaibungen dieser Front tragen hübsche Maskarons: Juno, Jupiter, Venus und Mars, die vier Jahreszeiten und andere allegorische Darstellungen, von denen einige von der Hand des Berliners Johann August Nahl stammen und den Einfluß Andreas Schlüters verraten. Man betritt den Hof durch ein von je zwei Säulen flankiertes Tor in leicht geschwungener, von einer Balustrade und Figurengruppen von Robert le Lorrain bekrönter Mauer. Von der üppigen Ausstattung, die hauptsächlich auf das Erdgeschoß konzentriert war, sind nur wenige Möbel und Tapisserien erhalten, doch können wir uns angesichts der prachtvollen Boiserien und des Stucks noch gut ein Bild von der einstigen geschmackvollen Eleganz des Palais machen, in dem 1744 ein großartiger Empfang für Ludwig XV. gegeben wurde.

Heute birgt das Schloß die Gemäldegalerie der Stadt, archäologische und kunstgewerbliche Sammlungen, sowie das Kupferstichkabinett. Ebenso bedeutend ist das anschließende ›Musée de l'Oeuvre Notre Dame‹ im Frauenhaus und ehemaligen Gasthaus zum Hirzen, Bauten des 14., 16. und 17. Jahrhunderts, die untereinander verbunden sind.

Das *Frauenhaus* war einst Sitz der Münsterbauhütte. Das Museum birgt die elsässische Kunst des Mittelalters, der Renaissance und des Barock. Ältester Bestand ist das ehemalige *Münstermuseum*, das Architekturteile und Plastik enthält, vor allem, im alten Sitzungssaal der Münsterbauhütte, spätgotische Plastik vom Münster, die wegen drohender Zersetzung des Steins dort durch Kopien ersetzt werden mußte. Saal VII vereinigt die kostbarste *Münsterplastik des 13. Jahrhunderts*, darunter ›Ecclesia‹ und ›Synagoge‹ vom Südportal, und die ›klugen und törichten Jungfrauen‹ mit dem ›Herrn der Welt‹, Skulpturen von der Westfassade. Außerdem finden wir in diesem Museum die *Originalrisse* zum Bau dieser Fassade und des Turms von der Hand der Münsterwerkmeister des 13.–15. Jahrhunderts, zu denen auch der schöne *Fassadenentwurf* Erwins von Steinbach gehört, allerdings nur als Pause der im Germanischen Nationalmuseum Nürnberg aufbewahrten Kopie des 17. Jahrhunderts. Das Original ist verlorengegangen. In Saal XXV sehen wir die Büste eines Mannes, in der man ein Selbstbildnis des Nikolaus Gerhaert von Leyden erblickt.

Wichtig ist auch die Entwicklung des Straßburger Buchdrucks, der als Illustratoren so berühmte Meister beschäftigte wie Hans Baldung-Grien, Urs Graf und Tobias Stimmer. Vom Buchdruck war schon die Rede und das Museum hat ihm mehrere Räume gewidmet, in denen man die Hauptwerke des Straßburger Drucks und seiner Illustratoren bewundern kann.

Wenn wir die Räume mit den Hauptwerken des ›Straßburger Buchdrucks‹ besucht haben, finden wir in den übrigen Stockwerken des Frauenhauses eine solche Fülle von Kunstgegenständen aller Art aufgestapelt, daß eine Aufzählung im einzelnen unseren Rahmen sprengen würde. Wir wollen uns daher nur auf einige wenige Hinweise beschränken.

Man findet interessante Werkzeichnungen der Münsterbauhütte aus dem 15. und 16. Jahrhundert zum Beispiel im Treppenhaus, darunter den Entwurf *Hans Hammers* für die Münsterkanzel, die 1484-1485 für Johann Geiler von Kaysersberg errichtet wurde und von der herab er seine berühmten Predigten hielt. Eine eigene Abteilung präsentiert Straßburger Goldschmiedekunst und Straßburger Glasmalerei. Unter den Tafelbildern des 15. und 16. Jahrhunderts finden wir bedeutende Kunstwerke. Ein Hauptwerk des *Konrad Witz*: die Heiligen Katharina und Magdalena im Kreuzgang des Basler Münsters zum Beispiel; oder eine Verkündigung *Martin Schongauers*, eine Madonna von *Hans Baldung-Grien* und Bilder aus dem Kreis *Grünewalds*.

Unter der späten elsässischen Plastik beeindruckt vor allem die fast unheimlich lebendig wirkende Büste des Grafen Jakob von Lichtenberg von *Nikolaus Gerhaert von Leyden* aus dem 15. Jahrhundert, von der noch die Rede sein wird. Daneben gibt es gutes Mobiliar, unter anderem ein schönes Straßburger Zimmer aus dem 17. Jahrhundert, in dem die Figur einer Bürgerin im Kostüm um 1700 steht, die den gleichen Hut, den großen schwarzen Zweispitz, trägt, wie die ›Schöne Straßburgerin‹ von *Nicolas de Largillière*, die wir in der *Gemäldegalerie* des Rohan-Schlosses entdecken können.

Dort finden wir neben diesem Meisterwerk der Porträtkunst, das erst vor wenigen Jahren aus Privatbesitz auftauchte und von der Galerie erworben werden konnte – von ihm zeigt dieses Buch eine farbige Wiedergabe –, vor allem auch zwei schöne und typische elsässische Landschaften aus dem vorigen Jahrhundert, die wir hier gleichfalls farbig abbilden.

Neben der Gemäldegalerie birgt das Schloß noch viele andere und abwechslungsreiche Sammlungen, die aus dem Besitz der Rohan hervorgegangen sind. Auf sie können wir hier nicht näher eingehen, nur der einzigartigen Kollektion der ›Straßburger Fayencen‹ wollen wir noch besondere Aufmerksamkeit widmen.

Straßburger Fayence

Als ich zum erstenmal in die Fayenceabteilung des Colmarer Unterlindenmuseums kam, fiel mir ein kleines Erlebnis meiner frühen Kinderzeit ein. Da stand zu Hause eine glänzende Schüssel, darin lag etwas Grünes. »Schau! Die schönen Saubohnen!« rief ich entzückt und griff hinein, aber die Bohnen waren glatt, kalt und fest und ließen sich nicht herausnehmen. Das war meine erste Begegnung mit der ›Straßburger Fayence‹, und nun stand ich plötzlich vor der gleichen Schüssel in Colmar.

Das ›Musée des Beaux-Arts‹ im Straßburger Rohanpalais hat in seiner keramischen Sammlung eine ganz besonders schöne Auswahl dieser edlen Ware, die einst zu den begehrtesten Erzeugnissen europäischer Keramik gehörte. Man findet sie noch heute auch in vielen Schlössern in Deutschland, vor allem in dem großen fränkischen Barockschloß der Schönborn bei Bamberg, in Pommersfelden. Straßburg war seit jeher für sein Kunsthandwerk berühmt, so etwa wie Nürnberg und Augsburg; daher kaufte der deutsche Adel gerne dort ein.

Die Manufaktur hat nur rund sechzig Jahre bestanden, übte aber einen großen Einfluß auf alle europäischen Länder aus, besonders wegen ihrer hochentwickelten Malerei. Die ›Feine deutsche Blume‹, welche zuerst in Meißen gemalt wurde, erschien in der Fayencemalerei Straßburgs schon 1749. Die Hersteller europäischer Fayence hatten im späten 17. und beginnenden 18. Jahrhundert den Ehrgeiz, ihre Ware dem chinesischen oder von 1720 an dem Meißener Porzellan gleichzustellen. Manche Manufakturen gingen sogar zur Herstellung von Porzellan über, und auch in Straßburg wurde seit 1751 ebenfalls Porzellan gemacht.

Gegründet wurde die Manufaktur von dem Holländer Carl Franz Hannong, der sich 1709 als Tabakspfeifenmacher in der Stadt niederließ. Zwölf Jahre später tat er sich mit dem Ansbachischen ›Porzellanmacher‹ Johann Heinrich Wackenfeldt zusammen, dem der königliche Gouverneur du Bourg und der königliche Prätor Klinglin die Erlaubnis verschafft hatten, einen Brennofen zu bauen, der dann 1721 im Hannongschen Hause eingerichtet wurde. Dieser Zeit entstammt die Ware mit blauem Dekor nach dem Muster von Rouen, das man auch bei vielen Stücken der Manufakturen in Frankfurt und Hanau findet. Hannong gründete 1724 eine zweite Fabrik in Hagenau. 1732 übergab er beide Betriebe seinen Söhnen, Paul Anton die Straßburger Manufaktur und Balthasar die in Hagenau.

Nun änderte sich der Dekor; er wurde bunt, es kamen Blumen und Früchte hinzu, und in den vierziger Jahren des Jahrhunderts erschienen die ›indianischen‹, das heißt chinesischen Blumen, und neben den ›indianischen‹ Blumen auch figürliche Darstellungen. Von großem Einfluß sind die Malereivorlagen des Meißener Porzellanmalers Johann Gregor Höroldt und seiner Schule gewesen, wie noch viele Stücke in Straßburg zeigen.

Der von Meißen über Höchst 1748 nach Straßburg gelangte erste Fayencenmaler im engeren Sinne war Christian Wilhelm von Löwenfink, dem weitere begabte Maler folgten, aus Höchst, Meißen und Fulda. Dank dieser vortrefflichen Künstler gelang es Hannong, die ›Feine Blumenmalerei‹ mit Muffelfarben einzuführen und als erster im französischen Königreich auch echtes Porzellan herzustellen, denn in Frankreich verwendete man bis dahin nur eine Ende des 17. Jahrhunderts entdeckte porzellanähnliche Masse, das ›Porcelaine tendre‹, die äußerlich dem echten Porzellan gleicht und die vor allem in Vincennes, dann in Sèvres verwendet wurde. Hannong hatte mit seiner Porzellanherstellung wenig Glück, weil die genannten, privilegierten Manufakturen von Vincennes bei Paris, später Sèvres, den unbequemen Konkurrenten witterten und ihm die größten Schwierigkeiten machten. Daher gab Hannong die Porzellanherstellung im Elsaß auf und gründete mit Genehmigung des Kurfürsten Carl Theodor von der Pfalz die Porzellanmanufaktur Frankenthal außerhalb des Landes.

In Straßburg entwickelte sich die ›Feine Blumenmalerei‹, sowie die billigere Ware der ›indianischen‹ Blumen zu hoher Blüte und besonderem Charakter, dem ›Straßburger Stil‹, der sie sofort von zeitgenössischen Erzeugnissen anderer Manufakturen unterscheidet und nach der Jahrhundertmitte immer eleganter wird. Noch heute ist bei keramischem Gebrauchsgeschirr dieser ›Straßburger Dekor‹ beliebt und wird von verschiedenen Fabriken angewendet.

Ebenso bekannt und geschätzt waren im 18. Jahrhundert die naturalistisch ausgeführten Fayenceterrinen und -schüsseln in Form von Salat- und Kohlköpfen, Gemüsen, Obst und Blumen, wozu auch meine ›Saubohnenschüssel‹ gehört, und von Tieren aller Art. Dieser Teil der Produktion verschwindet nach 1760 allmählich. Heute bringt er auf Auktionen die höchsten Preise.

Christian Wilhelm von Löwenfink starb 1753, ein Jahr später sein Bruder Adam Friedrich, Leiter der Hagenauer Fabrik. Das war ein schwerer Verlust, der noch fühlbarer wurde, als der Baron Jean Louis de Beyerlé auf seiner Herrschaft Niederweiler bei Saarburg ein ausgezeichnet florierendes Konkurrenzunternehmen gründete. Doch war das Hannongsche Unternehmen auch weiterhin im Aufstieg begriffen und entwickelte sich nach der Jahrhundertmitte immer mehr. Paul Antons ältester Sohn hatte 1755 Frankenthal übernommen, dem bald darauf der zweite Sohn Joseph Adam folgte, während der dritte, Peter Anton nach dem Tode des Vaters 1760 diesen in Straßburg ersetzte. Er kümmerte sich aber so wenig um die Manufaktur, daß Joseph Adam die Frankenthaler Manufaktur an den Kurfürsten verkaufte und die elsässischen Betriebe von seinen Geschwistern zurückerwarb.

Damit setzte die dritte Periode der Straßburger Fayence ein, in der auch Tafel- und Toilettengeschirr in feinster Ausführung hergestellt wurde, während die ›indianischen‹ Blumen der weniger feinen Ware vorbehalten blieben. Ein nochmaliger Versuch, die Produktion auch auf Porzellan umzustellen, scheiterte an der feindlichen Haltung von Sèvres, dessen Betreiben es zu verdanken war, daß der Straßburger Ware sehr hohe Zollgebühren auferlegt wurden, unter dem Vorwand, daß das Elsaß eine ›province réputée étrangère‹ sei.

Der Kardinal Rohan gab Joseph Hannong immer wieder Geld, um diese Zölle bezahlen zu können, und allmählich war die Schuld auf 450000 Livres angewachsen. Hannong mußte ins Gefängnis, doch ließ man ihn wieder frei, damit er die Fabrik weiterführen konnte; aber seine Versuche, sich neben Sèvres zu behaupten, mißlangen. Den letzten Rest gab dem Unternehmen die Französische Revolution, da niemand mehr kaufte.

Hannong ist 1800 in München gestorben, wie es scheint ganz verarmt. Wie ein später Triumph des Unternehmens mutet es an, daß die Straßburger Fayencesammlung gerade in den Räumen des Rohanpalais aufgestellt ist, in denen die bischöfliche Justizbehörde ihren Sitz hatte, die am Untergang der Hannongschen Manufaktur durch ihr Urteil gegen den Unternehmer stark beteiligt gewesen ist.

Fortsetzung des Stadtrundganges

Straßburgs Keimzelle lag, wie wir schon wissen, rings um das Münster. Als eine Stadt zwischen zwei großen Völkern hat sie viel von ihrem Charakter erhalten: da sind die weiten Plätze und die Palais, die durchaus französisches Gepräge tragen, da die vielen Gassen und Häuser, die alten deutschen Stadtbildern gleichen. Die Bauten des Mittelalters sind in Straßburg vielleicht nicht mehr so zahlreich wie in Regensburg oder Goslar, aber reichere oder originellere Häuser wie ›Kammerzell‹ oder die Ecke am ›Ferkelmarkt‹ oder die Häuser von ›Klein-Frankreich‹ kann man kaum anderswo finden.

Der *Broglie-Platz*, der alte Roßmarkt – er erhielt 1740 seinen Namen zu Ehren des Gouverneurs des Elsaß, Herzog von Broglie –, ist der Schauplatz vieler Turniere gewesen.

Hier war es auch, daß der schwedische General Torstenson 1642 ein Ringelstechen zur Belustigung der Königin Christine veranstaltete.

Mit diesen Turnieren ist eine Sage verbunden. Einst zogen wieder einmal die Heiligen Drei Könige durch Straßburg, es war am Abend der Erscheinung des Herrn. Jedes Jahr nämlich erwachen sie im Kölner Dom, ziehen den Rhein hinauf und auf das ›Champ de Feu‹, unweit des Hohwalds in den Vogesen, wo sich, wie auf dem Bastberg bei Buchsweiler, Hexen und Zauberer treffen. Sie ziehen dorthin, um den Zauber zu bannen. Eine große Volksmenge hatte sich versammelt, um sie vorüberziehen zu sehen. Des Schultheißen Tochter sah auch aus dem Fenster und betrachtete vor allem den schwarzen Balthasar mitleidig. Er sagte zu ihr: »Schönes Mädchen, du weißt nicht, daß deine Schönheit dir zur Verdammnis werden kann. Hüte dich vor den Einflüsterungen des Bösen.« Er reichte ihr eine schimmernde Schatulle, besetzt mit kostbaren Steinen. »Ich gebe dir das«, sagte er, »es enthält die Kerze der Könige, die vor langer, langer Zeit aus dem Fett der Eselin hergestellt wurde, welche den Herrn nach Jerusalem getragen hat. Wenn immer du einen Wunsch hast, zünde sie an, und dein Wunsch wird erfüllt werden. Wisse aber, daß du allein verantwortlich bist für deine Handlungen. Mögest du immer das Gute wählen, schönes Kind. Denn wenn die Kerze verbraucht ist, ist es zu spät für Reue.« So sprach er, und der Zug setzte seinen Weg fort. Einige Zeit später wurde ein großes Turnier abgehalten, und das Mädchen verliebte sich in einen der Ritter. Sie entzündete die Kerze. Gleich darauf trat der Ritter bei ihr ein und umarmte sie. Da glaubte sie wieder die Stimme zu hören: mögest du immer das Gute wählen. Schnell blies sie die Kerze aus, der Ritter verschwand. Als sie merkte, daß sie Mutter werden sollte, floh sie weit fort; doch als das Kind geboren war, zündete sie die Kerze wieder an und wünschte den Tod herbei, daß er das Kind hole. Plötzlich empfand sie aber einen so bitteren Schmerz über ihr Tun, daß sie rasch die Kerze ausblies, doch das Kind war verschwunden. Das Mädchen schaute in den Spiegel und sah sich als eine alte, runzlige Frau. Sie öffnete das Kästchen und fand die Kerze zur Hälfte aufgezehrt. Noch einmal steckte sie sie an und wünschte sich nach Straßburg zurück. Ihr Vater war gestorben. Im vernachlässigten Elternhause gab es nur eine uralte Dienerin, die sie nicht erkannte, und den Hund, der ihre Hand leckte. Da entzündete sie in ihrem Zimmer zum letztenmal die Kerze und wünschte sich die Jugend zurück, ihren Vater und alles, was sie verloren hatte. Doch am Fußende des Bettes stand in leuchtender Rüstung der Ritter und sie erkannte Satan in ihm. Sie stürzte zu Boden und die Kerze erlosch. Da betrat St. Judas Thaddäus, stets Helfer in verzweifelten Fällen, das Zimmer, half ihr auf, reichte ihr das Kruzifix und sprach: »Küsse Christus, meine Tochter.« Sie tat es und der Ritter verschwand. Wieder zogen zu dieser Stunde die Heiligen Drei Könige durch Straßburg, und Balthasar fragte, was aus der Schultheißentochter geworden sei. Sie liege im Sterben, antwortete man ihm. Da stieg Balthasar zu ihr hinauf und sah den hl. Judas Thaddäus, der den Kerzenstumpf noch einmal angezündet hatte. »Bitte die heiligen Könige«, sagte er, »sie ziehen durch die Stadt.« Da kehrte die Jugend zu ihr zurück und sie starb. Der König und der Heilige hüllten sie in ihre Mäntel und trugen sie zur letzten Ruhe in die Steinbrüche von Krontal, wo die Steine für das Münster gebrochen worden sind.

Hier in Straßburg war es, daß die Baronin Henriette Luise von Oberkirch den Einzug Marie Antoinettes als Dauphine am 7. Mai 1770 erlebt hat; sie schreibt in ihren Erinnerungen:

Die Kronprinzessin, heute Königin Marie Antoinette, reiste durch Straßburg, und mein Vater führte mich zur Vorstellung. Oh! Ich würde mit hundert Jahren nicht diesen Tag vergessen, diese Feste, die Freudenschreie der Bevölkerung ... Der Einzug der Prinzessin war prachtvoll. Drei Kompanien von Buben zwischen 12 und 15 Jahren, gekleidet als Schweizergarde, standen am Wege Spalier, während 18 Schäfer und ebensoviel Schäferinnen im gleichen Alter Blumenkörbe überreichten ... Vierundzwanzig Mädchen zwischen 15 und 20 Jahren aus den besten Bürgerfamilien, in den verschiedenen Straßburger Trachten, streuten Blumen ... Die kleinen Schweizergardisten durften im Hof des bischöflichen Palais Wache stehen ... Es gab nichts Hübscheres als die mythologischen Szenen, die Pferde, Wagen, Flußgötter, Waffen und bunten Wappen, die sich in der Ill spiegelten. Das Volk erhielt gratis zu essen. Ich sah einen ganzen Ochsen am Spieß braten, Fontänen von Wein fließen und das Brot am Boden liegen, ohne daß die Ärmsten sich die Mühe machten, es aufzuheben. Abends war die ganze Stadt erleuchtet: das Münster, vom Kreuz bis zum Boden hinab, war eine Flamme, jedes Ornament trat schimmernd wie eine Konstellation von Sternen hervor. Die verschiedenen Zünfte durften ihre Geschicklichkeit in Zunftspielen zeigen. Die Kronprinzessin verteilte die Preise ...

Marie Antoinettes Gesicht zeigte die ›Habsburger Lippe‹ stärker als jedes andere Mitglied ihres Hauses, aber Frau von Oberkirch fand sie sehr schön, nur um den Mund habe sie bereits einen hochmütigen Zug gehabt.

Man hatte für den Empfang der Erzherzogin auf der Rheininsel einen Pavillon errichtet. Ich weiß nicht, wer den dummen Gedanken gehabt hat, ihn mit Tapisserien auszustatten, welche Medea und Jason mit Streit und Mord zeigten. Die Prinzessin war unangenehm berührt, auch ihr Gefolge. »Ah«, sagte sie zu ihrer Kammerfrau, »welche Prophezeiung! ...« Sie wohnte im bischöflichen Palais, wo sie der alte Kardinal Rohan empfing ...

Neben dem Münster gibt es noch andere uralte Kirchen in

Straßburg. Eine der wichtigsten von ihnen ist *St. Thomas*, eine frühe Gründung des heiligen Schotten Florentius; 1002 erbaut und 1144 abgebrannt, wurde sie im 12. und 13. Jahrhundert wieder aufgebaut. Am schönsten an ihrer heutigen Gestalt ist der schwere, querhausartige Westbau mit Giebeln auf beiden Seiten, den breite Lisenen gliedern. Der Mittelteil trägt den mächtigen Turm. Die Mitte der Front war einst in drei Arkaden geöffnet, die in eine Vorhalle führten. Das Innere wurde im 14. Jahrhundert zur großräumigen Halle umgestaltet. Die Kirche empfing, unter zahlreichen Stiftungen, auch eine Rente von dem aus seiner Vaterstadt Mainz vertriebenen Johannes Gensfleisch, genannt Gutenberg, gegen Empfang eines Barkapitals, mit dem er in Straßburg eine Druckerei einrichten konnte. Zwei dieser Kontrakte, 1441 und 1442, sind erhalten.

Unter den zahlreichen Grabmälern, welche die Kirche schmücken, steht an erster Stelle das Monument für den französischen Marschall Grafen Moritz von Sachsen im Chor, ein ausgezeichnetes Werk des Jean Baptiste Pigalle, das trotz seiner klassischen Form den strengen, mittelalterlichen Charakter der Kirche empfindlich stört. Moritz (gest. 1750) war der Sohn Augusts des Starken und der Gräfin Aurora von Königsmarck. Er ist nicht nur einer der berühmtesten französischen Heerführer gewesen, sondern ein ebenso berühmter ›homme à femme‹, der in Chambord an der Loire, das ihm der König zur Verfügung gestellt hatte, höchst vergnüglich Hof gehalten hat. Er starb an der Wunde, die er im Duell mit dem Prinzen Conti erhalten hatte. Der Marschall steigt die Stufen, hinter denen sich eine Pyramide mit seinem Namen erhebt, entschlossenen Schrittes zum Sarkophag hinab, zu dessen Seiten der trauernde Herkules und der Tod, der ihn erwartet, stehen. Während der Revolution sollte das Grabmal zerstört werden, doch rettete es ein findiger Bürger, indem er das Heu, das mit anderen Vorräten in der Kirche gestapelt lag, vor dem Monument auftürmen ließ, so daß es übersehen wurde.

Von Interesse sind auch die beiden Peterskirchen: *Alt-St. Peter* im Westen der Stadt – 1382 neu gebaut und bald nach 1400 erweitert –, das seit altersher Protestanten und Katholiken gemeinsam zur Verfügung steht, und *Jung-St. Peter* im Norden, das als Schottenkloster gegründet, 1031 ganz erneuert und nach 1290 zur dreischiffigen Pfeilerbasilika umgebaut wurde. Jung-St. Peter ist durch Papst Leo IX. bekannt geworden, der sich 1053 mit 34 Bischöfen in Straßburg aufhielt und zur Erinnerung an seinen Besuch seine Tiara in der Kirche zurückließ. Auf der Nordseite des Baues liegt der stille Kreuzgang aus dem 11. Jahrhundert mit vielen Grabsteinen.

Wir folgen nun der Ill, die wir vom Münster her durch enge Gassen mit schönen Fachwerkbauten und über den *Fischmarkt* am ›Schiffleutestaden‹ erreichen. Von der Rabenbrücke wenden wir uns südwärts, passieren das Kaufhaus aus der Renaissance und folgen dem ›Thomasstaden‹, der jenseits des Flusses vom ›Nikolausstaden‹ begleitet wird. So erreichen wir *Klein-Frankreich*, das alte Gerberviertel, einen außerordentlich malerischen Winkel, wo sich auch die ›gedeckten Brücken‹ befinden, so genannt deshalb, weil sie von vier mächtigen quadratischen Türmen beschirmt (gedeckt) werden, die während der Stadterweiterung im 14. Jahrhundert errichtet wurden. Dort spannt sich auch über die Schleuse die Bogenbrücke, die Vauban im 17. Jahrhundert gebaut und König Louis Philippe im 19. Jahrhundert um ein Stockwerk erhöht hat.

Man sollte den ›Staden‹ mit ihren wechselnden Namen rings um die Stadt folgen, man sollte durch die Straßen und Gassen kreuz und quer wandern, um die alte Reichsstadt in allen ihren Teilen kennenzulernen und dabei Geschichte zu repetieren. In der Brandgasse steht zum Bei-

24 Die Astronomische Uhr im Münster

23 Straßburg – Blick aus der Krämergasse zum Münster
←

26-27 Stadtmauer am Falschen Wallgraben

25 Das Münster über den Dächern der Altstadt
←

28-29 Wehrbauten an der Ill – ›Les Ponts Couverts‹

30 Die Thomaskirche Saint-Thomas in Straßburg
→

spiel das *Palais Zweibrücken*, das 1771 Herzog Maximilian von Zweibrücken, Kommandeur des Regiments Royal Alsace, erwarb. Als Max Joseph ist er später der erste bayerische König geworden, und sein Sohn, König Ludwig I., wurde in diesem stattlichen Haus geboren. Zur Taufe in Jung-St. Peter überreichte eine Deputation des Regiments ein Kissen, das mit den abgeschnittenen Schnurrbärten der Soldaten gefüllt war.

Auf unserem Rundgang um die Stadt haben wir der stadtgeschichtlichen und kulturellen Entwicklung Straßburgs folgen können, wie sie sich an den alten Stadtquartieren auf so angenehme Weise ablesen läßt. Verlassen wir nun die engeren Kreise der bürgerlichen Sphäre und treten wir auf die weiten Plätze. Der wohl größte Platz ist jener, der den Namen des Marschalls Broglie trägt und den wir schon kennen. Ihm geben die stattlichen Gebäude, darunter das Rathaus, das vormalige *Palais Hanau*, ein großstädtisches, französisches Gepräge. Früher hieß er, wie gesagt, ›Roßmarkt‹, und hier wurden die Turniere des Adels abgehalten.

Der *Kleberplatz*, den wir ganz in der Nähe finden, war einst die ›Place d'armes‹, wo die Paraden stattfanden. Das Denkmal Klebers in seiner Mitte, umringt von zahllosen Automobilen, gilt nicht nur dem bekannten General und Führer der Rheinarmee, sondern ebenso dem Sohn der Stadt, in der er als Kind eines Konditors geboren worden ist. Die Familie besitzt noch heute das Hotel Kleber-Post im württembergischen Saulgau.

Weiter, dem Münster zuschreitend, erreichen wir den *Gutenbergplatz*, dessen Denkmal die geistige Bedeutung der Stadt als eines Zentrums der Buchdruckerkunst versinnbildlicht. Hier steht der rosige Sandsteinbau der ›Chambre de Commerce‹, das *Alte Rathaus*, 1585 wohl von Hans Schoch an Stelle der abgebrochenen Stadtkanzlei erbaut, an deren Portal sich Nikolaus Gerhaerts Büsten des Grafen Lichtenberg und der Bärbel von Ottenheim befanden, von denen noch berichtet werden soll. Das schöne Gebäude ist der einzige Rest der städtischen Bauten des 15. und 16. Jahrhunderts um den Platz. Wenn man das ganze Straßengewirr mit seinen Fassaden, Dächern, Essen, Portalen, Giebeln nachdenklich betrachtet, so lösen sich aus den Schatten der Vergangenheit die Gestalten der Personen, die hier zu Hause gewesen sind, die manchmal, wie Gutenberg, ein neues Zeitalter einleiteten, ohne es vielleicht selbst zu vermuten.

Ein lebendiges Museum ist diese Stadt; Großes und Kleines, Altes und Neues steht bunt nebeneinander. Diese Buntheit prägt aber gerade ihren Charakter: die ernste Größe der Kirchen, die bezaubernde französische Anmut der Palais und die deutsche Behäbigkeit der Bürgerhäuser. Das Ganze aber ist erfüllt von dichtem Leben, das hin und wider wogt.

Trotz der abfälligen Äußerung Nervals, die wir eingangs zitierten, fühlen wir uns in Straßburg sofort heimisch, denn gibt es nicht sehr viel Verwandtes auch drüben in Deutschland? In Frankfurt am Main zum Beispiel, einer Stadt, die gleichfalls Vernunft und Behagen atmete, als sie noch unzerstört war? Von Quartier zu Quartier bietet die elsässische Metropole heute noch ein Bild soliden Wohlstandes, das aus alter Zeit überkommene Bild eines stolzen Bürgertums, geleitet von einem vornehmen Patriziat. Es ist das Bild einer ›Hauptstadt‹, und als größter und wichtigster Ort des Landes hat Straßburg ja immer die Rolle gespielt als ›prima inter pares‹ der elsässischen Städte. Es bildet die eigentliche Mitte des Landes und als Sitz des Europarates könnte es eines Tages sogar zur neuen Mitte Europas werden.

Das Elsaß bei Tisch

Es ist an der Zeit, etwas über die elsässische Küche zu sagen, denn zu einer wohlgelungenen Reise dorthin gehört auch gutes Essen und Trinken. Übrigens ißt man drüben im Badischen nicht minder gut, aber nun sind wir im Elsaß und wollen etwas von der hiesigen Kost kennenlernen.

An ausgezeichneten Restaurants seien genannt: ›Le Moulin Kaegi‹ südlich von Mülhausen, ein schönes, altes Fachwerkhaus mit ganz vortrefflicher Küche. In Colmar ißt man am besten im ›Kopfhaus‹, der ›Maison de Tête‹, und auch in ›Illhäusern‹, etwa 10 Kilometer nördlich von Colmar, kommt man durchaus auf seine Kosten. Ganz besonders zu empfehlen ist die ›Hostellerie à l'Écrevisse‹ in Brumath, 17 Kilometer nördlich von Straßburg – man wohnt dort auch recht angenehm –, wo man außer Krebsen alles erhält, was den Magen erfreut. Vor allem eine köstliche ›pâté maison‹, in Wein gekochte Forelle, gespickten Hecht, Fasan, Gigot, Froschschenkel – die Auswahl ist groß und die Speisekarte läßt dem Leser das Wasser im Mund zusammenlaufen.

Am bekanntesten und überall im Elsaß erhältlich ist die gebratene Forelle mit Mandeln und das berühmte Sauerkraut, das in vielen Gaststätten beim Servieren mit Champagner übergossen wird. Schon im Kräuterbuch des Johann Bock von 1577 heißt es: »der Cappes ist eingesalzen«, und ein Schriftsteller des gleichen Jahrhunderts sagt, es sei besonders gut, »wann die Sau dadurch geloffen ist«, das heißt also, wenn es mit Speck gekocht wird.

Daß schon Karl der Große für die Tafelfreuden sorgte, zeigt sein ›Capitulare de villis‹. Darin wird befohlen, außer der Pflege und Veredelung der bereits im Lande vorhandenen Obstsorten, vor allem Mandeln, Nüsse, Mispeln und Pfirsiche anzubauen, und 1779 berichtet der Abbé de Saint-

Ferjeux: »Sie finden in den Abteien dieser Provinz wenig Wissenschaft, gar keine Bibliotheken, aber Wohlwollen und guten Wein.«

Folgende Anekdote, von dem Franziskaner Johann Paulli von Thann überliefert, zeigt die Vorliebe des Klerus für gute Küche: Ein Edelmann hatte seinen Beichtvater zu Tisch geladen. Man servierte einen Kapaun und der Baron bat den Mönch zu tranchieren. Dieser entschuldigte sich, er könne es nicht, aber der Edelmann bestand darauf, und der Mönch ging schließlich ans Werk. Der Baron erhielt den Kopf, die Baronin den Hals, die beiden Töchter je einen Flügel und die beiden Söhne je einen Fuß. Der Mönch aber verspeiste mit Appetit den fetten Leib des köstlichen Vogels. »Nach welcher Auslegung hast Du den Kapaun zerlegt?«, wollte der Hausherr wissen. »Nach meiner eigenen, Herr«, antwortete der Beichtiger. »Als Hausherrn steht Ihnen der Kopf zu, die Hausfrau, die Ihnen am nächsten steht, erhält den Hals, der sich dem Kopf anschließt. Die Töchter erkennen in den Flügeln das Symbol ihrer Gedanken, die sich rasch von einem Wunsch zum anderen bewegen, und die Füße sollen die jungen Herren daran erinnern, daß der Fortbestand Ihres Hauses auf ihnen ruht, wie der Körper des Kapaunen auf seinen Beinen. Für mich also bleibt deshalb nur der Rest des Vogels.«

Auch seinen Heiligen opferte das Volk gerne Lebensmittel, so Weizen, Ochsen, Schweine, Hühner, und auch die Hauszwerge kamen nicht zu kurz. Auf der Hochzeit des Grafen Georg von Rappoltstein mit der Gräfin Elisabeth von Helfenstein, 1543, wurde ungeheuerlich gepraßt:

Zum ersten Gang gab es für jeden eine Pastete, darin je drei Rebhühner lagen, ferner Reh mit Rosinen, Eiersuppe, einen riesigen Hechtkopf mit einer Lilie im Maul als Zeichen der Jungfräulichkeit der Braut, gespickten Hecht, Ochsenbraten mit Meerrettich, Torte – gekrönt von Adam und Eva –, heiße Hühnerpastetchen und Kapaun.

Zum zweiten Gang erschien ein Turm, aus dem Wein floß und kleine Fische sprangen, ferner Karpfen, Schweinskopf, Sauerkraut mit Leber, Rehpastete, ein ganzer Hammel, aus dessen Hals Rotwein floß, heißer Speckkuchen und kalter Salm.

Der dritte Gang bestand wieder aus Pastete, Wild in Sauce, einem Haus aus Gebäck, Krebse, Spanferkel, Eierkuchen, einem Adler aus Gebäck, der mit Gelée gefüllt war, Apfelkuchen und Fischsuppe.

Gebraucht wurden bei diesem Hochzeitsfressen neun Ochsen, achtzehn Kälber, achtzig Hammel, hundert Rehe, hundertzweiundfünfzig Kapaune, zweihundert Hühner, dreihundertzwanzig Stück anderes Geflügel, neunzig Gänse, sechzig Rebhühner, siebzig Bekassinen, dreitausend gekaufte Eier – außer denen, die von den gräflichen Höfen geliefert wurden –, hundert Spanferkel und dreihundertsechsunddreißig Fässer Wein.

Silhon, der Sekretär des französischen Premierministers Kardinal Mazarin, vergleicht die Schönheit und Fruchtbarkeit des Elsaß mit der Touraine und der Lombardei, und guten Mahlzeiten, so schreibt er, seien alle Schichten der Bevölkerung sehr zugetan. Vor allem waren damals die im Elsaß begüterten Grafen Hanau und Zweibrücken mit der Nutzung ihrer Wälder durch die Bauern sehr generös, denn sie hatten ihnen große Teile ihrer Forste zur Schweinemast freigegeben.

In Straßburg vor allem gibt es natürlich eine ganze Anzahl berühmter Restaurants wie ›Kammerzell‹ am Münster, ›Krokodil‹ in der Nähe des Kleberplatzes, ›Le Gourmet sans chiquet‹ und der berühmte ›Valentin‹, der heute in einem modernen Turmhaus untergebracht ist.

Die Straßburger haben immer gerne gut gegessen. Gestützt auf Wimpfelings Bericht, beschreibt noch im 18. Jahrhundert der Abbé Grandidier, daß sich die Einwohner der Stadt am Kirchweihfest des Münsters im 16. Jahrhundert in der Kirche versammelten. Dort verbrachten sie die Nacht, nicht aber um zu beten und zu singen, sondern um zu essen und zu trinken. Während dieser geradezu gargantuesken Mahlzeiten sei es zu wahren Sakrilegien gekommen. Kein Respekt vor dem heiligen Ort! Der Hochaltar diente als Buffet, und es blieb kaum Platz für die heilige Handlung. In der Katharinenkapelle stand dann ein Faß, aus dem Wein gezapft wurde. 1549 habe der Bischof schließlich diesem Spuk ein Ende gemacht.

Gegen solche Ausschreitungen der Völlerei und der Genußsucht hat Geiler von Kaysersberg um 1500 von der Kanzel des Münsters – wir kennen sie schon – eine seiner berühmtesten Predigten gehalten, die wir hier im Wortlaut einfügen wollen:

Predigt von Prassnarren, Füllnarren,
Fässelnarren, Weinschleuchen, büß den Wein, Weingänsslen

1. Die erste Schell der Füllnarren ist, die volle und volle des Verstands und der Vernunft, welche in dem Haupt verruckt wird. Dann die Füllerei und Schlemmerei erregt viel Dämpf und Feuchtigkeit in dem Haupt, welche nachmals das Haupt und Vernunft verwirren und betäuben, also daß man dadurch halb taub und unsinnig wird. Sintemal das Gemüth und die Vernunft nichts unwirser macht und doch verderbet, als die Füllerei und Schlemmerei. Zugleich wie die Blindheit ein Tochter ist der Geilheit, also ist auch die Völle ein Kindt oder Tochter der Fressigkeit und Füllerei.

2. Die andere Schell ist, Vergebenliche Freud, dann es ist der Seuffer und Füllnarren Brauch, das, wann sie gesoffen haben, fahen sie mancherlei stück und fantaseien an, der ein wird bewegt zu zorn, der ander zu freud und schertz, der dritt zu hoffnung oder forcht, und in summa, deren stück sein gar viel, darin sie ihr Narrenwerk und fantasey treiben, wann sie genug gesoffen haben. Doch werden fürnehmlich diese art und gestalt, so sie treiben in der Trunkenheit, von ihnen erzehlt. Der erst ist unter vielen vollen Säuen witzig und verständig, zeucht viel von der heiligen Geschrift an, singt Psalmen, und in summa er wil der aller Gottesfürchtigst unter allen sein. Der ander rümbt sich, wie reich er sei. Der vierdt beweint das trunken Elend, oder sein laster, so er etwann vor langem begangen hat. Der fünft der bulet, und hat sein gugelfuhr mit hübschen Mägdlen. Der sechst, der würft ein Thunnen voll Sacrament und wundern heraus. Der siebendt legt Feuer ein. Der acht beut alles feil, was er hat, und will dasselbig um halb gelt geben. Der neundt saget all sein heimlichkeit, so er im hintersten winkel verborgen hat. Der zehendt streckt sich auff ein Banck, und schnarchet daher gleich einem Roß. Der eylft hat ein geschrei, wie ein Zaanbrecher oder Triackerskrämer. Der zwölft, wenn er sich gefüllt hat gleich daz faß, speiet er gleich wie ein Gerberhund. Diese zwölf haben die Weinschleuch in sonderheit im brauch.

3. Die dritt Schell der Füllnarren ist, viel geschwetzt und großes geschrey bei dem Wein machen. Dann die Füllerei und Schlemmerei bringt auch die zungen zu schanden und ungemach. Daher ließet man in der heiligen Geschrift, das der reiche Mann begehret, man soll ihm nur ein tropfen Wasser geben, damit er seine Zung erkület: welches ein sindere straff ist, von wegen der Füllerei und Schlemmerei.

4. Die vierdt Schell ist, Schampere und unzüchtige Wort treiben, mit gelächter und anderen wüsten geberden. Diß ist ein halbe Fantasey, welches allein daher kompt, das die vernunft nicht mehr inn ihrem alten standt und würde ist, sonder durch die Füllerei vernichtet und verwüredt wirt.

5. Die fünft Schell ist, die Unlauterkeit, so auß dem Füllen entspringt alsdann ist speyen und aller unrath und unflath, so aus der Füllerei entspringt.

6. Die sechst Schell ist, zu ungelegner zeit fressen und füllen. Dann es sein etliche, die mögen des Morgens kaum recht erwachen, fahen sie schon gleich wieder an, da sie es am abendt haben gelassen, fressen und füllen ohn alle notwendigkeit und hunger.

7. Die siebendt Schell ist, alle augenblick fressen und füllen. Dann es haben etliche den brauch, das sie den ganzen tag ohn aufhören

fressen und sauffen, welches doch ganz ungesund ist und wider die Natur. Dann was man über zwei mal an eim tag esset, das ist zu viel.

8. Die acht Schell ist, allein schleckbißlen und köstlichen essen nachtrachten, dann es sein etliche, die trachten allein schleckbißle und Pfaffenbißle nach, und lassen sich nirgend in anders ersättigen, weder allein mit solchen heilküchlein.

9. Die neunt Schell ist, Seltzame und wunderbarliche speiß belustigen. Dann es sein etliche, die allein durch wolust und Geilheit allerley neue uns seltzame speiß erfinden darumb, damit sie ihren wollust mögen büßen.

10. Die zehendt Schell ist, köstlich und überschwenckliche Maalzeit zu rüsten. Des haben wir ein exempel an der Cleopatra, die hat auff einmal ein köstlich Edelgestein, welches etliche tausend gulden wert ist gewesen, hindurch gericht und verzeret.

11. Die eilft Schell der Füllnarren ist, sich mit vil schauessen ergetzen und belustigen. Dann es seind etlich, die haben ein großen wollust, in köstlichen und oberschwenklichen kosten der schauessen, welches nirgendts zu anders dienet, weder allein zu verderben leib und seel.

12. Die zwölft Schell ist, großen fleiß und arbeit auf das kochen legen und wenden. Dann es sein etlich, die wenden vil zeit, fleiß und arbeit auf das kochen, damit sie vielerley trachten mögen in kurtzem zurichten: wie man dann mancherley art und speiß und geköcht findet, etlich sein weich, etlich rauch und hert, etlich warm, etlich kalt, etlich gesotten, etlich gebratten. Etlich von Pfeffer, von Kümich, von Saltz, von Nägelin, von zucker gekocht und zugerüst. Und in summa, es seind deren sovil, das nicht möglich ist, dieselben all zu erzehlen. Diese Narren sein fürwahr nicht allein zu schelten, sondern auch zu verlachen, und tun gleich als ein Würt, der henkt ein Schült aus, und schribt daran, hie gut Wein: also thun sie ja auch, die stellen vil trachten für, damit man lustig werde zu essen und den cörpel ersettigte mit aller wollüst.

13. Die dreytzehendt Schell ist, sich überfressen und füllen, mehr essen dann er in sich bringen mag. Welches doch dem Menschen gantz schedlich ist, dann gleich wie der blatzregen den früchten nicht wol bekommt, also geschieht es diesen auch, die sich überessen und mehr zu ihn nemmen, weder sie verdauen mögen.

14. Die vierzehendt Schell ist, geitzig und begierlich fressen. Dann es sein etlich, die fressen dermaßen so begierlich, gleich als wann in das essen aus der blatten wolte entlauffen, oder als wenn feur auff jm leg, das er also eilen müßte, von not wegen.

15. Die fünfzehendt Schell ist, unzüchtig Brot abschneiden. Dann es seind etlich, die sein also unzüchtig im Brot abschneiden, das sie dasselbe schinden und machen ein Bartholomey darauß, indem sie die rinden darvon schneiden und essen, und lassen also die Brosamen allein.

16. Die sechtzehendt Schell ist, Sich wunderbarlich über dem Tisch stellen mit den henden und armen, und gut bossen damit reißen. Es haben etlich diesen brauch, wann sie über dem tisch sitzen, werffen sie die arm hin und wieder gleich wie ein Gauckler, alsdann werffen sie den kopf in die höhe, strecken die arm von sich, und spreidten die hend von einander und sitzen also bey dem tisch gleich wie ein anderer Fantast, und stellen sich oftmals mit den geberden, gleich als wann sie die speiß alle auf einmal wolten fressen.

17. Die siebentzehendt Schell ist, mit henden und augen den gantzen tisch umschweiffen. Es seindt etliche, die sitzen und sehen nur von einem orth zum andern, oder fantasieren sonst, zerreiben und zerbröcklen das Brot, schütten den Wein in die blatten oder auff den Tisch, zwirlen an dem Tischtuch, und sitzen gleich als einer der ein Statt belägert, und im zweyfel stehet, wo er die Statt am ersten soll angreifen und gewinnen, also sitzen diese auch im zweyfel, und wissen nicht, wo sie sollen angreiffen zu essen.

18. Die achtzehendt Schell ist, mit sonderm fleiß anschauwen die fürgesetzten trachten. Dann es seyn etliche, wann man die trachten auff den tisch setztet, so sitzen sie und sehen es ohn underlaß an, und wenden die Augen nicht darvon, welches man gantz unhöflich stehet, fürnemlich bei jungen gesellen, die sollen sich befleissen, das

sie fein züchtig mit undergeschlagen augen ob dem Tisch sitzen, und dennoch achtung geben, was ihnen fürgesetzt ist.

19. Die neunzehendt Schell ist, den Tisch maculieren und besudeln. Dann es sein etliche, die fressen gleich wie die säu, und nemmen mehr in löffel oder auffn schnitten, weder darauff mag, machen also ein Jacobsstraßen auffn Tischtuch, welches dann gantz unhöfflich und unfletig stehet.

20. Die zewentzigste Schell ist, mit den fingern in Becher greifen. Etliche seindt, wenn sie trinken, so stoffen sie die Finger halb darein, damit sie nachmals dieselben nicht dörffen wäschen.

21. Die ein und zwenzigst Schell ist, die schmutzechte und feiste hend an die Kleider zu wüschen, und alsdann gleich wider mit der handt in die schüssel fahren.

22. Die zwo und zwentzigst Schell ist, in der schüssel fischen und herumbjagen. Dann es sein etliche, die fahren in der Blatten mit dem schnittli brot herumb, oder streichen dasselbig, so noch in der schüssel ist, gantz sauber zusammen, also das sie zugleich die Hendt in der schüssel wäschen, und den cörpel zugleich miteinander speissen.

23. Die drei und zwentzigst Schell ist, mit angebissenen mümpfelen wider in die blatten greifen. Denn es sein etliche, die fahren mit angebißnen schnitten, und dunken wieder in die blatten, und als ein anderer, der zugleich mitesset, von seinem geiffer essen muß.

24. Die vier und zweintzigst Schell ist, die finger mit sampt der speiß in das Maul biß in den rachen hinein stoffen, die selben stoffen und stampfen das Maul mit wurst füllet.

25. Die fünff und zweintzigst Schell ist, mit dem Maul einbrocken, und das Maul für ein messer gebrauchen.

26. Die sechs und zweintzigst Schell ist, das Brot mit dem Maul spitzen, wenn man ein Ei isset. Denn es seindt viel, die spitzen das geschnittne Brot mit dem maul, ehe sie es in das Ey dunken: welches dann auch ein sonderliche hoffzucht ist.

Wir machten unsere erste Bekanntschaft mit der Straßburger Küche in dem behaglichen ›Gourmet sans chiquet‹ mit Gänseleber, Huhn und anderen schönen Sachen. Dazu tranken wir von dem schon erwähnten ›Edelzwicker‹, dem wir, seine Tücken nicht ahnend, kräftig zusprachen. So waren wir denn nicht mehr ganz sicher auf den Beinen, aber sehr heiter gestimmt, als wir in vorgerückter Stunde aus der Türe traten. Leicht schwankend und innig aneinandergelehnt wanderten wir durch die warme Sommernacht unserem Hotel zu. Einen ebenso angenehmen, wenn auch nicht so feuchtfröhlichen Abend verbrachten wir im ›Krokodil‹. Dort bestellten wir ›Canard au Sang‹, eine Wildente in eigenem Blut. Sie wurde uns, nachdem wir Artischocken als Vorgericht verzehrt hatten, knusprig gebraten gezeigt, dann vor unseren Augen sachgemäß und elegant zerlegt, während der junge Besitzer des Lokals die Sauce zubereitete, vielmehr förmlich zelebrierte. Zwei große Stücke Butter mit Salz und Pfeffer ließ er über der Flamme zergehen, dann gab er ein Glas Cognac dazu, das Ganze ständig rührend. Inzwischen war die Ente zerlegt, und nun kam das, was übrig blieb, die ›Carcasse‹, in eine blinkende Presse, die solange zugeschraubt wurde, bis kein Tröpfchen Blut mehr daraus hervorquoll. Dieser Saft wurde dann mit der leise brutzelnden Sauce vermengt, nochmals Cognac dazugegeben, und zum Schluß ließ der Zelebrant die Flamme ganz leicht in die Pfanne schlagen, um das köstliche Gemisch zu flambieren. Es war in der Tat ungewöhnlich gut.

Die berühmteste Spezialität Straßburgs ist die ›Gänseleber‹. Hier kurz ihre Geschichte: 1762–1788 war der Marschall de Contades Gouverneur des Elsaß. Seine Residenz war in Straßburg. Er hatte aus Paris seinen Koch mitgebracht, den Normannen Close, und dieser fand heraus, daß aus Gänseleber in seiner Künstlerhand etwas ganz Besonderes werden könnte. Schon machte er sich ans Werk und schuf die ›Gänseleberpastete‹, deren Rezept er zunächst geheim hielt. Bei der Rückkehr seines Herrn nach Paris machte Close sich selbständig, blieb in Straßburg und heiratete die Konditorswitwe Mathieu. Mit ihr zusammen eröffnete er ein Geschäft und verkaufte mit großem Gewinn seine Gänseleberpasteten als Delikatesse. Aber auch Doyen, Koch des Parlamentspräsidenten von Bordeaux, zog damals nach Straßburg und machte Close Konkurrenz, indem er die Pastete noch perfektionierte. Diesen beiden Männern also verdankt die elsässische Küche eines der besten Dinge, mit dem sie international bekannt wurde.

Zum Schluß dieses Exkurses noch ein besonders delikates ›Straßburger Salatrezept‹, das Clemens Wilmenrod mitteilt:

Sie nehmen einen festen Kopf von grünem Salat. Die äußeren weichen Blätter entfernen Sie, und dann schneiden Sie den Kopf in der Mitte mit einem langen Messer durch, natürlich der Länge nach. Nun haben Sie zwei Halbkugeln. In deren Mitte ist ein fester Stern von kleinen Blättern, den man das Herz des Salates nennt. Das schneiden Sie nun mit einem kleinen Messer vorsichtig heraus, und jetzt haben Sie zwei hohle Halbkugeln. Und das ist die erste Stufe, die zum Straßburger Salat führt.

Die zweite und letzte Stufe aber ist das, was der Franzose den ›Fond‹ nennt, wie fast immer – die Sauce.

Sellerie- und Ananasstücke werden nebst den Scheiben eines frischen Apfels und roten Paprikaschoten in feine Streifen geschnitten. Nur ein kleiner Teil davon wird zurückbehalten. Der größte Teil wird in die Salatschüsselchen eingefüllt und der Rest mit dem Salatherz sehr fein gehackt. Nun rühren Sie eine Mayonnaise aus Eidotter und Olivenöl, Senf und Ketchup unter Zusatz von einigen Kapern und dem sehr feingehackten Gemüse. Falls nötig, genieren Sie sich nicht, eine Prise Zucker daranzugeben. Dies alles wird sehr gut mit der Mayonnaise vermischt und über die Schalen gegossen.

Versuchen Sie es einmal, Sie werden entzückt sein.

DAS UNTERELSASS

Das Breuschtal

Fährt man von Straßburg südwestwärts nach St-Dié–Lunéville, kommt man durch eines der reizendsten Täler der Vogesen, das ›Tal der Breusch‹ oder ›Bruche‹. Sie berührt, ehe sie die Ill erreicht, Städte mit alter Geschichte, zum Beispiel *Molsheim*. Der Ort hat noch die teilweise erhaltene Stadtmauer aus seiner großen Zeit, seinen wuchtigen Torturm, seinen von guten alten Häusern umstandenen Marktplatz mit der prachtvollen ›Alten Metzig‹ von 1554, in der sich heute das Museum befindet.

Beherrscht aber wird die Stadt von der großen ehemaligen *Jesuitenkirche*, einer gewölbten Basilika, die 1614–1618 auf Betreiben des Straßburger Fürstbischofs Leopold, Erzherzogs von Österreich und Bischofs von Passau, von dem wahrscheinlich aus Miltenberg am Main stammenden Laienbruder Christoph Wamser in gotisierenden Formen gebaut wurde. Wamser hat auch die Kölner Jesuitenkirche erbaut, die die gleichen Stilkuriosa zeigt. Diese ›Neogotik‹ ist eines der Hauptmerkmale jesuitischer Architektur in Westdeutschland und dem Elsaß, was Georg Dehio darauf zurückführt, daß der Jesuitenorden in Westdeutschland mit seinen restaurativen Bestrebungen innerhalb der Kirche auch solche für die Architektur angestrebt habe, die die ›Alte Kirche‹ wiederherstellen sollten. Dennoch fühlt man sich in der hellen, weiträumigen Kirche keineswegs in die Gotik zurückversetzt, und daran wäre, meint Dehio, die gute Licht- und Linienführung schuld, die der Renaissance verpflichtet sei. Leider ist die frühbarocke Ausstattung der Kirche nur noch zum Teil erhalten. »Nirgendwo in Frankreich«, sagte Kardinal-Bischof Armand de Rohan, »habe ich eine ähnliche Kirche gesehen.«

Die Jesuiten hatte Fürstbischof Johann Graf von Manderscheid-Blankenheim im Zuge der Gegenreformation ins

Land gerufen und ihnen zunächst das Barfüßerkloster in Zabern als Sitz angewiesen. Neun Jahre später, 1580, wurde das Kollegium Molsheim eröffnet, das 1617, kurz vor der Fertigstellung der Kirche, den Rang einer Universität erhielt, die Ludwig XIV. später mit Straßburg vereinigt hat. Am Tag der Kirchweihe und Erhebung zur Universität gab Bischof Leopold ein Fest, das drei Tage dauerte. Ochsen wurden gebraten, aus zwei Brunnen floß weißer und roter Wein, und die Bürgerschaft unterhielt sich ausgezeichnet.

Von Molsheim wollen wir einen kleinen Abstecher nach *Avolsheim* machen, einem der heiteren, mitten in Rebgärten liegenden Dörfer mit gleich zwei uralten Kirchen. Da ist der Zentralbau der *Ulrichskapelle*, um deren Mittelraum vier hufeisenförmige Apsiden geordnet sind. Die Kapelle wurde um 1000 gebaut und erhielt im 12. Jahrhundert den achteckigen Turm. Leider ist das Bauwerk durch die Ummantelung der Apsiden arg beeinträchtigt. Außerhalb des Dorfes, einsam im Kirchhof in den Feldern, steht nahe einer uralten Linde die zweite Kirche *Dompeter*, ›Domus Petri‹, eine schlichte dreischiffige basilikale Anlage aus dem 11. Jahrhundert, mit schwerem Westturm und dreiteiligem Chor. Sie steht anstelle einer älteren karolingischen, vielleicht sogar noch vorkarolingischen Kirche, die der Sage nach der hl. Maternus gebaut hatte. Der heutige Bau wurde 1049 durch Leo IX. geweiht. Schöne Portale schmücken den Bau.

Nochmals soll uns ein Abstecher von der Hauptstraße nach Norden ins ›Haseltal‹ führen, denn im Dorf *Niederhaslach* steht eine überraschend prächtige Kirche, zu der vormals eine Benediktinerabtei gehörte. Der Straßburger Bischof Florentius soll sie im 7. Jahrhundert gegründet haben, und Grabungen im Osten der Kirche legten Reste einer älteren Kirche aus karolingischer Zeit frei. Das Bildnis des hl. Florentius, ein einst farbig gefaßtes Relief des 12. Jahrhunderts, befindet sich an der Westwand der nördlichen Seitenkapelle vermauert. Die heutige Kirche wurde 1274 begonnen und 1385 beendet. Unter den Baumeistern ist der Sohn des Straßburger Münsterbaumeisters Erwin genannt. Der Oberbau des Turms stammt erst von 1853. Turm und Westfassade bilden aber trotzdem eine großartige, monumentale Einheit, darin das Portal, die Fensterrose über einer Maßwerkbalustrade und darüber zwei hohe maßwerkgefüllte Spitzbogenfenster eingeschnitten sind. Im Tympanon des Portals sehen wir Szenen aus der ›Florentiuslegende‹ und die ›Krönung Mariä‹.

Das Innere ist klar und übersichtlich, und die Langhausfenster tragen herrliche Glasmalereien von etwa 1350 bis 1370: Heilige, Martyrien der Apostel, Gregorsmesse, Florentiuslegende, Marienleben, Legende der beiden Johannes, Passion, Tugenden und Laster sowie Erscheinungen Christi in Gestalt des armen Pilgers. Zwei der Chorfenster entstammen noch dem Ende des 13. Jahrhunderts.

Weiter geht es durch herrliche Waldungen. Einst hatten darin die Holzfäller schwere Arbeit zu leisten, vor allem im Winter, wenn es galt, die geschlagenen Stämme ins Tal zu schaffen. Da gab es eigens angelegte Schleifpfade, besonders in den ausgedehnten dunklen Fichtenwäldern an der elsässisch-lothringischen Grenze um *Dagsburg-Dabo* herum. Auf diesen Wegen brachten die ›Schlitteurs‹ die hochbeladenen Schlitten hinunter.

Aus den Wäldern steigen immer wieder bizarre Felsformationen, auf denen sich Burgen angesiedelt haben. Eine besonders bekannte – *Burg Nideck* – finden wir in der Nachbarschaft von Niederhaslach. Sie ist durch Adalbert von Chamisso's Gedicht ›Das Riesenspielzeug‹, das da beginnt: »Burg Nideck war im Elsaß der Sage wohl bekannt, die Höhe, wo vor Zeiten die Burg der Riesen stand...«, uns aus den Schuljahren vertraut. Sie war alter Besitz des Bistums Straßburg und wurde im 17. Jahrhundert zerstört.

Die Riesen spielen eine große Rolle in der Sage. Da gab es die Riesen Tännchel und Kesten am Oberrhein, die den Menschen wohlgesinnt waren, und auch auf Nideck lebte ein solcher, der sich gut mit den Menschen vertrug. Einmal fand seine Tochter auf einem Spaziergang einen pflügenden Landmann. Neugierig hob sie ihn auf, tat das Ganze – Bauer, Pferde und Pflug – in ihre Schürze und brachte alles, hocherfreut über das neue Spielzeug, auf die Burg, wo sie es vor ihren Vater auf den Tisch setzte. Dieser aber dachte daran, wie alles Feld von Bauern bestellt würde. »Hätten wir die Bauern nicht«, sagte er, »so hätten wir kein Brot.« Und so mußte das Riesenfräulein ihr Spielzeug wieder zurücktragen und behutsam absetzen: »Der Bauer ist kein Spielzeug, da sei uns Gott davor!« schließt Chamissos Gedicht.

Unweit vom Eintritt der Breusch ins Gebirge steht eine andere Burg, *Girbaden* über *Mollkirch*, eine der größten des Landes. Die weitläufige, in Trümmern liegende Anlage, bestehend aus Hauptburg, Nieder- und Vorburg, mit einer Valentinskapelle, mit Zwinger und staufischem Palas, ist ebenfalls auf den Fels gebaut. Im Dreißigjährigen Krieg wurde sie vernichtet, aber noch im Verfall sind ihre Trümmer von gewaltiger Großartigkeit. Erst war die Burg Besitz der Grafen von Egisheim-Dagsburg, dann bischöflich-straßburgisch, und zeitweise den Grafen Leiningen zu Lehen gegeben. Noch jetzt, so heißt es im Volk, erhebe sich am Jahrestage der Zerstörung um Mitternacht der Burgvogt, ohne Arme und mit blutigen Augenhöhlen, aus seinem Grab und eile durch das Schloß, um das Gesinde und die Besatzung zu wecken. Diener steigen dann in das Gewölbe der Gruft und tragen den Sarg der Gräfin von Girbaden herauf, um den sich alle in jener Nacht erschlagenen Kriegsleute versammeln. Nun wird der verräterische Knecht, der den Lothringern eine Pforte geöffnet hatte, in einem roten Hemd, den Schlüssel in der Hand, herbeigeschleppt. Das Gericht über ihn beginnt, er wird für schuldig befunden. Die Gräfin, die starr in ihrem Sarg gelegen, ruft mit heller Stimme: »Rächt den Verrat«, und gleich wird der Knecht niedergeschlagen. Unter dem gellenden Geläut der Sturmglocke umtanzen ihn die anderen, bis die Berggipfel den ersten Morgenschein empfangen. Dann ist alles wieder still wie zuvor und stumm starren die Trümmer der Burg in das wachsende Licht des Tages.

Wir durchfahren nun *Mützig*, wo Chassepot, der Erfinder des Gewehrs gleichen Namens, gelebt hat, zudem bekannt durch seine Brauereien. Und nun geht es immer entlang dem klaren Flüßchen durch das Waldtal, bis *Schirmeck* und *Rothau* erreicht sind, wo die alemannische Sprache dem Französischen weicht.

Oberlin und das Steintal

Gleich beim Eingang ins ›Steintal‹, bei Rothau an der Breusch, liegt der Flecken *Fouday*, einige wenige bescheidene Häuser in Blumengärten, und etwas erhöht die ebenso bescheidene kleine Kirche aus dem späten 18. Jahrhundert, umgeben von den Gräbern der Bauern, darunter aber eines, dessentwegen wir Halt gemacht hatten. Unter schwerer grauer Steinplatte schläft hier ›Papa Oberlin‹, wie die Inschrift sagt. Wer Papa Oberlin gewesen, wie er ins Steintal gekommen ist, was er darin bewirkt hat, wird noch zu erzählen sein.

Wir fuhren weiter talein und stetig aufwärts. Es war ein trüber, wolkenschwerer Nachmittag; im düsteren Licht dunkelten die Tannen- und Fichtenwälder, lagen Laubwälder und Wiesenhänge stumpfgrün, die wenigen Getreidefelder fahlgelb an den steilen Hängen. Unwillkürlich dachte man an die Novelle ›Lenz‹ von Georg Büchner, in der er die Wanderung des Dichters der ›Soldaten‹ zu Pfarrer Oberlin beschreibt. Seine Schilderung gehört zu den schönsten Landschaftsbeschreibungen in deutscher Sprache:

Anfangs drängte es ihm die Brust, wenn das Gestein so wegsprang, der graue Wald sich unter ihm schüttelte und der Nebel die Formen bald verschlang, bald die gewaltigen Glieder halb enthüllte; es drängte in ihm, er suchte nach etwas wie nach verlorenen Träumen, aber er fand nichts. Es war ihm alles so klein, so nahe, so naß; er hätte die Erde hinter den Ofen setzen mögen. Er begriff nicht, daß er so viel Zeit brauchte, um einen Abhang hinunter zu klimmen, einen fernen Punkt zu erreichen; er meinte, er müsse alles mit ein paar Schritten ausmessen können. Nur manchmal, wenn der Sturm das Gewölk in die Täler warf und es den Wald herauf dampfte, und die Stimmen an den Felsen wach wurden, bald wie ferne verhallende Donner und dann gewaltig heranbrausten, in Tönen, als wollten sie in ihrem wilden Jubel die Erde besiegen, und die Wolken wie wilde, wiehernde Rosse heransprengten, und der Sonnenschein dazwischen durchging und kam und sein blitzendes Schwert an den Schneeflächen zog, so daß ein helles blendendes Licht über die Gipfel in die Täler schnitt; oder wenn der Sturm das Gewölk abwärts trieb und einen lichtblauen See hineinriß und dann der Wind verhallte und tief unten aus den Schluchten, aus den Wipfeln der Tannen wie ein Wiegenlied und Glockengeläute heraufsummte, und am tiefen Blau ein leises Rot hinaufklomm und kleine Wölkchen auf silbernen Flügeln durchzogen, und alle Berggipfel, scharf und fest, weit über das Land hin glänzten und blitzten – riß es ihn in der Brust ...

Wirklich, diese Landschaft hat nichts von der milden Heiterkeit der Wälder über den Weinbergen der Rheinebene; sie ist streng und verschlossen und gleicht etwas den ernsten Wäldern des Rothaargebirges. In halber Höhe des

Tals liegt *Waldersbach*, der Pfarrsitz Oberlins, ebenfalls ein bescheidenes Dorf mit sauberen Häusern und einer schlichten, schmucklosen Kirche unter alten Linden. Dicht dabei das kleine Pfarrhaus mit Hof und Garten. ›Museum‹ steht an der Tür. »Es ist niemand da«, sagte ein Bübchen, denn es war Mittagszeit. Aber schon näherte sich eine grauhaarige Frau, die uns freundlich grüßte und das ›Museum‹ aufschloß, das zwei Stuben mit Erinnerungen an den berühmten, seltsamen Pfarrherrn füllt. Bilder, Landkarten, Bücher, Handschriften, Herbarien, Gerät und höchst einfache Möbel – eine wahre Rumpelkammer und doch ein rührendes Zeugnis der Anhänglichkeit der Dorfbewohner an ihren Pfarrer. Wir betrachteten alles, von der Alten bald auf dieses, bald auf jenes aufmerksam gemacht. Schließlich wies sie auf eine runde, mit bunten Glassteinen besetzte Scheibe. »Choisissez une couleur«, sagte sie. »Je vous dirai votre charactère.« Oberlin habe diese Scheiben auf seinen Gängen stets mit sich geführt und damit Farbentests an seinen Pfarrkindern vorgenommen. Sie könne das auch, denn sie habe Oberlins Schrift darüber genau studiert. Wir taten ihr den Gefallen und wählten uns Farben, aus denen sie uns eine erstaunlich treffende Charakterschilderung gab.

Wer aber ist dieser Oberlin gewesen? Es sei mir erlaubt, etwas weiter auszuholen. Nur langsam vollzog sich im 18. Jahrhundert der Aufstieg des Bürgertums, das die Fürsten vor allem aus wirtschaftlichen Gründen brauchten, zu neuer Freiheit. Pietismus und Aufklärung – Gegensätze an sich – kamen dem Bestreben des Bürgertums, sich aus seiner Enge zu befreien, dabei gleichermaßen zu Hilfe. Der Aufklärung allerdings verdanken wir letzten Endes die Zerstörung der langsam gewachsenen europäischen Traditionen, den Sieg des Materialismus mit allen seinen Begleiterscheinungen. Andererseits bewirkten diese auflösenden

Tendenzen einen Gegenstoß des christlichen Geistes, eine Besinnung auf sein Wesen und seine Aufgaben. Hier hat der Pietismus manches Gute geleistet, indem er seine Bemühungen vor allem auf eine Reform des Erziehungswesens, der Landwirtschaft und auf die Begründung einer ›christlichen Industrie‹ richtete. Dem Pietismus nahestehende Geistliche machten sich auf diese Weise moderne Gedankengänge zu eigen. Gerade das Elsaß, das von jeher Heimat bedeutender geistiger Kapazitäten war, woran sicherlich die zentrale Lage des Landes zwischen Frankreich, Deutschland und der Schweiz Anteil gehabt hat, erlebt im 18. Jahrhundert, wie überall neue pädagogische und wirtschaftliche Versuche von Geistlichen beider Kirchen unternommen werden, um das soziale Leben zu erneuern. Zu diesen Männern gehörte Johann Friedrich Oberlin, ein Erzieher von großem Format, ein Praktiker der Nächstenliebe, in dem sich die Kräfte und Ideen der Zeit zur Verinnerlichung des Glaubens und praktischen Arbeit im Sinne des Evangeliums in eindrucksvoller Weise verbanden. Man hoffte in diesen Kreisen schon damals auf eine christliche Universalkirche, eine ›Una Sancta‹, und Oberlin, obgleich Lutheraner, nannte sich einen ›apostolisch-katholischen Pfarrer‹. Die Bezeichnung Protestant lehnte er ab, denn solche habe es nur zur Zeit Kaiser Karls V. gegeben; heute seien sie überflüssig. In Luther, den er als Reformator verehrte, sah er letzten Endes doch nur einen Sektengründer. »Gott«, schreibt er, »wird alle, welche bei den Lehren seines göttlichen Sohnes beharren, gleich gnädig betrachten, seien es Katholiken oder Lutheraner.«

Oberlin, der Militärgeistlicher werden wollte, ließ sich überreden, die Pfarre im Steintal zu übernehmen, und 1767 als Siebenundzwanzigjähriger traf er in Waldersbach ein. Was er dort antraf, muß nicht gerade ermutigend gewirkt haben. Das Steintal machte seinem Namen alle Ehre, denn es war ein sehr armes Tal, durchflossen von der Chirgoutte, überragt vom ›Champ de Feu‹, den die Sage als Hexentanzplatz kennt, und von Westen her schaut der ›Donon‹, der alte keltische Götterberg, herein. Hoch oben im Wald steht die *Ruine Rathsamhausen*, deren Herren einst von Kaiser Sigismund die »Königswürde über die Kesselschmiede« verliehen worden war. Dieses Tal, dessen Bevölkerung von Armut und Krankheiten geplagt war, das als protestantische Enklave ganz isoliert in einem katholischen Gebiet lag, so daß sich, wie Alfons Rosenberg berichtet, selbst ihre Sprache so eigentümlich entwickelt hatte, daß sie außerhalb dieses engen Gebietes niemand zu verstehen vermochte, kam 1771 durch Kauf an den von Goethe geschätzten Straßburger Bankier und Industriellen Baron Dietrich. Dieser ließ den Bergbau wieder aufleben und bemühte sich um eine Verbesserung des Lebensstandards der Bevölkerung. Er hatte, als Oberlin eintraf, bereits 69 000 Livres investiert. Mit Oberlin verband ihn bald ein freundschaftliches Verhältnis. Der junge Pfarrherr hatte es anfangs gar nicht leicht, da er mit Ungestüm die materielle und geistige Entwicklung der Einwohner durchsetzen wollte, was die Menschen beunruhigte und verärgerte, weil sie nun einmal an den alten Trott gewöhnt waren. – Als alter Mann schreibt Oberlin von sich selbst:

Ich bin eine sonderbare Mischung widersprechender Eigenschaften. Ich weiß daher nicht genau, was ich aus mir machen soll. Ich besitze Verstand – bin aber doch nur von sehr beschränkten Geisteskräften –, Klugheit und mehr politische Bildung als meine geistlichen Kollegen, bin aber dennoch sehr zu Fehlern geneigt, besonders wenn ich auch nur im geringsten gereizt werde ... Ich bin ein Deutscher und zugleich ein Franzose, edel, großmütig, dienstwillig, treu ...

Als das junge Fräulein von Berckheim bei ihren Freunden Dietrich in Rothau zu Besuch war, lernte sie Oberlin kennen. Sie hat dieses Zusammentreffen geschildert:

Die Türe zum Wohnzimmer öffnet sich, Oberlin tritt ein und entlockt meinem Nachbarn Périer einen Ruf der Überraschung, aber der Eindruck den er hat, ist nicht ungünstig, denn er reibt sich die Hände. Oberlin ist von Kopf bis Fuß in einen großen Mantel gehüllt. Seine Haltung ist frei und seine Kleidung sehr korrekt. Er trägt die Perrücke, doch sie verbirgt nicht seine Stirn, die lebhafte und edle Einbildungskraft verrät, die ihn ganz besonders charakterisiert; sie leuchtet auch in seinen Augen. Seine lange, gerade Nase mit einer Erhöhung in der Mitte zeigt tiefen Verstand an, der keineswegs des Stolzes ermangelt, der die Funken seiner Seele, den Charme seiner Konversation blitzen läßt. Seine Sprache unterscheidet ihn ganz besonders von anderen Menschen; sie hat im Ton der Stimme und in der Wahl der Worte einen überzeugenden Klang. Es ist nicht so, daß er besser spräche als alle Welt, vor allem auf französisch, aber seine Art etwas zu sagen, macht ihm niemand nach ...

Man fragte ihn, was er von der Abschaffung der Religion halte.

»*Alles was sich jetzt ereignet*«, *sagte er,* »*muß man mit dem Samstag vergleichen: man putzt alles für den Sonntag. Man stellt alle Möbel hinaus, man bringt alles durcheinander, um den Staub zu entfernen. Man entstaubt, klopft, bürstet, das Durcheinander ist schrecklich. Man steht in einer Staubwolke, welche uns die Sicht raubt, uns am Atmen hindert; Stuhlbeine und Armlehnen brechen ab, einige Möbel zerbrechen ganz, aber man stellt alles wieder her, dauerhafter als vorher. Die Stube ist sauber, die Möbel werden eines nach dem anderen wieder eingeräumt, Ordnung und Sauberkeit folgen der Unordnung. Der Sonntag naht, alles ist schön und glänzend. Der Herr, der sich am Samstag entfernt hatte, kehrt zurück, und ich glaube, er denkt, daß er sich besser befindet als am Freitag...*«

Stets ging Oberlin mit praktischem Beispiele voran. Er lehrte die Bauern den Dünger zu verbessern, sumpfigen Boden trocken zu legen, Gemüse- und Obstbau zu fördern, er sorgte für Verbesserungen des Viehbestandes und des

Saatgutes. Er ließ Kartoffeln anbauen, die bald eine begehrte Ware im Land wurden, und richtete Spinnstuben ein. Das alles brachte Geld. Junge Leute ließ er in Straßburg als Handwerker ausbilden; er baute Schulen, führte die Schutzimpfung gegen Pocken ein, gründete in Waldersbach eine Feuerwehr. Für seine Pfarrkinder war er ein unermüdlicher, aber liebenswürdiger Bettler, was seinen Grundherrn Dietrich manchmal verdroß, aber er opferte auch sein eigenes Vermögen. Da eine Chaussee im Steintal fehlte, faßte Oberlin den Plan, eine solche zu bauen, wobei er auf gar keine Gegenliebe stieß, weil die Bauern für sich und den Grundherrn genug zu tun hatten. Da sah man eines Tages den Pfarrer mit Schaufel und Hacke an der Arbeit, und beschämt gesellten sich nach und nach die Bauern zu ihm. Sie legten die Straße von Waldersbach nach Fouday an und bauten dort die Brücke – den ›pont de charité‹ – über die Breusch. Auch einen Vorläufer der ›Raiffeisenkasse‹ rief Oberlin ins Leben: eine Leih- und Kreditanstalt, die bald den Charakter einer Bank annahm; er gründete eine Landwirtschaftsgenossenschaft als ›christliche Gesellschaft‹, der Gehorsam gegenüber den erwählten Vorstehern zur Pflicht gemacht wurde und »unbedingte Feindschaft gegen das gegenwärtige böse Jahrhundert oder den Zeitgeist«. Diese Gesellschaft erregte die Eifersucht der nicht dazugehörenden Landwirte und das Mißtrauen des Grundherrn, dem sie als gefährlicher Geheimbund erschien.

Oberlins Frau Magdalena Salome war ihm in allem eine große Hilfe. Sie gründete 1770 die erste Kleinkinderschule mit genauem Lehrplan, eine Art ›Werkschule‹, an die Kurse für Erwachsene angeschlossen wurden. Der unermüdlich tätige, fromme, von seinen Gemeinden geliebte und verehrte Pfarrer lebte mit seiner zahlreichen Familie in dem kleinen, 1787 von Baron Dietrich gebauten Pfarrhaus, und, obwohl er nicht einmal wohlhabend zu nennen

war, konnte er sich zwei Mägde halten, die auch für das
›Pensionat‹ da waren, das er für Buben aus guten elsässischen Familien eingerichtet hatte. Er lebte, wie er sagte,
»nur für seine Pfarrkinder und seine Zeit, seine Talente,
seinen Garten, seine Tiere ...«

Die Französische Revolution warf ihn aus dem Amt.
Als Handwerker ließ er sich in die Bürgerliste eintragen
und fand er Verdienst. Wenige Tage vor dem Sturz
Robespierres wurde er verhaftet, und nur der Tod des
Despoten rettete ihm das Leben. Goethe hat Oberlin hoch
geschätzt, ist ihm aber nie begegnet. Sein Freund, der
Augenarzt Jung-Stilling, dagegen war mit Oberlin eng
befreundet, und ebenso J. M. Reinhold Lenz, der Dichter,
von dem schon die Rede war. Als er 1778 bei Oberlin auftauchte, brach bei ihm der Wahnsinn aus.

Wie viele Männer jener Zeit hatte Oberlin ein besonderes Interesse für das Leben nach dem Tode, für das Jenseits,
mit dem er nach dem Tod seiner Frau in engster Verbindung gestanden haben will. Das Interesse für okkulte
Dinge lag damals in der Luft, denn, wie die Baronin Oberkirch in ihren Erinnerungen schreibt, ist »das Ende des
18. Jahrhunderts gekennzeichnet durch eine geradezu unbegreifliche Vorliebe für das Wunderbare ...« So galt
Oberlin als ein Meister der ›Wissenschaft vom Jenseits‹,
vom Zwischenreich nach dem Tode. Darüber zu berichten
würde hier zu weit führen. Alfons Rosenberg hat das in
seinem Buch ›Der Christ und die Erde‹ sehr anschaulich
geschildert.

1826 ist Oberlin nach neunundfünfzigjähriger Tätigkeit
in Waldersbach gestorben. Für das Steintal ist seine praktische Arbeit sicherlich von größerer Bedeutung gewesen
als seine Wissenschaft vom Jenseits. Dafür spricht jedenfalls
der Ehrenname, den ihm seine Pfarrkinder gegeben haben:
›Papa Oberlin‹.

Wir fuhren weiter, warfen noch einen Blick auf das an der steilen Berglehne klebende Dorf *Bellefosse*, und dann durch herrlichen Hochwald auf den Kamm des Gebirges, über das ›Champ de Feu‹. Gewaltige dunkelblaue Gewitterwolken ballten sich im Westen, der Wind pfiff über die weite Hochfläche und sauste in den Fichten. Soweit der Blick reicht, überschneidet hier eine Bergkuppe die andere, in grauen Dunst sich verlierend, und nach allen Himmelsrichtungen hin gleitet das Auge an Hängen entlang über Wälder und Wälder. Hier sind die Vogesen keine idyllische Landschaft. Sie sind streng und ernst, mit weiten und engen Tälern, endlos hingestreckt, ein einziges dunkel- und hellgrünes Wogen von großartiger Feierlichkeit. Zu dem vielfältigen und doch ruhigen Wechsel der Bilder gehören auch die zahlreichen Burgtrümmer, deren Türme und Mauern hier und dort aus den Laubmassen aufragen. Über die Burgen in den Nordvogesen soll später noch die Rede sein. Wir aber kehren nach Straßburg zurück.

Maursmünster – Marmoutier

An der Straße Saverne-Nancy-Paris, etwa 40 km von Straßburg in nordwestlicher Richtung entfernt, liegt das Städtchen *Maursmünster*, einst Sitz einer durch die Französische Revolution säkularisierten Benediktinerabtei. Sie war die älteste und reichste des Landes, deren Gründung durch iro-schottische Mönche zwar behauptet wird, aber nicht gesichert ist und vielleicht erst in der zweiten Hälfte des 7. Jahrhunderts von Metz aus erfolgte.

Sie trägt den Namen des Abtes Maurus, der um 724 bezeugt ist. Das Stift, von den merowingischen Herrschern, die in Marlenheim einen Sitz hatten, sehr gefördert, gehörte um 740 mit Murbach und Neuweiler, mit den badischen Abteien Gengenbach und Schuttern zur Kongregation der pirminischen Klöster. Ende des 11. Jahrhunderts begann die Blütezeit der Abtei, welche 1133 die Hirsauer Reform durchführte. Um 1140-50 wurde das prachtvolle Westwerk, das in seinem Farbwechsel des Steins ans Karolingische erinnert, gebaut, dem im 13. Jahrhundert Schiff und Querhaus folgten. 1763 bis 1784 entstand in gotisierenden Formen der Chor, geschmückt mit dem Rokokogestühl.

Ein von Stiftshäusern des 17. und 18. Jahrhunderts gesäumter Platz liegt vor der *Kirche*, deren Westfassade in festen und klaren Verhältnissen von bezwingender Kraft vor uns aufragt. Auf das eindrucksvollste verbinden sich hier lastende Schwere und feine Eleganz, erhöht durch die vollendete, in tiefem und hellerem Rot wechselnde Quadertechnik des Vogesensandsteins, belebt und heiter gemacht durch den Schmuck der Lisenen und Bögen, durch Friese, zartgebildete Konsolen mit Masken und über die Mauerfläche verteilte Reliefs mit Löwen und Fabeltieren, darunter, im Kreis angeordnet, die merkwürdige Darstellung von sechs fratzenhaften, stumpf und unheimlich glotzenden Köpfen, deren Bedeutung mir dunkel geblieben ist. Es scheint ein dreiköpfiges Wesen zu sein, dessen breite, brutale Hände seine Beine umfassen, zwischen denen ein Kopf hervorschaut, über dem wieder zwei Köpfe liegen. Die ganze Darstellung hat auch etwas Gegenkörperliches und in ihrer ornamentalen Wirkung etwas von einer Blume mit fetten Blütenblättern.

In der Mitte der Fassade öffnet sich unter drei von Säulen getragenen Bögen die Vorhalle. Drei Giebel gliedern darüber das Obergeschoß der Fassade, über deren äußeren Teilen zwei achteckige Türme aufsteigen; sie sind von der Vorhalle aus durch zwei Seitenräume zugänglich. Über dem Mittelteil sitzt der schwere quadratische Turm mit gekoppelten Bogenfenstern. Das Ganze ruht in seinem bewegten Umriß wie ein Diadem über der ruhigen, von

Lisenen gegliederten Mauerfläche des Unterbaus, die nur von den Bögen der Vorhalle durchbrochen ist. Das *Innere* empfängt uns als gewölbte, kreuzförmige Basilika. Wir finden hier gute Bauplastik, vor allem unter den Konsolfiguren, die dem Kreis des Straßburger Ecclesiameisters angehören. Man vermutet in ihnen die gleiche Hand, die in Straßburg in der Johannes-Kapelle tätig war.

Man verläßt den Bau unter dem Eindruck der stillen Mächtigkeit des schimmernden Westwerks, dieses Zeugen eines architektonischen Sinnes von tiefer und ruhiger Kraft, so wie er uns auch in Murbach und Rosheim entgegengetreten ist. »Mit Maursmünster«, schreibt Walter Hotz, »nimmt die staufische Kunst im Elsaß ihren Anfang« und ist, so fragen wir, diese ›Kaiserliche Herkunft‹ nicht vielleicht der tiefere Grund für die ›karolingischen Erinnerungen‹, die schon bei dem Farbwechsel des Steins an der Fassade gestreift wurden? Kündigt sich vielleicht in einem solchen Bauwerk eine neue ›Renaissance‹ der Kaiseridee an, aus der, wie Dehio sagt, »jene zusammengenommene markige Kraft spricht, die dem elsässischen Kirchenbau so oft etwas dem Wehrbau ästhetisch Verwandtes gibt ...«?

Zabern – Saverne

Weiter geht es nach *Zabern*, das die Römer ›Tres Tabernae‹ nannten und als strategisch wichtigen Punkt zu Füßen der ›Zaberner Steige‹ befestigt haben. Im 12. und 13. Jahrhundert kam die Stadt an das Bistum Straßburg, und die Fürstbischöfe haben sich gerne in ihr aufgehalten, vor allem nach Einführung der Reformation in Straßburg, die ihnen ihre dortige Residenz verleidete. Einst umgab ein mächtiger Befestigungsgürtel die Stadt; er ist heute nicht mehr vorhanden, wie überhaupt das Stadtbild jetzt in der Hauptsache von modernen Bauten bestimmt wird.

In der Hauptstraße, in die wir von Süden kommend einfahren, steht aber noch ein überaus reich geschnitzter Fachwerkbau von 1605, das Haus des Landschreibers Katz, und die spätgotische *Pfarrkirche* mit dem romanischen Turm birgt manch gutes Ausstattungsstück, darunter die Kanzel von dem Straßburger Hans Hammer, 1495, eine Beweinung Christi in Alabaster von Hans Daucher aus Augsburg – 1500-1510 entstanden – und eine Folge schöner Glasfenster von Peter Hemmel aus dem Ende des 15. Jahrhunderts.

Der bedeutendste Bau Zaberns aber ist die einstige *Fürstbischöfliche Residenz*, breit und pompös am Fuße des Stadtbergs gelagert, aus dunkelrotem Sandstein für Kardinal Louis René-Edouard de Rohan-Guéméné nach Plänen von Nicolaus Alfred Salins 1779 begonnen, nachdem das von Fürstbischof Wilhelm Egon, Grafen von Fürstenberg, 1670 erbaute Schloß einem Brand zum Opfer gefallen war.

Wilhelm Egon von Fürstenberg war 1682 seinem Bruder, dem Kardinal Franz Egon auf dem fürstbischöflichen Stuhl gefolgt und ist, wie dieser, ein eifriger Anhänger Frankreichs gewesen. Erst diente er in der französischen Armee, dann studierte er auf dem ›Collegium Germanicum‹ in Rom Theologie, wurde der einflußreichste Minister am kurkölnischen Hof und war einer »der stattlichsten Seigneurs« des 17. Jahrhunderts. »Er hatte«, erzählt der Herzog von Saint-Simon, »bei einer mittleren Figur die schönste Physiognomie von der Welt und sprach das schlechteste Französisch. Hörte man ihn reden, so glaubte man einen Rohrspatz schwatzen zu hören. Wenn er aber über Politik sprach, so sprach er ganz vortrefflich.«

Dieser, wie sein Bruder Franz Egon, so für Frankreich engagierte Herr, kannte die Skandalchronik aller europäischer Höfe, war Hauptagent König Ludwigs XIV. für dessen deutsche Pläne und erhielt eine so ansehnliche Pension, daß man ihn »le cher ami de France« nannte. 1674 ließ ihn der Kaiser wegen seiner Machenschaften gegen die Interessen des Reichs in Köln verhaften, als er gerade auf dem Weg zu seiner Geliebten, der Frau des Grafen von der Mark und Arenberg war. Im Gefängnis von Wiener Neustadt wurde er festgesetzt, ja er sollte sogar als Verräter enthauptet werden, aber nach vier Jahren ließ man ihn auf Verwendung des französischen Königs frei. 1682 wählte ihn das Straßburger Kapitel zum Bischof und bald darauf erhielt er die Kardinalswürde. Im 18. Jahrhundert stellten nur Mitglieder der Familie Rohan die Straßburger Bischöfe. Goethe berichtet in ›Dichtung und Wahrheit‹ von dem letzten:

Der Anblick des bischöflichen Schlosses erregte unsere Bewunderung; eines neuen Stalles Weitläufigkeit, Größe und Pracht zeugten von dem übrigen Wohlbehagen des Besitzers. Die Herrlichkeit der Treppen überraschte uns, die Zimmer und Säle betraten wir mit Ehrfurcht, nur kontrastierte die Person des Kardinals, ein kleiner zusammengefallener Mann, den wir speisen sahen ...

Goethe hat also noch das ältere Schloß der Fürstenberg gekannt, da Kardinal Rohan das seine erst einige Jahre später neu baute. Er war ein prunkliebender Herr und ist durch die berühmte Halsbandaffäre bekannt geworden, welche der Königin Marie Antoinette so sehr geschadet hat. Davon wird noch die Rede sein. In Ettenheim in Baden ist er 1803 im Exil gestorben. Baronin Oberkirch charakterisiert in ihren Erinnerungen diesen lebenslustigen und verschwenderischen Fürsten als »fort adonné aux femmes«. Sie war auch in Zabern zugegen, als »Son Excellence Monsieur le Comte de Cagliostro« bei ihm angemeldet wurde:

Er war nicht gerade schön, aber niemals habe ich ein bemerkenswerteres Gesicht gesehen. Vor allem hatte sein Blick eine fast übernatürliche Eindrücklichkeit; ich wüßte den Ausdruck seiner Augen nicht anders wiederzugeben: er war zugleich Flamme und Eis; er zog an und stieß ab; er flößte Furcht ein und unbezwingliche Neugier ... Auf seinem Hemd, an seiner Uhrkette, an seinen Fingern trug er große Brillanten von wundervollem Feuer; wenn es nicht Straß war, so waren sie eines Königs würdig. Er behauptete, sie selbst herzustellen. Der ganze Plunder roch auf eine Meile nach Charlatanerie ...

Man unterhielt sich, und Cagliostro sagte der Baronin: »Madame, Sie haben keine Mutter mehr, haben sie kaum gekannt, und Sie haben eine Tochter ... Sie werden kein weiteres Kind mehr haben als dieses.« Baron Oberkirch ärgerte sich darüber so sehr, daß er seine Frau zwang, die Gesellschaft zu verlassen; dabei hätte sie doch gar zu gerne noch etwas über ihre Zukunft erfahren.

Diese Begegnung spielte sich im Zaberner Schlosse ab, dessen Gartenfront mit der schweren Säulenstellung auch heute noch besonders prächtig wirkt. Der einstige französische Garten davor ist allerdings jetzt bis auf einen kläglichen Rest verschwunden und wird vom Rhein-Marne-Kanal durchschnitten.

Nördlich von Zabern, unweit der Stadt, liegt die stattliche dreischiffige Pfeilerbasilika der ehemaligen Benediktinerinnenabtei *St-Jean-Saverne*, 1126 gegründet und St. Georgen im Schwarzwald unterstellt. Die mittlere Chorapsis ist reich verziert mit Halbsäulen, deren Kapitelle zusammen mit Maskenkonsolen einen Rundbogenfries tragen. Auf der Fensterbank der Hauptapsis ruhen Löwen. Das Innere ist von dem tiefen Ernst und der klaren architektonischen Bildung der Romanik gekennzeichnet. Oberhalb der Ortschaft steht an sehr alter Kultstätte eine Wallfahrtskapelle von 1593. Wegen einer kreisrunden Vertiefung im Fels heißt der Ort ›Hexentanzplatz‹, und in der Höhle darunter befindet sich noch ein in den Stein gehauenes Grab, das vielleicht noch aus merowingischer Zeit stammt.

*Schloßruine Kintzheim mit Blick
ins Rheintal*

Gemälde von Johann Friedrich Helmsdorf,
um 1830
Musée des Beaux-Arts, Straßburg

Von den Burgen in der Umgebung von Zabern ist *Haut-Barr*, »der Schlüssel des Landes« oder, wie der Straßburger Gesandte auf dem Konzil zu Konstanz sagte, »das Auge des Elsaß«, die größte und wichtigste. Sie gehörte dem Fürstbischof von Straßburg, der auf Anraten Kaiser Friedrichs I. 1171 von der Abtei Maursmünster den hinteren ›Marktturm‹ kaufte, um ihn zu befestigen. 1583 ließ Bischof Johann von Manderscheid-Blankenheim die Burg wiederherstellen und neue Gebäude aufführen, aber 1791 wurde das Schloß als Nationalgut verkauft und fiel in Trümmer.

Die Burg liegt auf drei Felstürmen. Brücken und Leitern verbinden die einzelnen Teile. Zu Füßen des Nordfelsens mit dem Turm und Mauerresten steht die um 1200 gebaute Kapelle; auf dem Südfelsen liegen die Reste des staufischen Palas, und von hier führt die ›Teufelsbrücke‹ zum Markfelsen.

Bischof Johann von Manderscheid hat sich gerne auf Haut-Barr aufgehalten, wo er die Hornbruderschaft gründete. Wer in diesen Kreis aufgenommen werden wollte, mußte ein riesiges Trinkhorn voll Wein leeren. Der Herr von Bassompierre berichtet, daß er danach fünf Tage krank lag und zwei Jahre lang keinen Wein mehr sehen konnte.

Heute ist es ganz still auf der Höhe der Felsen, von denen man den allerschönsten Blick ins ›Zorntal‹, über die Rheinebene und auf die benachbarten *Burgen Groß- und Kleingeroldseck* hat. Groß-Geroldseck ist der elsässische ›Untersberg‹ oder ›Kyffhäuser‹, denn hierher haben sich – wie man sich zuflüstert – Siegfried, Arminius und Ariovist zurückgezogen, um hervorzutreten, wenn »das Reich in Gefahr ist«. Da es kein Reich mehr gibt, so werden sie kaum noch in Verlegenheit kommen, in Erscheinung treten zu müssen. Wir wollen es auch keinesfalls hoffen, denn mit der Ruhe hier oben wäre es dann wohl wieder einmal auf längere Zeit vorbei.

Dagegen wollen wir uns bei dem schönen Blick auf Zabern an zwei ›Geschichten aus der Geschichte‹ erinnern, die jede auf ihre Art und zu ihrer Zeit das Weltgeschehen beeinflußt haben. Zugleich sind sie zwei Beispiele für unsere These, daß Leben und Geschichte vor dem Rhein nie Halt gemacht haben und daß die Ereignisse immer wieder hinüber und herüber gegangen sind, die guten wie die bösen.

Der Kardinal und das Halsband

Überreich war das 18. Jahrhundert an erfolgreichen, merkwürdigen, extravaganten und originellen Persönlichkeiten, besonders auch unter der hohen Geistlichkeit. Denken wir nur an die bedeutende Karriere der Schönborn, deren grandioser Aufstieg zu den höchsten Würden des Reichs, ja bis zur Reichsunmittelbarkeit führte. Eine ähnliche Stellung nahmen die Rohan auf dem fürstbischöflichen Stuhl zu Straßburg ein. Allerdings können sie sich mit den Schönborn nicht messen. Während diese wirklich in die große Politik einzugreifen imstande waren, ist dies den Rohan versagt geblieben, da alle politischen Entscheidungen ersten Ranges im Kabinett des Königs von Frankreich zu Versailles getroffen wurden. Vier Herren des Hauses folgten einander zwischen 1704 und 1790 auf dem Straßburger Bischofsthron: Armand Gaston Prince de Rohan-Soubise, der das Straßburger Palais baute, Armand Auguste Prince de Rohan-Soubise-Ventadour, Louis Constant Prince de Rohan-Guémené, der ›Große Kardinal‹, und als letzter Louis René Prince de Rohan-Guémené, der das Zaberner Schloß baute und 1790 vor der Revolution ins badische Ettenheim, das zum Bistum gehörte, flüchten mußte.

Es war gewiß nicht leicht für einen geistlichen Fürsten in Frankreich, zwei Herren zu dienen: dem Papst und dem

Monarchen, und es war sicherlich ebenso schwer, als Landesherr und Reichsfürst in Deutschland in der einen Hand das Schwert und in der anderen das Kreuz zu halten, aber dennoch gibt es in der Reihe der Kirchenfürsten in beiden Ländern mehr eindrucksvolle Gestalten, als man gemeinhin glaubt. Zu diesen allerdings gehört der, von dem hier die Rede ist, Louis René Prince de Rohan, nicht. Doch muß man billigerweise zugeben, daß in der prekären Lage, in die er geriet, auch festere Naturen gescheitert wären.

Das Jahrhundert neigte sich seinem Ende zu. Die Großen, deren Namen Europa begeisterten, Maria Theresia und Friedrich II. von Preußen, waren tot. Die Menschen spürten, daß eine Epoche zu Ende ging, daß die Szene sich rasch veränderte, daß etwas Unheimliches in der Luft lag. Sensationen und Gerüchten war man mehr als bisher ausgeliefert. Hinter ihnen traten die wichtigen Ereignisse eher zurück. Friedrichs des Großen Tod zum Beispiel wurde kaum so beachtet wie der neueste Skandal in Paris, in den die Königin Marie Antoinette verwickelt war und mit dem es sich so verhielt:

Es begann damit, daß der Kardinal-Fürstbischof und Großalmosenier von Frankreich, Louis René de Rohan, durch eine Indiskretion, die dem Ansehen der unbeliebten Königin sehr schadete, bei Hofe in Ungnade gefallen war. Alle Anstrengungen des Kardinals, sich zu rechtfertigen, waren gescheitert, man wünschte ihn in Paris nicht mehr zu sehen. Er sah sich aus der Hauptstadt nach Straßburg verbannt, wohin er ja auch als Bischof gehörte, und hier oder in Zabern hielt er Hof. Louis René de Rohan war ein schöner, aber bis zur Dummheit eitler Mann. »Er sieht vortrefflich aus«, berichtet die Baronin Oberkirch, »ist aber alles andere als fromm und hat eine bedenkliche Neigung zu den Frauen. Zwar voller Geist und Liebenswürdigkeit, legt er dennoch eine Leichtgläubigkeit an den Tag, die ihm schon teuer zu stehen gekommen ist.« Die Worte seines Generalvikars, des Abbé Georgel, bestätigen ergänzend: »Zu seinem guten Aussehen und zum Zauber jugendlicher Züge verfügt er nicht allein über die Gabe der Beredsamkeit im allgemeinen, sondern, im besonderen auch über die Kunst der Überredung.«

Die Familie des Kardinals gehörte zu den vornehmsten Frankreichs. Diesem Rang entsprechend führte Louis René einen glänzenden Hofhalt, eingedenk der Devise des Hauses: ›Roi ne pus, Duc ne daigne, Rohan suis‹ – ›König kann ich nicht, Herzog will ich nicht sein, Rohan bin ich‹. Georgel berichtet in seinen Erinnerungen:

In dem beinahe königlich zu nennenden Palais in Zabern des Kardinals Rohan zählt man siebenhundert Betten, einhundertachtzig Pferde, vierzehn Maîtres d'Hôtel, fünfundzwanzig Kammerdiener. Die ganze Provinz kommt dort zusammen. Manchmal gibt der Kardinal zweihundert Gästen samt Dienerschaft Wohnung. Jederzeit findet man bei ihm zwanzig bis dreißig liebenswürdige Damen der Provinz. Diese Zahl wird oft erhöht durch den Besuch von Damen des Hofes oder Pariserinnen. Des Abends um neun Uhr wird soupiert und das gleicht immer einem Fest. Der Kardinal selbst ist dessen schönster Schmuck, er ist schön, gewählt gekleidet, galant und von ausgesuchter Höflichkeit ...

In dieser Zeit traf der berühmte Magier Graf Cagliostro mit seiner Freundin Seraphina in Straßburg ein, der Kardinal lud ihn sogleich zu sich und fiel sofort auf den Schwindler herein. »Ihre Seele«, so erklärte Cagliostro eines Tages dem Fürsten, »ist meiner würdig. Sie verdienen es, Mitwisser aller meiner Geheimnisse zu sein.«

Dem in Versailles so wenig geschätzten Kardinal lag alles daran, wieder in Gnaden angenommen zu werden. Eine seiner ehemaligen Geliebten, eine Gräfin de la Motte-Valois, behauptete, ihn mit der Königin versöhnen zu können, hatte aber nur die Absicht, den leichtgläubigen Kardinal für ihre eigenen Zwecke auszunutzen. So kam es zu der berüchtigten Halsbandaffaire. Frau de la Motte wußte, daß die Hofjuweliere Böhmer und Bassenge in Paris ein herrliches Diamanthalsband im Wert von 1 600 000 Livres besaßen, das Ludwig XV. einst für die Dubarry bestimmt hatte. Die la Motte machte nun dem Kardinal weis, daß die Königin entzückt sein würde, diesen Schmuck zu besitzen, sie habe aber das Geld nicht und würde sich glücklich schätzen, ihn aus der Hand des Kardinals zu empfangen, wenn dieser in Vorlage treten würde. Gegen eine Anzahlung würde ihm der Schmuck übergeben. Die la Motte stellte dem Kardinal eine Audienz bei der Königin in Aussicht; er solle sich zu einer bestimmten Nachtstunde, es war im August 1784, in den Gärten von Versailles einfinden, dort werde er die Königin sprechen und Verzeihung erlangen. Die Begegnung fand im ›Boskett der Venus‹ statt, nur erschien anstatt der Königin, die von nichts wußte, eine tiefverschleierte Vertraute der la Motte. Der Kardinal glaubte die Worte zu vernehmen, daß ihm verziehen sei. Er übergab das Halsband der la Motte, die sogleich ihren Mann mit einem Teil der kostbaren Steine nach London schickte.

Als die Juweliere nach längerer Zeit immer noch kein Geld sahen, wandten sie sich an den Hof. Der Schwindel wurde offenbar. Marie Antoinette war außer sich vor Zorn und Ludwig XVI. mußte einschreiten. Im August 1785 wurde der Kardinal nach Versailles befohlen. Man legte ihm in Gegenwart des Königs den Bericht Böhmers und Bassenges vor, und der unglückliche Fürst erkannte, daß er das Opfer eines großangelegten Betrugs geworden war. Seine Festnahme erfolgte vor versammeltem Hof, doch gelang es ihm noch, den Abbé Georgel zu benachrichtigen, er solle alle Papiere vernichten. Daher lag im folgenden Prozeß kein Beweismaterial vor. Rohan kam aber in die Bastille, wo bald darauf auch Frau de la Motte eingeliefert wurde, die alle Schuld den Machenschaften Cagliostros gab, der zwar damals Rohans Vertrauter in Zabern war, jedoch ebenfalls nun zu den Düpierten gehörte. Er wurde zwar auch zunächst festgesetzt, später aber wieder freigelassen. Damals schrieb Marie Antoinette ihrem kaiserlichen Bruder nach Wien:

Sie werden schon, mein lieber Bruder, von der Katastrophe des Kardinals Rohan gehört haben ... Der Kardinal hat in meinem Namen auf Grund einer Unterschrift, die er für die meinige hielt, ein Diamantenkollier für 1600000 Frcs gekauft. Er behauptet, durch eine Mme. Valois de la Motte getäuscht worden zu sein. Diese Intrigantin von niedriger Herkunft hat niemals nach hier gehört oder hat jemals Zugang zu mir gefunden. Sie ist seit zwei Tagen in der Bastille, und obgleich sie beim ersten Verhör zugegeben hat, mit dem Kardinal viele Beziehungen gehabt zu haben, leugnet sie standhaft, irgend am Handel des Halsbandes beteiligt zu sein. Die Artikel der Abmachung für den Kauf sind tatsächlich von der Hand des Kardinals geschrieben, zur Seite eines jeden ist das Wort ›approuvé‹ von der gleichen Handschrift, die auch zum Schluß mit Marie Antoinette de France unterschrieben hat. Man nimmt an, daß die Unterschrift von der besagten Valois de la Motte stammt, denn man hat die Schrift mit den Briefen verglichen, die bestimmt von ihrer Hand sind. Man hat sich keinerlei Mühe gegeben, meine Schrift zu fälschen, da diese jener in keiner Weise ähnelt, und ich habe niemals ›de France‹ gezeichnet ...

Friedrich der Große soll zu Beginn des Prozesses gesagt haben, der Kardinal werde alle Geisteskräfte aufwenden müssen, um seine Richter zu überzeugen, daß er wirklich ein solcher Tölpel gewesen sei, wie er sich den Anschein gegeben habe. Tatsächlich wurde er freigesprochen und wiederum nach Straßburg verbannt, während die la Motte öffentlich ausgepeitscht, gebrandmarkt und in das Gefängnis der Salpétrière gebracht wurde, von wo sie später entfloh.

Der Halsbandprozeß ist nicht nur eine Katastrophe für den Kardinal gewesen, sondern mehr noch für die Monarchie. Man stand am Vorabend der Revolution, und man kann sich denken, welchen Auftrieb der Prozeß den unzufriedenen Elementen, den Revolutionären gegeben hat, denn es war ja nicht der Prozeß allein, der die Gemüter erregte, es war das Regierungssystem, das man vor allem in den Kreisen der Intellektuellen haßte, und das durch diese Vorgänge schwer erschüttert wurde. »Welch ein großes und vielverheißendes Ereignis«, rief einer der Frondeure im Parlament voller Freude aus. »Ein Kardinal als Gauner entlarvt! Die Königin in einen Skandalprozeß verwickelt! Welcher Schmutz an einem Bischofsstab und dem Szepter. Welch ein Triumph für die Idee der Freiheit!« So töricht diese Worte sein mögen, denn es war ja klar gestellt, daß die Königin nichts mit der Sache zu tun hatte und daß der Kardinal das Opfer seines sträflichen Leichtsinns und Ehrgeizes geworden war, aber man nutzte eben jetzt die Situation aus, um der Monarchie den Todesstoß geben zu können. In den Augen der Masse stand die Königin als Schuldige da, und auf den Straßen, in den Bistros sang man Spottlieder auf Marie Antoinette und auf ihre um ein Halsband käufliche Tugend. Wenige Jahre später wurde sie aufs Schaffott geschleppt und die ›Halsbandaffäre‹ hat an ihrem grauenvollen Schicksal großen Anteil gehabt. Der Kardinal, das andere Opfer, mußte sein glänzendes Schloß in Zabern verlassen und über den Rhein fliehen; die um die kostbaren Steine betrogenen Juweliere in Paris aber waren gezwungen, Konkurs anzumelden. Die Familie Rohan hat übrigens an die Erben der Juwelenhändler bis in unser Jahrhundert hinein die Schulden des Kardinals für das Halsband abbezahlt, was unseres Wissens kaum bekanntgeworden ist.

Und nun die zweite Geschichte, die uns einfiel, als wir das Schicksal des Kardinals Rohan überdachten. Sie führt uns in Gedanken über den Rhein ins Badische hinüber, dem Fluchtweg folgend, den der unglückliche Kirchenfürst vor der Französischen Revolution zu nehmen gezwungen war.

1790 siedelte also Kardinal Louis René-Edouard Prince de Rohan-Guéméné, Fürstbischof von Straßburg, in das Ettenheimer Amtshaus über, und ihm folgte das Domkapitel, der Hof und manche Standesperson aus Straßburg in die Emigration. 1803 ist Rohan gestorben und wurde in der Ettenheimer Pfarrkirche beigesetzt. Ein Jahr nach seinem Tode ist der Name Ettenheim durch einen eklatanten Völkerrechtsbruch weltbekannt geworden.

Der Herzog von Enghien

Seit 1801 lebte hier in dem schlichten, hübschen, barocken Ichtratzheimschen Hause unweit der Pfarrkirche Louis Antoine Henri de Bourbon-Condé, Herzog von Enghien. Der junge Mann hatte den Kardinal Rohan gebeten, sich in Ettenheim niederlassen zu können, weil die Nichte des Fürstbischofs, Charlotte de Rohan, die er liebte, dort bei ihrem Onkel lebte. In die Fenster des Rohanschen Schlosses in Zabern hatte er schon für sie Verse von Racine und Corneille geritzt, aber auch solche eigener Erfindung, wie diese:

> *Belle Charlotte, votre nom est gravé*
> *dans mon cœur comme mon cul dans mes culottes.*

In Ettenheim nun lebte Enghien still und bescheiden mit Hilfe einer englischen Pension, kümmerte sich um Politik gar nicht, machte kleine Reisen, vor allem in die Schweiz, ging oft nach Straßburg, jagte bei Freunden im Elsaß und empfing den Besuch französischer Emigranten, die ihm als

Angehörigem des französischen Königshauses ihre Reverenzen erweisen wollten.

Seine Umgebung bestand aus dem Marquis de Trumery, dem Freiherrn Ritter von Groensteyn, einem Leutnant Schmidt, den Abbés Michel und Wembronn und seinem Sekretär Jacques. Zu Beginn des Jahres 1804 wurde in Paris eine Verschwörung gegen das Leben des Ersten Konsuls Napoleon Bonaparte aufgedeckt. Zu den Verhafteten gehörten die Generäle Pichegru und Moreau, sowie einer der gefürchtetsten royalistischen Bandenführer, der ›Chouan‹ Georges Cadoudal. Polizeiminister Fouché leitete persönlich die Untersuchung des Falles, der auf die Tätigkeit des österreichischen Geheimdienstes hinzuweisen schien, und daher fiel auch ein Verdacht auf den jungen Herzog, dessen harmlose kleine Reisen im Elsaß und der Schweiz dem Minister wohlbekannt waren. Vor allem witterte Fouché hinter den heimlichen Besuchen des Herzogs im Ettenheimer Amtshause geheime Machenschaften mit dem Kardinal. Enghien's Besuche bei ihm hatten aber, wie gesagt, mit dieser Angelegenheit nicht das geringste zu tun, sondern ganz andere Gründe.

Ende Februar 1804 erschien ein Fremder in Ettenheim, setzte sich in die Wirtschaft zur Sonne und ließ im Gespräch den Namen Enghien fallen. Bald hatte er alles erfahren, was die Einwohner über das Leben des interessanten, vornehmen jungen Herrn wußten. Man berichtete es dem Herzog voller Sorge, der sich über die Ängste seiner Freunde lustig machte. Vierzehn Tage später, am 13. März morgens um acht Uhr, tauchten zwei Männer auf, deren einer dem anderen Haus und Umgebung zu erklären schien. Der Diener meldete es dem Herzog, der nicht viel daraus machte.

In Paris waren inzwischen weitere Verhaftungen erfolgt; es hieß, daß einer der bourbonischen Prinzen in der Hauptstadt erwartet oder daß er sogar im Palais des österreichischen Botschafters Grafen Kobenzl versteckt gehalten würde. Auch Bonaparte nahm die Sache ernster als alle bisherigen Komplotte, da Angehörige der alten ›Noblesse‹ ihre Hand im Spiel hatten und eine Wiedereinsetzung der Bourbonen seine ehrgeizigen Pläne empfindlich gestört hätte. Er erklärte im Staatsrat:

Das Volk von Paris behauptet, daß sich Prinzen der abgesetzten Familie im Palais der österreichischen Botschaft aufhalten, und daß ich es nicht wagen würde, sie dort zu suchen! Sind wir denn in Athen, wo die Verbrecher nicht in den Minervatempel hinein verfolgt werden durften? Der Marquis de Bedmar, der im Herzen der Republik Venedig konspirierte, wurde er nicht auf Befehl des Senats in seinem eigenen Haus verhaftet und wurde er nicht gehenkt, ohne Furcht vor den Spaniern? Gut! Wenn ich heute die Gewißheit hätte, daß sich eine Persönlichkeit von hohem Rang in der österreichischen Botschaft versteckt hielte, würde ich nicht zögern, den Schuldigen und seinen privilegierten Hehler greifen zu lassen. Sie verstehen richtig, meine Herren, seinen privilegierten Hehler, um beide vor ein Tribunal zu stellen, das sie ohne Zweifel verurteilen würde. Und ich würde das Urteil vollstrecken lassen ...

Es war bekannt, daß England sowohl den königlichen Prinzen als auch einer Menge von Emigranten Pensionen zahlte, aber alle in Frage kommenden Prinzen waren abwesend und man kannte ihre Aufenthaltsorte. Daher, so schloß Fouché, konnte nur Enghien die treibende Kraft sein. Ettenheim war bald von Spionen umringt. Eines Morgens meldete sich ein Agent bei General Leval in Straßburg und sagte: »Il est arrivé hier à Ettenheim chez le duc d'Enghien, M. Dumérié.« Er meinte damit den Revolutionsgeneral Dumouriez, der ebenfalls gesucht wurde, und den der Herzog sicher nicht aufgenommen hätte. Ohne Zweifel hatte er den Namen Dumouriez mit dem des Marquis Trumery verwechselt.

Nun holte Paris zum Schlag aus. Napoleons Außenminister Talleyrand teilte dem badischen Staatsminister in Karlsruhe, Baron Edelsheim, mit, daß der Erste Konsul eine Bande von ›Briganten‹ durch zwei kleine Détachements ausheben lassen wolle. Es bestünde kein Anlaß zur Beunruhigung. Das Schreiben wurde jedoch erst übergeben, als die Truppen schon in Ettenheim eingetroffen waren.

Zwei Schwadronen umzingelten in der Nacht vom 14. auf den 15. März die Stadt. Die Einwohner beruhigte man mit der Versicherung, es geschehe mit Genehmigung der badischen Regierung und handle sich lediglich um eine Aktion gegen einige Emigranten. Der Herzog wurde von seinem verstörten Diener geweckt: »Monseigneur! Ce sont les Français!« Schon betrat Oberst Charlot das Haus: »Qui de vous est le ci-devant duc d'Enghien?« Der Prinz trat ruhig vor, wurde verhaftet, nach Straßburg gebracht und von dort am 18. März in die Festung Vincennes bei Paris überführt. Seinen Hund, den er sehr liebte, durfte er mitnehmen. Ein vom Ersten Konsul bestelltes Scheingericht begann sofort nach seinem Eintreffen, um zwei Uhr nachts, das Verhör. Der Herzog erklärte, er habe nie einer Verschwörung angehört, habe nie gegen sein Land, wohl aber gegen die Revolution gefochten. Er erklärte weiter, er habe in der englischen Armee dienen wollen, doch habe man ihn angewiesen, am Rhein zu bleiben, wo er noch eine Rolle spielen werde: »J'attendais, Monsieur. Je n'ai plus rien à vous dire.«

Diese unglückliche Aussage besiegelte sein Schicksal. Zwar versuchte später der Präsident des Gerichts, die Aussage abzuschwächen, und Enghien verlangte nochmals, den Konsul zu sprechen, doch die Kommission ging darauf nicht ein und fällte nach kurzer Beratung das Todesurteil. In den frühen Morgenstunden des 20. März wurde der

Prinz in den Festungsgraben geführt, wo ein Peloton und Offiziere warteten. »Grâce à Dieu, je mourrai de la mort d'un soldat! Que Dieu pardonne à mes juges, comme je leur pardonne. Allons! Messieurs, faisons tous notre devoir.« Man verweigerte ihm den Priester und eine grobe Stimme rief: »Il veut mourir comme un capucin!« Als man ihm befahl niederzuknien, rief er :»Monsieur, un Condé ne fléchit le genou que devant Dieu« –, das waren seine letzten Worte. Als die Salve verhallt war, hörte man das klägliche Heulen des Hundes.

Napoleon zeigte sich sehr überrascht von der Nachricht und sagte: »Voilà un crime qui ne mène à rien«, und Talleyrand, der die Nacht beim Spiel im Hause von Freunden verbrachte, soll die Uhr gezogen und bemerkt haben: »Il est six heures! Le duc d'Enghien ne doit plus exister.« Abends gab er einen großen Ball.

Frankreich, ja Europa waren empört! Der Graf Ségur schreibt: »Wir sind zu den Greueln des Jahres 1793 zurückgekehrt; dieselbe Hand, die uns aus dem Abgrund gezogen hat, stößt uns wieder hinein. Ich bin vernichtet. Bisher bin ich stolz gewesen auf den großen Mann, dem ich diente. Nun aber ...« Und der Dichter Chateaubriand äußert sich gegen Madame de Staël über die Hinrichtung und den Code Civil, der einen Tag vor dem Tode Enghien's in Kraft getreten war:

Welch ein Werk! Die Welt hat Ähnliches seit den Pandekten des Justinian nicht mehr erlebt ... Das ist Bonaparte, der Mann, dem die Welt Standbilder errichten sollte. Aber wären sie errichtet, so müßten sich die Freunde der Gerechtigkeit, die Gläubigen der Freiheit zusammenschließen und sie wieder niederreißen. Denn dieser Konsul herrscht nicht durch das Gesetz über uns, sondern durch den Staatsstreich, durch die blinde Ergebenheit seiner Truppen und durch Fouché's geheime Staatspolizei. O Madame, wie zerrissen bin ich! Der Urheber des Code Civil und der Mörder d'Enghien's sind ein und dieselbe Person – heißt das Mensch sein, aus solchen Widersprüchen zu bestehen? Lebe wohl, Bonaparte! Mein Weg wendet sich von dem deinen ...

Über die Zaberner Steige

Wir verlassen Zabern und fahren die sanft ansteigenden Hänge des Gebirges hinan. »Von der aufgehenden Sonne beschienen, erhob sich vor uns die berühmte ›Zaberner Steige‹, ein Werk von unüberdenklicher Arbeit. Schlangenweis, über die fürchterlichsten Felsen aufgemauert, führt eine Chaussee, für drei Wagen nebeneinander breit genug, so leise bergauf, daß man es kaum empfindet...« So erlebte der junge Goethe die Zaberner Steige, die wie die Burgundische Pforte zu den uralten Verkehrswegen Europas gehört. Auf der Höhe der Steige zweigt ein Pfad ab, der durch den Wald zu einem Felsen führt, welcher ›Prinz-Karl-Sprung‹ genannt wird. Die Sage erzählt, daß ein Herzog von Lothringen auf dem Ritt nach Zabern in einen Hinterhalt geriet und seinen Verfolgern nur durch den kühnen Sprung in die Tiefe entkam. Über das bereits lothringische *Phalsbourg* gelangen wir nach *Graufthal* im ›krummen Elsaß‹, das ins lothringische Land einspringende Vogesenstück. Das Dorf liegt unter hoher Felswand, in die, noch vor kurzem bewohnte, Wohnungen eingehauen sind, die man gegen kleines Entgelt besichtigen kann.

Bald ist *La Petite Pierre – Lützelstein –* erreicht. Altstadt und Schloß liegen, von Befestigungen geschützt, auf einem Vogesenkamm, von dem man weit hinaussieht über Waldberge und tief eingeschnittene Täler.

Ostwärts fahrend gelangen wir in die ehemalige Grafschaft Hanau-Lichtenberg, ein schönes, fruchtbares Land mit dem Hauptort *Buchsweiler – Bouxwiller*. Doch zuerst wollen wir *Neuweiler – Neuwiller-lès-Saverne –* besuchen, wo es zwei bedeutende Kirchen aus romanischer Zeit gibt.

Da ist zunächst die ehemalige Benediktinerabteikirche St. Peter und Paul an einem weiten Platz mit hübschen Abteigebäuden des 18. Jahrhunderts, den man durch ein romanisches Tor erreicht. Es ist eine sehr alte geistliche Niederlassung, in die Bischof Drogo von Metz 836 oder 846 die Gebeine des Metzer Bischofs Adelphus bringen ließ. Diese Reliquien machten Neuweiler zu einem vielbesuchten Wallfahrtsort. 1496 wurde die Abtei in ein Kollegiatstift umgewandelt und mit dem Kollegiatstift St. Adelphi vereinigt. Zwischen den beiden Stiften gab es häufig Streit, bis endlich Alexander VI., der Borgia-Papst, energisch dazwischenfuhr.

St. Peter und Paul ist ein sehr stattlicher Bau aus dem 12. und frühen 13. Jahrhundert, mit einer schweren, prunkenden Westfassade, die François Pinot 1768 davor gesetzt hat. Von dem ältesten Bau besteht nur noch die ›Confessio‹ unter dem Chor, die wohl noch karolingischer Zeit angehört – ein tonnengewölbter Gang, der zu einem quadratischen Raum führt, in dem wohl ursprünglich die Gebeine des hl. Adelphus beigesetzt waren. Über dieser ›Confessio‹ begann der Neubau der Kirche im 12. Jahrhundert. Der rechteckige Chor erhielt seine Gestalt durch diese Urform, die durch Treppenanlagen rechts und links vom Chor zugänglich gemacht wurde. An den Chor schließt sich das aus drei Quadraten bestehende Querhaus an. Diese Maßeinheit des Quadrates, dem die Vierung zugrunde liegt, sollte die ganze Kirche in ihren Verhältnissen bestimmen, doch wurde dieser strenge Plan aufgegeben, je weiter der Bau nach Westen fortschritt. Die Gotik burgundischer Prägung verdrängte ihn, doch macht sich die ursprüngliche Anlage in der Weiträumigkeit der Kirche und besonders im Außenbau mit dem mächtigen quadratischen Vierungsturm noch immer geltend.

Der heutige Bau ist reich geschmückt. Da ist vor allem das prächtige Säulenportal an der Nordseite, dessen Tympanon den Weltenrichter zwischen Engeln und an den Gewändepfeilern die Apostelfürsten Petrus und Paulus zeigt. Im Innern sehen wir einen schönen Taufstein, dessen Becken auf sphinxartigen Wesen ruht – wohl um 1200 entstanden –, und das ›Adelphigrab‹, hinter spätgotischen Wimpergen verborgen.

Am interessantesten ist die *Doppelkapelle*, die sich im Osten anschließt, und die wohl noch vor dem Neubau des 12. Jahrhunderts, nämlich um 1050, entstand. Die untere ist der hl. Katharina geweiht, die obere dem hl. Sebastian; in der Sebastians-Kapelle prachtvoll ornamentierte Würfelkapitelle. In ihr befinden sich auch berühmte Wirkteppiche des späten 15. Jahrhunderts mit der Legende des hl. Adelphus, gestiftet vom Grafen von Lichtenberg. Sie zu sehen, ist uns nicht gelungen, denn der Pfarrer war abwesend, und die Pfarrköchin erklärte kurz und bündig: »Ich gebe den Schlüssel nicht her.« Ein alter Mann, der auf dem Hof umherschlich, versprach den Schlüssel zu holen und verschwand nach Empfang eines reichlichen Trinkgeldes auf der Orgelempore. Dort hörten wir ihn keuchend die Uhr aufziehen, aber dann wurde es still; der Alte hat sich nicht mehr gezeigt.

Der Ostflügel der Konventsgebäude ist noch erhalten. In ihm befindet sich ein schöner frühgotischer Kapitelsaal.

St. Adelphi, ganz in der Nähe, ist ebenfalls eine dreischiffige Basilika des 12. und 13. Jahrhunderts, mit zwei halbrunden, zierlichen Treppentürmchen an der Westfront, die eine Fensterrose über dem Portal schmückt. Das Innere ist durch Umbauten und Einstürze nicht mehr sehr sehenswert. Von der alten Ausstattung sind nur noch Reste vorhanden: vor allem die Figuren Maria und Johannes aus einer Kreuzigung, Werke des Conrad Seyffer und 1490

31 Kirche in Maursmünster

32-33 Die Heidenmauer am Odilienberg

34-35 Kloster Odilienberg, Grabmal der hl. Odilia in der Kirche

36 Burg Lichtenberg

37 Obernai – Straßenbild

38-39 Waldersbach im Steintal – Oberlins Pfarrhaus

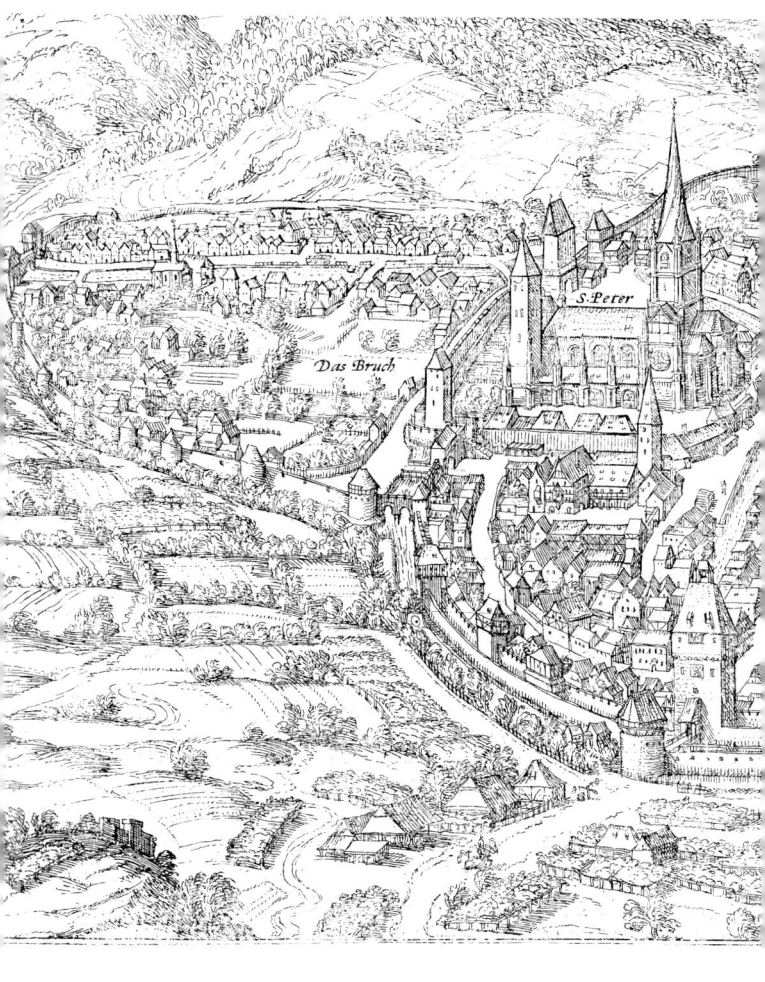

40-41 Weißenburg – Gesamtplan der Stadt im 17. Jh.

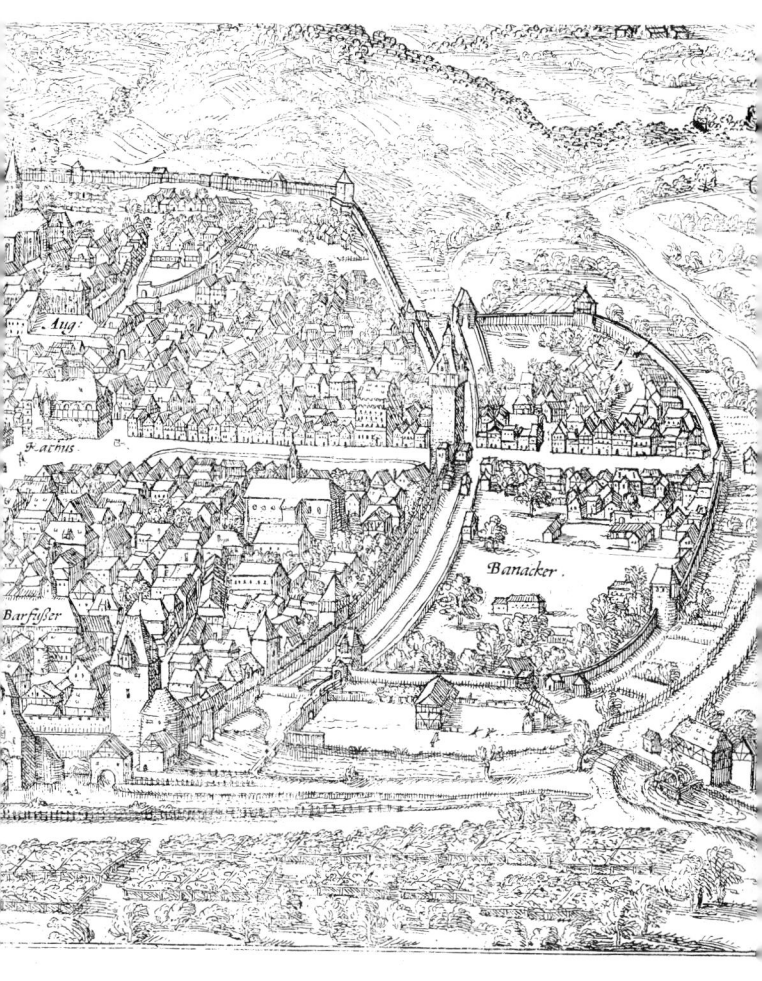

42 Ruine von Burg Nideck in den Nordvogesen

datiert. In dem malerischen, einst stark befestigten Städtchen stehen noch gute Häuser der Renaissance und des Barock.

Weiter geht es durch das schöne Land. Als wir es durchfuhren, standen die Birnbäume im leuchtenden Herbstlaub, rote und zitronengelbe Äpfel glänzten im silbrigen Licht des Septembertages, das über satten grünen Wiesen und braunen Äckern lag. Jenseits des Tals wölbt sich leicht ein runder Rücken empor, der ›Bastberg‹. Lassen wir Goethe das Wort, denn nicht treffender könnte man das Landschaftsbild beschreiben:

Alle diese Betrachtungen übertraf der Anblick, wenn man von dem nahgelegenen Bastberg die völlig paradiesische Gegend überschaute... Man steht auf dem letzten Vorgebirge nach dem Lande zu; gegen Norden liegt eine fruchtbare, mit kleinen Wäldchen durchzogene Fläche, von einem ernsten Gebirge begrenzt, das sich gegen Abend nach Zabern hin erstreckt, wo man den bischöflichen Palast und die eine Stunde davon liegende Abtei Sankt Johann deutlich erkennen mag. Von da verfolgt das Auge die immer mehr schwindende Bergkette der Vogesen nach Süden hin. Wendet man sich gegen Nordost, so sieht man das Schloß Lichtenberg auf einem Felsen und gegen Südost hat das Auge die unendliche Fläche des Elsasses zu durchforschen, die sich in immer mehr abduftenden Landschaftsgründen dem Gesicht entzieht, bis zuletzt die schwäbischen Gebirge schattenweis in den Horizont verfließen.

Der ›Bastberg‹ ist ein alter Hexentanzplatz, wo auch die ›böse‹ Gräfin Itta von Lützelstein gerne geweilt haben soll. Manche Stellen dieses unheimlichen Ortes werden von Tieren gemieden, Hunde bellen und wollen nicht weiter. Zu gewissen Zeiten steigen feurige Kugeln auf oder Feuer wandern auf dem Bergrücken hin und wider. Vor Zeiten wanderte ein Schulmeister von einer Kindstaufe in sehr lustiger Stimmung nach *Griesbach* heimwärts und nahm den Weg über den verrufenen Berg. Auf der Höhe angekommen, vernahm er eine lustige Musik, ging neugierig den Klängen nach und fand einen reich gedeckten Tisch, auf dem goldene Becher standen. Damen und Herren drehten sich im Tanz. Ein Herr reichte ihm einen Becher und trank auf sein Wohl, ein anderer gab ihm eine Geige und wies ihm einen Platz bei der Musik an. Die ganze Nacht lang bis zum ersten Hahnenschrei geigte der arme Schulmeister wie besessen, so daß die Paare immer wilder tanzten. Auf einmal war alles still und leer: die Hähne krähten. Der Schulmeister erwachte und sah zu seinem Schrecken, daß er mit zerrissenen Kleidern auf einem Steinhaufen lag. Anstatt der Geige hielt er eine große Katze im Arm, die ihn biß und kratzte und fauchend in den Reben verschwand.

Ähnlich erging es einem Musikanten aus *Gumbrechtshofen*, der auf der *Mietesheimer* Kirmes gespielt hatte und recht berauscht nach Hause zog. Da begegnete ihm eine prächtige Kutsche und auf Einladung des Kutschers nahm der Musikant im Wagen Platz, der nach einiger Zeit vor einem prächtigen Schloß hielt. Diener brachten den Musikus in einen Saal, wo Hochzeit gefeiert wurde. Er wurde mit Freuden empfangen und gebeten aufzuspielen, was er auch bereitwillig tat. Nach dem Ball wurde getafelt und alles war guter Dinge. Als man merkte, daß der Spielmann müde war, wies man ihm ein angenehm weiches Lager an, aber am Morgen war er sehr erstaunt, unter dem Galgen auf dem ›Bastberg‹ zu liegen.

Von der Höhe schaut man hinunter auf die Dächer von *Buchsweiler*, der Lichtenbergischen, später Hanau-Lichtenbergischen, schließlich Hessen-Darmstädter Residenz der Grafschaft.

Das Hanauer Land

So heißt noch heute das ehemalige Gebiet der Grafen von Hanau-Lichtenberg beiderseits des Rheins. Der elsässische Teil mit dem Hauptort *Buchsweiler* liegt nördlich von Straßburg zwischen Zabern (Saverne) im Westen und dem Rhein im Osten, zwischen Brumath im Süden und Weißenburg im Norden. Ausgenommen war die Stadt Hagenau und der Hagenauer ›Heilige Forst‹. Es ist ein fruchtbares und weites Land, mit Dörfern, Städtchen und mächtigen Burgen in den Vogesen. Die Grafen von Lichtenberg waren eine einflußreiche Familie; sie stellten drei Fürstbischöfe von Straßburg, unter ihnen Konrad, der Meister Erwin als Dombaumeister in seinen Dienst nahm. 1458 ging die Grafschaft an die Schwiegersöhne Ludwigs von Lichtenberg über, den Grafen von Zweibrücken-Bitsch und den Grafen von Hanau-Münzenberg aus Hessen. 1736 fiel der Hanauische Teil durch Heirat der letzten Hanauerin mit dem Landgrafen von Hessen-Darmstadt an dieses Haus. Bereits 1570 wurde der zweibrückische Teil mit der Grafschaft Hanau-Lichtenberg vereinigt. Der rechtsrheinische Teil fiel 1803 an Baden.

Sehr eigenartig war die Stellung der Grafen gegenüber dem Reich und Frankreich. 1680 forderte Frankreich die reichsunmittelbaren Herren im Elsaß auf, dem König den Treueid zu leisten und das französische Wappen an den Toren anzubringen. Im Falle der Weigerung wurde mit Schließung der Archive und Entlassung der Beamten gedroht. »Mit innerem Widerstreben« ging der Graf auf die Forderungen ein, um sein Land zu erhalten. Das änderte jedoch nichts an seiner Stellung als reichsunmittelbarer Herr und Mitglied der Wetterauer Grafenbank. Die Hanauer waren wegen ihrer vortrefflichen, menschenfreundlichen Regierung sehr beliebt. Goethe gedenkt des

Grafen Reinhard in ›Dichtung und Wahrheit‹: »Solche Männer haben den Vorzug doppelte Wohltäter zu sein, einmal für die Gegenwart, die sie beglücken, und sodann für die Zukunft, deren Gefühl und Mut sie nähren und aufrecht erhalten.«

Wir hatten unser Standquartier in *Brumath* aufgeschlagen, im ›Hôtel à l'Écrevisse‹, das seinem Namen alle Ehre macht, denn nicht nur versteht man es dort Krebse zuzubereiten, sondern überhaupt eine ganz ausgezeichnete Küche zu führen. Von hier aus kann man bequem das Land durchstreifen.

Es ist ein schönes, stilles Land, vor allem im Herbst, wenn der Rauch der Kartoffelfeuer über die Äcker zieht, der Duft gilbenden Laubs und reifer Früchte in der Luft liegt und allenthalben die abgeernteten Hopfenpflanzen in den blaßblauen Himmel stechen. Überall reiche Dörfer mit prächtigen Fachwerkhäusern, deren Giebel Vordächlein tragen, unter denen der Mais oder der Tabak trocknen, und deren Höfe zuweilen von hölzernen Galerien umgeben sind. Es ist eine Welt für sich, noch unverdorbenes Bauernland, und man sieht nicht nur Traktoren, sondern auch noch Pferde- und Ochsengespanne ihres Weges ziehen.

In diesem Land liegt *Sesenheim*, berühmt geworden durch Goethe, der während seiner Straßburger Zeit so oft Gast des Pfarrers Brion und seiner Familie gewesen ist. Man kann den Ort von Straßburg aus auf der Route 68 erreichen oder von Brumath über *Bischweiler* und *Drusenheim*. Wir fuhren über Hagenau, dann durch den ›Heiligen Forst‹ nach *Souflenheim*, wo wir die große Straße wieder erreichten. Sesenheim liegt in einer Landschaft von eigenartiger Schönheit, die ihren besonderen Charakter von den zahlreichen Altwassern des Rheins und den dichten Auwäldern erhält. Hinter den Bäumen, die noch vielfach im Elsaß die Landstraßen begleiten, wohltuenden Schatten spendend, taucht der Kirchturm des Dorfes auf. Sicherlich hat sich das äußere Bild seit Goethes Zeit nicht verändert, nur das alte Pfarrhaus ist durch ein neueres ersetzt worden, und vor dem ›Gasthaus zum Ochsen‹ stehen heute meist einige Omnibusse, deren Insassen die Wirtschaft stürmen. Die Kirche selbst, umgebaut zu Beginn unseres Jahrhunderts, ist nüchtern und schlicht wie die »etwas trockenen Predigten« des Pfarrers Jakob Brion, der in der Kirche begraben liegt. Es gibt eine Goethe-Gedenkstätte und im ›Ochsen‹ sogar ein veritables Goethe-Museum, in dem Briefe Oberlins, des Pfarrers Brion, Lavaters, Jung-Stillings und anderer, Stiche, Lithographien und Bildnisse aufbewahrt werden. Da ist auch der ausgediente Wetterhahn, den Goethe nach seinem Abschied von Friederike in einem Brief erwähnt: »Es regnet draußen und drinnen, und die garstigen Winde rascheln in den Rebblättern vorm Fenster, und meine anima vagula ist wie's Wetter-Hähngen drüben auf dem Kirchturm: dreh dich, dreh dich, das geht den ganzen Tag.« Wie anschaulich beschreibt er Friederike in ›Dichtung und Wahrheit‹:

Ein kurzes weißes rundes Röckchen mit einer Falbel, nicht länger als daß die nettsten Füßchen bis an die Knöchel sichtbar blieben; ein knappes weißes Mieder und eine schwarze Taffetschürze – so stand sie auf der Grenze zwischen Bäuerin und Städterin. Schlank und leicht, als wenn sie nichts an sich zu tragen hätte, schritt sie, und beinahe schien für die gewaltigen blonden Zöpfe des niedlichen Köpfchens der Hals zu zart. Aus heiteren blauen Augen blickte sie sehr deutlich umher, und das artige Stumpfnäschen forschte so frei in die Luft, als wenn es in der Welt keine Sorge geben könnte ... Monatelang beglückten uns reine ätherische Morgen, wo der Himmel sich in seiner ganzen Pracht wies, indem er die Erde mit überflüssigem Tau getränkt hatte; und damit dieses Schauspiel nicht zu einfach werde, türmten sich oft Wolken über die entfernten Berge, bald in dieser, bald in jener Gegend ... Unter diesen Umgebungen trat unver-

sehens die Lust, zu dichten, die ich lange nicht gefühlt hatte, wieder hervor.

In Meißenheim bei Lahr in Baden hat Friederike Brion ihr Leben beschlossen. Geheiratet hat sie nicht, wohl weil sie Goethe liebte und ihn nicht vergessen konnte.

Auf und ab ging es weiter durch hügeliges Land mit Wegkreuzen und steinernen ›Ruehbänkle‹ unter hohen Bäumen, durch breithingestreckte Straßendörfer, in deren Gärten Dahlien in allen Farben glühten. *Ober- und Niederbetschdorf* – ein Fachwerkhaus schöner als das andere – und überall vor den Fenstern zur Schau gestellt blaubemaltes Steingutgeschirr, ähnlich der Westerwälder Ware. Wir fuhren durch die Trachtendörfer *Oberseebach, Schleithal* und *Hunspach*, doch sieht man die bäuerliche Tracht nur noch an Sonn- und Feiertagen. Robert Redslob beschreibt einen Besuch in Hunspach:

Wir sind beim Kochevadder und seiner Familie in einem altehrwürdigen, anheimelnden Hause eingekehrt, wo man sich so recht im Herzen des elsässischen Landes fühlt. Der Tisch war gedeckt neben dem mächtigen Kachelofen. Im Hintergrund der geschnitzte Alkoven. Die Sonne strahlte in den Raum, wo der Geist der Altvordern lebte.

Der Großvater, der Opa, mit seinem hoch oben am Hals ohne Kragen zugeknöpften Hemd, erzählte von den Freuden und Leiden des Bauernstandes. Er klagte, daß der ›Tracteur‹ *des Nachbarn, um zu wenden, immer wieder über sein Feld fuhr und tiefe Furchen grub.* »*Aber, was will ma mache, ma kann nit reglemiere, mer sind halt im Dorf alle Freind mitenander.*«

Die Großmutter, Oma, macht uns lächelnd aufmerksam auf eine Gewohnheit ihres Gatten, immer nur ein Gericht auf seinem Teller zu haben, zuerst den Rotkohl, dann den Schweinebraten, dann die selbstgemachten Nudeln. Immer ›abartich‹. *Sie meint dazu:* »*Er macht's wie die Franzose.*«

Der Opa schenkt den Apfelwein in die Gläser. Nach den Hunspacher Merinken stoßen wir an, mit Apfelwein, auf die Gesundheit der Enkelin Bäwel, die am Tage vorher, an der Universität, ein Lizentiaten-Examen vor den gestrengen Professoren Schlagdenhauffen und Fuchs glorreich bestanden hat. »Sie ischt halt ni durich geblotzt.« *Zu Ehren dieser beiden Hochschullehrer stoßen wir ein zweites Mal an mit ›durichsichtiger Milch‹. So nennt man auf dem Dorf die himmlische Gabe, die in kleinen Gläslein dargeboten wird. Es war diesmal ›Hawwerschleh‹. Es wurden Bilder herumgereicht, auf welchen man die in ihre schönsten Trachten gekleidete Dorfjugend sah, wie sie 1945 in Straßburg auf der Präfektur empfangen und gefeiert wurde. Die Bäwel war auch dabei. Man sang die Marseillaise und alte Volkslieder. Der Pfarrer hatte den Kinderchor geformt. Er hatte ihm die Melodien auf der Violine vorgespielt.* ›Er hat's vorgegiege‹ ...

Wir nehmen Abschied. Der Opa mit seinem gestrickten Käppele, seinem wollenen, zweireihig geknöpften ›Unterwamscht‹ *und seinen Holzschuhen, steht im Hof und blickt uns treuherzig an. Ich kann das Bild nicht vergessen.*

Buchsweiler – Bouxwiller

Es ist eine anmutige, bilderreiche kleine Stadt, deren großes, von den Grafen von Hanau-Lichtenberg erbautes Barockschloß leider 1805 abgebrochen worden ist. Auf den Trümmern eines römischen Bades ist Buchsweiler entstanden, als Metzer Lehen fiel es 1260 an die Grafen von Lichtenberg, die hier den Sitz ihrer Verwaltung einrichteten. Reste der Stadtmauer sind erhalten. Die Straßen und Gassen dieser Ende des 13. Jahrhunderts zur Stadt erhobenen behäbigen kleinen Residenz sind gesäumt von Häusern des 15. bis 18. Jahrhunderts, Häusern mit zierlichem Gebälk, mit Erkern und hohen Giebeln, alles breit gelagert um die Pfarrkirche, die Oberkirche und den Marktplatz. Langsam ist das Ganze im Lauf einer langen Zeit zu dem hübschen Bild zusammengewachsen, das wir heute vor uns haben. Es ist eine der vielen, aus dörflichen Ursprüngen hervorgegangenen Stadtgründungen, die durch wirtschaftliche und territorialpolitische Antriebe entstanden, denn die Stadt war für den Ausbau der Landesherrschaft, wie die Grafen von Lichtenberg sie repräsentierten, ein wichtiger Faktor. Um die Formen der elsässischen Stadtbaukunst zu verstehen, muß man die Urzelle, das Bauernhaus betrachten, denn man findet es, ins Städtische verwandelt, allenthalben wieder. Die elsässischen Städte, so scheint es mir, sind vielfach eigentlich ländliche Städte geblieben, oft mit dem Aussehen großer Dörfer, und nicht selten erinnern nur Tore, Türme und Mauern daran, daß hier eine Stadt vor uns steht. An die einstigen Landesherren erinnert heute nichts mehr, mit Ausnahme des ›Hanauer Hofs‹ aus dem 17. Jahrhundert, die heutige ›Mairie‹.

Im 18. Jahrhundert residierte in Buchsweiler zeitweise die Landgräfin Karoline von Hessen, eine Prinzessin von Pfalz-Birkenfeld, Gemahlin Ludwigs IX., des Landgrafs von Hessen, der seiner Leidenschaft für das Militär in der Garnison des nahen Pirmasens frönte. Während der Landgraf dort seine Soldaten drillte, hielt die geistreiche, gebildete Fürstin in Buchsweiler Hof, welcher Goethe den Beinamen »die große Landgräfin« gab, und die Friedrich der Große »die Fürstin, welche die Zierde und die Bewunderung von Europa bildete«, nannte. Wieland hat von ihr gesagt: »Sie sollte Königin von Europa sein.« Die Fürstin korrespondierte mit dem König von Preußen, mit Voltaire und vielen anderen bedeutenden Männern des Jahrhunderts. Ihr Hof war klein, aber höchst lebendig, und sie liebte das Land. »Gestern«, schreibt sie einmal, »bin ich von 6 Uhr früh in den Wäldern und auf den Bergen herumgegangen; ich kam mir vor wie Ceres, welche die Proserpina sucht; der Unterschied war nur der, daß ich nichts suchte.«

Als Karoline 1774 in Darmstadt starb, ließ Friedrich der

Große eine Urne aus karrarischem Marmor auf ihr Grabmal setzen, mit der Inschrift: »Femina sexu, ingenio vir« – »Dem Geschlecht nach ein Weib, dem Geist nach ein Mann.«

An jene Zeit, in der der Buchsweiler Hof zahlreiche und geistvolle Besucher im Schlosse sah, erinnert heute freilich nichts mehr. Vielleicht ist auch der Kardinal Rohan manchmal aus dem benachbarten Zabern herüber gekommen, vielleicht auch Cagliostro, geheimnisumwittert, aber die kleine, stille und freundliche Landstadt zu Füßen des sagenumwitterten ›Bastberges‹ läßt davon nichts ahnen, auch nichts von der aufregenden Geschichte des Streites zwischen den letzten Lichtenberger Grafen, der zu dem ›Buchsweiler Weiberkrieg‹ geführt hat. Davon soll nun die Rede sein. Die Geschichte spielt im ausgehenden 15. Jahrhundert.

Bärbel von Ottenheim

Im Liebieghaus zu Frankfurt befindet sich eines der lebensvollsten Werke spätgotischer Kunst, der Kopf einer schönen jungen Frau. Dieser Kopf und das dazu gehörige männliche Gegenstück im Straßburger Frauenhausmuseum haben ein ebenso merkwürdiges Schicksal gehabt wie ihre Modelle.

1462 traf in Straßburg, aus Trier kommend, der niederländische Bildhauer Nikolaus Gerhaert von Leyden ein, um sich nach der ein Jahr später erfolgten Einbürgerung in den Dienst des Rats zu begeben und den plastischen Schmuck für die neue Stadtkanzlei zu übernehmen, wofür er laut Vertrag im Straßburger Archiv »zweyhundert und zwentzig guldin« erhalten sollte. Was er dafür alles zu liefern hatte, wissen wir nicht. Jedenfalls wurden am Portal des stattlichen Gebäudes von ihm zwei Büsten angebracht: Porträts eines Mannes und einer Frau.

Die Kanzlei wurde 1686 durch Brand zerstört. Die damals geretteten Büsten – es gibt alte Gipsabgüsse von ihnen – verschwanden dann bei der Beschießung von Straßburg 1870 und galten lange als verloren. 1914 jedoch tauchte im Geschichtsmuseum von Hanau der männliche Kopf wieder auf und kam nach Straßburg zurück. Hatte vielleicht ein Soldat den Kopf im Schutt der Bibliothek gefunden, wo die Büsten aufbewahrt waren, und ihn nach Hanau gebracht, weil ihn der Ausdruck dieses Männerkopfes fesselte? Fast zwanzig Jahre später entdeckte man im Nachlaß des Professors Mehlis im pfälzischen Landau hinter einem Ofen den weiblichen Kopf, der 1935 vom Frankfurter Museum erworben wurde. Dort ist er, wie gesagt, heute zu sehen. Wie kommt es nun, daß diese Köpfe als Bildnisse des Grafen Jakob von Lichtenberg und der Bärbel von Ottenheim angesehen werden – denn so nannte man die Dargestellten seit altersher.

Die Auftraggeber der neuen Kanzlei hatten, wie behauptet wird, als Schmuck des Portals ein Thema aus der Antike gefordert, und so habe der Meister Gerhaert Aristoteles als verliebten Alten mit seiner hübschen jungen Freundin Phyllis – oder Vergil als Magier mit der schönen Kaisertochter, die ihn zum besten hielt – dargestellt in zwei Büsten aus Sandstein – die des Mannes trägt noch Farbspuren –, welche ursprünglich als Architekturplastik über dem Portal aus einem Fenster schauten. Den Figuren habe er die Züge des Grafen Jakob von Lichtenberg und seiner Geliebten gegeben, deren Liebesgeschichte damals die Gemüter der Buchsweiler heftig bewegte. Wilhelm Pinder schreibt darüber in seiner ›Deutschen Plastik‹:

Das genialste und für Deutschland folgenreichste Werk der Zeit: das Büstenpaar von der Straßburger Kanzlei. Schon im Dichterischen eine werkwürdige, geistreiche Hintergründigkeit: auch seelisch nicht Statik, sondern ein verschlungenes Spiel vieldeutiger

Möglichkeiten. Prophet und Sibylle? Vielleicht, sogar wahrscheinlich. Aber ebensogut ist die Deutung auf Portraits möglich. Der alte Graf von Hanau, der Zauberer, der es mit dem Teufel hielt, und die frechreizende Bärbele könnten ebenfalls gemeint sein. Prophet und Zauberer, Sibylle und Kokette! Aber diese spöttisch fein durchblitzte Hintergründigkeit des Seelischen, diese geistvolle Wirrnis aus Unheimlichem und Erhabenem, aus Koketterie und Sphinxhaftigkeit, ist Form geworden. Wir müssen den Weg finden, dessen Begehen allein die gegliederte Zeit im verharrenden Steine, die geheime Erlebnisfolge erschließt ...

Also auch Pinder hielt es schon vor vierzig Jahren für möglich, daß die Büsten Porträts sein könnten. Untermauert wird diese Annahme durch die teilweise in Abschrift vorliegenden Kollektaneen des Festungsbaumeisters Daniel Specklin und durch die Chronik des lichtenbergischen Amtmanns Bernhart Hertzog. Beide standen in engen Beziehungen zum Hause Lichtenberg. Specklin schreibt, daß die beiden Gestalten, die sich »oben« aus dem Fenster lehnen, »her Jacob von Lichtenberg samt seiner schönen Berbel« seien. Auch in den Nachrichten Jakob Wenckers von 1713 taucht der Name Lichtenberg als der des Dargestellten auf. Welche Bewandtnis hatte es mit diesen beiden Personen, warum sollten gerade sie an der Hoffassade der neuen Kanzlei angebracht worden sein?

Die Grafen von Lichtenberg waren im 15. Jahrhundert das mächtigste Haus im Unterelsaß und standen in engster Verbindung mit dem Bistum und der Stadt Straßburg, obgleich damals Graf Jakob die Stadt nicht betreten durfte, weil er sich das Amt des Obervogts über sie anmaßte. Die beiden Brüder, Jakob und Ludwig, waren die letzten Regenten der Grafschaft und hatten diese 1446 untereinander geteilt. Ludwigs Töchter, die Erbinnen, waren, wie schon früher erwähnt, mit den Grafen von Zweibrücken und Hanau vermählt worden. Jakobs Frau dagegen war

1450 kinderlos gestorben. Von Jakob, der im Ruf der Zauberei stand, erzählte man sich die seltsamsten Geschichten. Sein Bildnis, wenn wir ihn mit dem Kopf identifizieren wollen, zeigt ihn als bärtigen, hakennasigen, turbangeschmückten Alten mit scharfen, listigen Augen und einem spöttischen Mund. Es ist ein Faunsgesicht, dem alles zuzutrauen ist. Dieser Herr nahm die auf Burg Lichtenberg als Magd dienende Bärbel aus dem badischen, damals noch lichtenbergischen Rheinort *Ottenheim* zur Geliebten, was man angesichts des hübschen, frechen, intelligenten Köpfchens wohl verstehen kann. Dieses Verhältnis verdroß natürlich den Grafen Ludwig und seine Schwiegersöhne über die Maßen.

> *Eine Hur auff eim Schloß*
> *Ein Bettler auff eim Roß*
> *Ein Laus in eim Grindt*
> *Nicht findt sich stolzers Gsindt.*

Solche Verse sangen die Leute spöttisch, und so kam es 1462 zwischen den Brüdern zum sogenannten ›Weiberkrieg von Buchsweiler‹, vor allem, da Graf Jakob seiner Bärbel einen Hof in Hagenau überschrieben hatte. Bärbel, so hieß es, sei hochmütig, herrschsüchtig und bedrücke die Untertanen. Jakob wurde von seinem Bruder in seiner Residenz Buchsweiler belagert und mußte nach längeren Verhandlungen einen Vertrag mit Ludwig schließen, nach dem Bärbel nach Speyer ziehen sollte. Außerdem mußte er versprechen, seinen Bruder nicht zu enterben.

In Wahrheit hat Ludwig seinen Bruder ohne Warnung überfallen, nachdem er sich vorher mit dessen Feinden und dem Straßburger Bischof verständigt hatte. Bärbel ging nicht nach Speyer, sondern zog auf ihren Hof nach Hagenau, wo sie einen gewissen Eucharius heiratete, aber auch dort war sie vor Nachstellungen nicht sicher, wie ein von

Jakob unterzeichnetes Schriftstück beweist, das alle ihre Handlungen rechtfertigt und ihre Dienste anerkennt.

Ludwig starb 1471, nachdem er seinen Bruder um Verzeihung gebeten hatte, Jakob 1480. »Er war ein gelerter herr in astronomia, auch in negromantia, er kunde vil seltzamer bossen machen, auch hin und wider faren in lüften ...« vermeldet Specklin von dem letzteren.

Das böse Erbe des Streites hatte Bärbel zu tragen, denn nach dem Tode ihres Beschützers warf man sie aus unbekannten Gründen in den Kerker; ob die Erben der Grafschaft daran schuld waren, oder eine Denunziation, sie sei Hexe, oder ob sie wirklich mit dem Gesetz in Konflikt geriet, wissen wir nicht. Ohne Zweifel ist sie eine bemerkenswerte Frau gewesen und sicherlich hat sie ihre Stellung zu ihrem Vorteil ausgenützt und versucht, ihr Schäfchen ins Trockene zu bringen. Specklins Urteil über sie aber scheint zu hart: »Herrn Jacob von Liechtenbergs madonna, die schoen Berbel genandt, wahr ein gotloss Weib, die ist hernach von wegen vieller boesser missethatten zu Hagenau gericht worden.«

Ein schweres Schicksal steht zwischen den Zeilen der trockenen Akten und Urkunden, das Schicksal eines schönen Bauernmädchens, das zum Schluß keine Rettung mehr sah und sich selbst den Tod gegeben hat, 1484.

Ob nun Nikolaus Gerhaert in diesen Büsten wirklich das bekannte Paar porträtiert hat oder nicht: sein Werk gehört jedenfalls zu den großen Leistungen der europäischen Plastik der Spätgotik.

Burgen in den Vogesen

Es gibt Landschaften, die von Natur so beschaffen sind, daß es nur geringer menschlicher Anstrengung bedarf, sie in ein Paradies zu verwandeln. Das gilt auch für das Elsaß, wo helle Freundlichkeit der Fluren mit dunklem Wälderernst wechseln. Es ist als ob die Natur dem Menschen entgegengekommen wäre, vor allem in den Vogesen den Rittern, und ihnen ungeheure Sandsteinfelsen aufgetürmt hätte, die den Burgen gleichen, die sich auf ihnen angesiedelt haben.

Entlang der pfälzischen Grenze westlich von Weißenburg, dann in südlicher Richtung durch die Vogesen bis zur Burgundischen Pforte stehen die Burgen dichtgereiht als ein eindrucksvoller Befestigungsgürtel, der nach Westen gerichtet ist. Die meisten sind zwischen dem 11. und 13. Jahrhundert gebaut worden, ein großer Teil als staufische Reichsburgen zum Schutze des Landes und kaiserlichen Gutes. Die Wohnbauten mit vornehmem architektonischen Schmuck haben dem Verfall nicht so gut zu widerstehen vermocht wie die Türme und die starken Umfassungsmauern, aber noch sehen wir an vielen Stellen Bogenfensterreihen mit zierlichen Säulchen oder mit Maßwerk, Wappen und Inschriften, Erker und spitzbogige Tore. Der staufische Burgenbau findet sich in besonderer Dichte bei Colmar rechts und links des Münstertals, westlich von Schlettstadt um den Heiligen Berg Ste-Odile, im Straßburger Abschnitt zwischen Breusch und Moder und im Bereich von Hagenau-Weißenburg in den nördlichen Vogesen.

Die Grundrisse der Burgen sind je nach Beschaffenheit des Geländes sehr verschieden, allen gemeinsam aber ist die prächtige architektonische Gestaltung des Palas, meist über hohem, ungegliedertem Sockelgeschoß, über dem der große Saal mit reicher Fensterarkatur liegt; allen gemeinsam sind ferner die kräftigen Türme. Die Hochburg war geschützt durch eine Vorburg, durch den Bergfried mit der Schildmauer – ›la chemise‹ –, meist von zwanzig bis fünfundzwanzig Meter Höhe. Der französische ›Donjon‹, der sich auch bei den elsässischen Burgen findet, ist im Gegensatz zum Bergfried meist rund. Sagen und Legenden bevölkern die Ruinen mit Riesen, Weißen Frauen und anderem Spuk.

Aus der Fülle dieser Burgen im Norden des Landes wollen wir einige auswählen und besuchen. Beginnen wir mit *Fleckenstein*, einer staufischen Gründung des 12. Jahrhunderts. Der Straße von Straßburg über Hagenau, Woerth, Lembach folgend oder von Weißenburg über Climbach fahrend biegen wir in das *Tal der Sauer* ein und sind ringsum von unermeßlichen Wäldern umgeben. Klar läuft das Flüßchen neben der Chaussee her, unter bald kahlen, bald dichtbewaldeten Berghängen. Eine schmale Straße zweigt rechts ab, dann geht es steil hinauf, und plötzlich steigt auf einer Kuppe ein gewaltiger Felsklotz empor, auf dessen Gipfel ein Mauerrest wie ein ausgestreckter Arm in die Luft stößt. Wie ein gigantisches Totenmal, Rest einstiger Größe, liegt der Burgfels im hellen Herbstlicht vor uns über den ruhigen Linien der Berge.

Genauso hat man sich als Kind eine richtige Burg vorgestellt. Es ist einer der merkwürdigsten und kühnsten Bauten, die man sehen kann, imposant noch im Verfall. Auf dem Stich in Merians Topographie des Elsaß schießt der Fels über der vieltürmigen Vorburg senkrecht empor, gekrönt vom Palas, der einem Turm von Babel oder einem amerikanischen Wolkenkratzer vergleichbar ist.

Wenn der Fels auch in Wirklichkeit nicht so steil aufragt wie auf dem Stich, ist er immer noch hoch genug: dreiundvierzig Meter, und das Felsenriff, das ihn trägt, ist über fünfzig Meter lang und acht Meter breit. Hier saßen die Freiherren von Fleckenstein seit dem 12. Jahrhundert. Sie sind im 18. Jahrhundert ausgestorben. Allerdings erzählte mir ein junger Optiker Fleckenstein in Frankfurt, daß seine Familie von einer elsässischen Burg stamme. Der

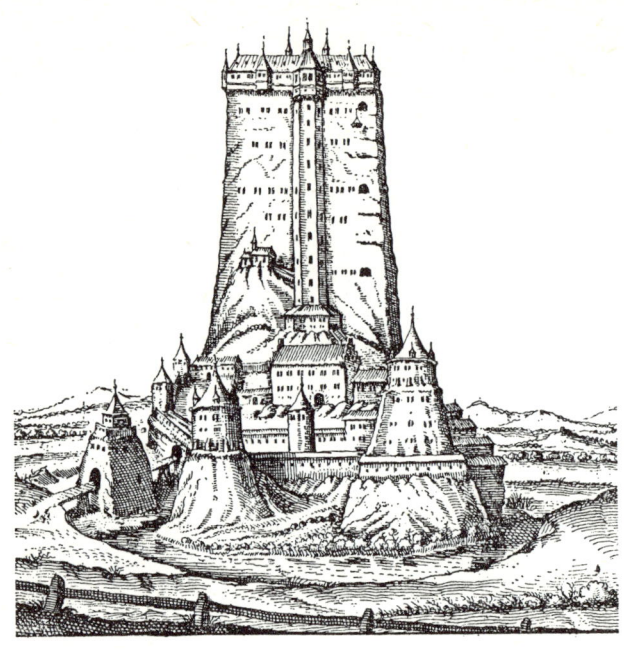

letzte regierende Herr jedenfalls mußte 1720, mit Ausnahme des Allods, seine Herrschaft dem Prinzen von Rohan-Soubise abtreten.

Eine weitläufige, in Trümmern liegende Vorburg des 15. Jahrhunderts umgibt zunächst die Bergkuppe, und der untere Teil des Felsens ist mit einer feingefügten, hohen Mauer verkleidet. Isoliert steht daneben ein Felsen mit eingehauener Wendelstiege, die vormals zu einem Wartturm führte, der mit dem Hauptfelsen durch eine Brücke verbunden gewesen ist. Da der Palas auf der Felsspitze sitzt, mußten die in fünf Stockwerken übereinander liegenden Räume in den Stein gehauen werden, was dem Ganzen einen außerordentlich urtümlichen Charakter verleiht. Diese Bauteile gehören wohl dem 12. und 13. Jahrhundert an und sind an der Mauertechnik mit Buckelquadern kenntlich.

Einer der Brunnen reicht bis zur Talsohle hinab. Der Sage nach hat der Teufel selbst ihn angelegt, aber anstatt Wasser stiegen giftige Dämpfe auf und Flammen tanzten über der Öffnung. Damit hatte der Bauherr nicht gerechnet; er holte schleunigst den Burgkaplan, der das Zeichen des Kreuzes schlug, worauf die Flammen erloschen, die Dämpfe vergingen. Als er noch Weihwasser in den Schacht goß, quoll frisches Quellwasser hervor.

Eine Wendeltreppe führt im Innern zum Palas empor, von dem, wie gesagt, nur noch ein Rest zu sehen ist. Von der obersten Plattform schaut man weit ins Land hinaus. Im Süden, tief unten, das Sauertal, im Norden Waldberge mit den Ruinen *Hohenburg* und *Löwenstein*, im Volksmund ›Lindenschmidt‹ genannt, in Erinnerung an einen besonders gewalttätigen Ritter dieses Namens. Man sollte glauben, die Burg sei uneinnehmbar gewesen, doch 1680 nahm sie der Kommandant des Elsaß, Baron de Montclar, in Besitz und ließ sie auf Befehl des französischen Staatsministers Kardinal Mazarin schleifen.

Ganz in der Nähe des Fleckensteins liegen die Trümmer des *Wasigensteins*, seit Ende des 15. Jahrhunderts Eigentum der Fleckensteiner. Eigentlich sind es zwei Burgen auf zwei, durch eine tiefe Schlucht von einander getrennten Felsen. Sie ist mit dem ›Waltharilied‹ verbunden.

Es war zur Zeit, als der Hunnenkönig Etzel von seinem Zuge an den Rhein Schätze und Geiseln der um ihre Länder besorgten Könige mit an seinen Hof geführt hatte. Darunter befanden sich Hagen von Tronje, Vasall des Burgunderkönigs von Worms, Hildegund, die Tochter des Frankenkönigs aus Châlons, und Walther, Sohn des

Gotenkönigs von Aquitanien. Walther und Hildegund liebten einander, und es gelang ihnen, wie vorher schon Hagen, aus der Hunnenresidenz zu fliehen. Am Rhein angekommen, schenkte Walther dem Fergen unter anderem einen großen Fisch, der andern Tags auf der Tafel König Gunthers in Worms aufgetragen wurde. Gunther ließ sich von dem Fergen die Fremden schildern und Hagen erkannte in ihnen seine ehemaligen Leidensgenossen. Nun beschloß der König, allen Warnungen Hagens zum Trotz, Walther seine Schätze abzujagen, und machte sich mit diesem und zwölf Rittern auf den Weg. Walther und Hildegund waren auf ihrem Ritt bis zum Wasigenstein gekommen, wo sie rasteten, und hier wurden sie von den Verfolgern eingeholt. Es kam zu gewaltigem Kampf, in dem Walther die zwölf Recken Gunthers erschlug, darunter den Neffen Hagens, Patafried. Hagen griff nun mit Gunther selbst den müden Helden an, und der Kampf endete damit, daß Walther die rechte Hand, Gunther ein Bein und Hagen ein Auge verloren. Da erst schlossen die Recken Frieden und trennten sich in Freundschaft.

Über *Obersteinbach* – südwestlich davon die lichtenbergische Ruine ›Schöneck‹ auf langgestrecktem Felsgrat – durchs ›Wineckerthal‹ über *Dambach* und *Neunhofen*, immer durch herrlichen Wald, in dem versteckt, ebenfalls auf hohem Fels, die Reste des *Falkensteins* liegen, gelangen wir zu dem stillen ›Hanauer Weiher‹ – ›Étang de Hanau‹ – und zur *Burg Waldeck*. Wohin wir schauten, Wald in kräftigen Herbstfarben, im Innern von goldgrünem Leuchten erfüllt, schweigend und geheimnisvoll. Da sind schmale Täler, manchmal eine Hochfläche, da sind Dörfer, wie Steinchen in einer Wiese im riesigen Waldland verstreut, hochgelegene und solche in Talgründen, da sind verlorene Waldwege, die durch tiefste Stille ziehen, lichte Wiesengründe, dunkler Wälderschatten, Teiche, welche die Einsamkeit widerspiegeln, und hoch aufgetürmte Felsbastionen. Man könnte denken, daß man auf Streifzügen durch diese Wälder den Geistern der Herren begegnet, die hier einst ihre Burgen hatten.

Vom ›Hanauer Teich‹ können wir in südlicher Richtung über *Bärenthal* nach *Lichtenberg* fahren, Hauptburg der Grafen von Lichtenberg, auch sie auf steilen, mächtigen Felsen gelegen und von bedeutenden Ausmaßen. Daniel Specklin hat sie 1570 bis 1580 ausgebaut, 1677 wurde sie von den Franzosen besetzt und von Vauban weiter verstärkt. Bis 1870 hauste dort eine kleine Garnison, die sich nach eintägiger Beschießung den deutschen Truppen ergab. Der Kern der großartigen Anlage steht noch, ein mehrgeschossiger Mittelblock zwischen zwei runden Donjons, auch die Toranlage ist erhalten, und um das Ganze zieht ein breiter, tiefer, ausgemauerter Graben.

Unweit von Lichtenberg liegt das Dörfchen *Reipertswiller*, dessen kleine spätgotische Kirche den Grafen als Grablege diente. An der Außenmauer des Chors liegen Bruchstücke des für den 1480 verstorbenen Grafen Jakob geschaffenen Epitaphs, das 1945 durch einen Granateinschlag in den Friedhof freigelegt worden ist.

Nordöstlich von Lichtenberg, an der Straße Rothbach-Niederbronn, wo man die große Straße nach Hagenau erreicht, liegt *Oberbronn*, unweit davon das schöngelegene *Gross-Arnsberg*. Oberbronn war eine Zeitlang Herrschaft der Fürsten zu Hohenlohe-Bartenstein. Fürst Karl Joseph zu Hohenlohe-Bartenstein-Jagstberg übernahm 1788 Oberbronn, nachdem das Schloß vergrößert, eingerichtet und mit einem Park versehen worden war. Der Fürst besuchte seine Herrschaft des öfteren, so auch 1790, weil er Nachrichten von revolutionären Unruhen erhalten hatte. Er gehörte mit seinem Bruder zu den Gründern des Regiments Hohenlohe, das aus der Legion des Grafen

Mirabeau hervorgegangen und dem Corps des Prinzen Condé unterstellt worden war. Aus dieser Truppe ist übrigens die Fremdenlegion entstanden. Das Regiment kämpfte 1792-1797 am Rhein, in der Pfalz und im Nordelsaß mit wechselndem Glück im ersten Koalitionskrieg gegen Frankreich, das 1792 Österreich den Krieg erklärt hatte. 1795 schied Preußen im Basler Frieden aus, 1797 schloß Österreich mit Frankreich den Frieden von Campoformio. Hohenlohe besuchte auch während der Kämpfe Oberbronn, um nach dem Rechten zu sehen und berichtet in seinen Erinnerungen:

Am 4. oder 5. Tag meines Aufenthalts kam der protestantische Pfarrer des Ortes, ein junges, aufgeblasenes Männchen, zu mir und präsentierte sich als neu ernannter Pfarrer der evangelischen Gemeinde ... Ich erklärte ihm, daß, weil mir das Patronatsrecht zustände, ich ihn nicht als rechtmäßigen Pfarrer daselbst anerkennen könnte, worauf er sich äußerte, er hätte auf dem Altar der Freiheit geopfert, und sei als ein Kind derselben zu dieser Stelle vom souveränen Volk berufen worden, machte noch weitere dergleichen Äußerungen dabei, die mir zwar mißfielen, mich aber nicht aus der Fassung brachten. Dies war aber nicht der Fall bei dem anwesenden preußischen Husaren-Rittmeister, der ganz in Harnisch gebracht, das Männchen mit Schimpfworten bedeckte, ihm ins Gesicht spie, und ihm einen solchen Tritt ad posteria versetzte, daß er zur Thüre mehr hinausflog als ging ... Bei meiner Rückkunft erfuhr ich, daß das allerdings mißhandelte Pfarrerchen in einem Lauf nach dem Schloß Lichtenberg gelaufen war, um bei der dortigen Garnison den Unfall, der einem so treuen Sohn des Vaterlands begegnet wäre, anzuzeigen und die Möglichkeit darzuthun, mich in meinem Schlosse aufzuheben. Zur gleichen Zeit erhielt meine kleine Bedeckung den Befehl, sogleich bei der Armee wieder einzurücken, und ich hätte sehr unklug gehandelt, länger zu verweilen.

Heute ist das Schloß Sitz der ›Niederbronner Schwestern‹, einer Kongregation für Krankenpflege.

Hagenau und Weißenburg

Man kann sie Schwestern nennen, die beiden Städte, doch empfing jede ihren Charakter aus anderem Grunde, ging jede ihren eigenen Weg, wenn sie auch beide zur Gemeinschaft des Zehnstädtebundes, der ›Dekapolis‹, gehörten. War Hagenau Kaiserstadt, so Weißenburg eine geistliche Stadt, die erst spät die Reichsfreiheit errang.

Schon zur Zeit der salischen und staufischen Herrscher ist das Elsaß ein wichtiges Feld der Politik gewesen. Den Kaisern bot das ausgedehnte Reichsgut, geschützt von Burgen und Städten, kräftigen politischen Rückhalt. Die vornehmsten dieser Städte sind die einstigen Pfalzstädte und die Städte unter geistlicher Herrschaft, die sich, vor allem unter Kaiser Friedrich II., zu reichsfreien städtischen Gemeinwesen entwickelten.

Die beiden Städte liegen an der großen Straße nach Norden in die Pfalz, und zwischen beiden, gleich hinter Hagenau, erstreckt sich der ›Heilige Forst‹, der alte Königsforst der Reichslandvogtei Hagenau. Es ist ein riesiges Waldgebiet, das rund vierzehntausend Hektar bedeckt, und zum Teil mit mehr als hundertjährigen Fichten, Eichen und Buchen bestanden ist. ›Heilig‹ ist der Wald wohl deshalb genannt worden, weil er Besitz der Kaiser des Heiligen Römischen Reichs Deutscher Nation gewesen ist, und zudem an seinen Rändern Klöster lagen wie Biblisheim, Selz, Neuburg, Königsbrück, Walburg und Surburg.

Die beiden letzteren sind zum Teil erhalten und wir wollen sie zuerst besuchen. Von *Walburg*, einer 1074 gegründeten, ehemaligen Benediktinerabtei, wo der Vater Kaiser Friedrichs I. Barbarossa, Herzog Friedrich von Staufen, bestattet wurde, steht noch die schlichte Kirche aus dem 15. Jahrhundert mit den schönen Chorfenstern, die wahrscheinlich Peter Hemmel oder ein Schüler von ihm

1461 geschaffen hat. Sie bilden mit den gleichzeitigen Malereien im Chor ein theologisches Programm. Von einem ursprünglich aus der Zeit der Chorweihe, 1456 und 1465, stammenden Altaraufsatz sind eine Reihe Figuren, die ›Meister Clemens de Badenwiler‹ laut Inschrift 1484 farbig gefaßt hat, im Chor und auch am Gewände der Chorbögen aufgestellt. Das Sakramentshaus stammt in seinen alten Teilen vom Meister Hammer. Am Pfarrhaus zwei schöne Steinfiguren – Maria und Johannes (um 1460 oder 1470). Sie stammen wohl vom ehemaligen Lettner der Kirche.

Auf dem südlichen Seitenaltar der Kirche steht eine außerordentlich elegante Figur der ›Immaculata‹, die uns sofort an Ignaz Günther, den großen bayerischen Bildhauer des 18. Jahrhunderts, denken läßt; sie ist wohl um 1770 entstanden. Vom Altar der Gegenseite grüßt die heilige Walburg – und gleicht ganz einer Klosterschwester von St. Walburg in Eichstätt.

Die Kirche von *Surburg* – einst ebenfalls Sitz einer Benediktinerabtei – steht auf einer Anhöhe mitten im Dorf, von wo man weit hinaussieht über den Forst, über rotbedachte Dörfer, über Wiesen und Äcker bis zum Wall des Gebirges. Sie ist unser nächstes Ziel. Die Kirche aus dem 11. und 12. Jahrhundert ist ein schöner, schwerer Bau von ausgezeichneten Verhältnissen.

Noch ein kurzes Stück Wegs südwärts und die Dächer von *Hagenau – Haguenau* – tauchen auf. Urzelle der Stadt war die von den Grafen von Egisheim 1030 erbaute Burg auf einer Insel der Moder, welche die Staufer erbten, und die auch die Burg weiter ausbauten. Kaiser Friedrich I. erhob Hagenau zur kaiserlichen Pfalz, die mit ihren Türmen und der dreigeschossigen Palastkapelle einst sehr eindrucksvoll gewesen sein muß. In der Kapelle wurden die Reichskleinodien einige Jahre aufbewahrt, ehe sie auf den Trifels kamen. Aller Glanz der Stauferzeit leuchtete einmal über der Pfalz, einem Lieblingssitz der Herrscher aus diesem Geschlecht, und als Pfalz war sie ein Symbol für die Einheit des Reichs. Als Sitz der Reichslandvogtei, der obersten kaiserlichen Behörde im Elsaß, war sie vor allen anderen Städten des Landes bedeutend. Hier hat Friedrich Barbarossa mehrmals gewohnt – hier auch Friedrich II., sowohl als König wie als Kaiser (1235), und Rudolf von Habsburg weilte gleichfalls in ihren Mauern.

Schon im 12. Jahrhundert unter Kaiser Heinrich V. entstand neben der Burg eine bürgerliche Siedlung, die erweitert und befestigt wurde, und die 1164 von Friedrich I. das Stadtrecht erhielt. Als Frankreich durch den Westfälischen Frieden die Hoheit über die Reichslandvogtei erhalten hatte, ließ es die Befestigungen – die Stadtmauer war mit vierundfünfzig Türmen besetzt – schleifen und die Pfalz abbrechen. Aller Glanz erlosch. Nur der ›Ritterturm‹ und das ›Weißenburgertor‹, Reste der alten Befestigung, und die beiden alten schönen Kirchen *St. Georg* und *St. Nikolaus* aus dem 12. und 13. Jahrhundert erinnern an Hagenaus große Zeit. Besonders St. Georg ist ein Beispiel staufischer Baugesinnung. In der Kirche ist noch manches schöne Stück der alten Ausstattung des 14. und 15. Jahrhunderts erhalten geblieben. Nur weniges erinnert an Hagenaus führende Stellung in der ›Dekapolis‹. Nicht viele Bürgerbauten sind aus dem 15., 16. und 18. Jahrhundert noch übrig geblieben: vor allem das *Kaufhaus* von 1494.

Etwa dreißig Kilometer weiter nördlich, schon an der Grenze zur Pfalz, liegt die alte Reichsstadt *Weißenburg – Wissembourg* –, eine der reizvollsten Städte des nördlichen Elsaß. Sie liegt an der Lauter, deren einer Arm an der letzten erhaltenen Wehranlage, dem ›Husgenossenturm‹ an der Mauer entlangfließt, während der andere an schönen alten Häusern vorüber der St.-Peter- und Paulskirche zufließt. »Es ist«, schreibt Merian, »auch sonsten vor gedachtem jetzigen Krieg« – gemeint ist der Dreißigjährige –, »diss ein sehr lüstige, wolerbaute, schöne Häuser und Lust-Gärten habende und wegen des frischen Wassers der Lautter, so fast durch alle Gassen fließt, gar saubere Stadt gewesen.«

St. Peter und Paul, ein Bau des 13. Jahrhunderts und Kirche der ehemaligen Benediktinerabtei, mit hohem elegantem Vierungsturm und dem älteren, schlichten, wehrhaften Turm vor der Westfassade, ist nach dem Straßburger Münster die größte gotische Kirche des Landes und beherrscht das Stadtbild.

Wie hübsch ist die Stadt selbst! Schauen wir uns um, so wissen wir – und wir haben es in so vielen elsässischen Städten erfahren –, was langsam gewachsener Stadtraum ist. Mittelalterlich ist der Kern, aber die nachfolgenden Jahrhunderte, vor allem das 16. und 18. Jahrhundert, haben an den Häusern das Ihre getan und ein zwar mannigfaltiges, dennoch aber in seiner Geschlossenheit ebenso schönes wie eindrucksvolles Stadtbild geformt. Wo man geht, sieht man prachtvolle alte Häuser: in der Johannesgasse, am Anselmannstaden, in der Wollengasse, der Schustergasse, in der Rue de la République.

Wohin man auch die Schritte lenken mag, immer wieder finden sich neue Aus- und Einblicke. Da ist das *Spital*, um 1700 gebaut, eine stattliche Hufeisenanlage, die einige Zeit dem vertriebenen Polenkönig Stanislaus Lesczinski, dem Schwiegervater König Ludwigs XIV., zur Residenz diente, ehe er sich in Nancy niederließ. Da ist an der Salzbrücke das *Salzhaus* von 1448 mit seinem gewaltigen Dach, das sich in der Lauter spiegelt, da sind die behaglichen Bürgerhäuser in den Gassen, die vornehmen patrizischen Bauten am Lauterufer. Immerzu wechselt das Bild; man muß nur mit offenen Augen umherstreifen und es auf sich wirken lassen, um den ganzen Reiz alter reichsstädtischer Kultur aufzunehmen. Will man noch ein übriges tun, so sollte man das städtische Museum im *Haus Westercamp* besuchen, in dem Erinnerungsstücke aus allen Jahrhunderten aufbewahrt werden. Vor allem aber ist das Haus selbst eines der prunkvollsten der Stadt, ein überreich geschnitzter Fachwerkbau des 16. Jahrhunderts.

In der Weißenburger Benediktinerabtei schrieb der Bruder Otfried im 9. Jahrhundert seine Kaiser Ludwig dem Deutschen gewidmete Evangelienharmonie, auch ›Krist‹ genannt, eine der bedeutendsten althochdeutschen Dichtungen. Sie wird heute in der Wiener Universitätsbibliothek bewahrt. Die Darstellung ist eine epische Erzählung des Lebens Christi unter Verwendung der Evangelien. Die Verse, die sich auf die Hochzeit zu Kanaa beziehen, zeigen die ganze Schönheit des Gedichtes:

> *Den vollen Wasserkrug von Stein*
> *Durchgeistet er mit Freudenwein,*
> *Dein Herz ist dieses Wassers Krug,*
> *In das Sein Herz den Geist dir trug.*

Ich glaube, schöner und treffender kann der Sinn des Weinwunders nicht erfaßt werden, aber wir sind ja auch in einem Land des Weins und mit köstlichem ›Riesling‹ wollen wir auf ein Wiedersehen anstoßen mit dem Elsaß, wenn wir es nun, weiter nach Norden fahrend, verlassen müssen.

Kommt die Reise in ein unbekanntes oder nur wenig bekanntes Land, dessen Geschichte, Kunst und Leben wir kennenlernen möchten, nicht einem Abenteuer gleich? So ist es mir jedenfalls mit dem Elsaß ergangen, und aus diesen Fahrten ist das Buch entstanden, das den Leser auf recht verschlungenen Pfaden abenteuerlustig die Kreuz und die Quer führt. Wenn er die Geduld hatte zu folgen, um sich persönlich von diesem wunderbaren Land verzaubern zu lassen, so wird er beim Abschied ein Stück seines Herzens zurücklassen. Nicht ohne Grund nannte Goethe die Elsässer Bewohner eines Paradieses. Angesichts dieses Landes erkennt man die Kraft des elsässischen Volkes, welches das Gegensätzliche deutschen und französischen Wesens in sich zum Ausgleich gebracht hat. Gerade darin aber wird er die zeitlose Schönheit des Landes wirksam finden, und er wird es besser verstehen und noch mehr lieben. Lassen wir René Schickele noch einmal zu Wort kommen:

Nein, wohin wir, im höchsten wie im gewöhnlichen Sinne, gehören, was Heimat ist, das wissen wir besser und um so mehr, als unser Horizont keineswegs im Umkreis unseres Nestes beschlossen liegt. Wir sind weit gewandert, haben viel von der Welt gesehen, fremde Völker und Meere genug, wir werden hoffentlich noch oft den Wanderstab ergreifen. Wir verwechseln nicht den Hahn unseres Kirchturms mit der Freiheitsstatue im Hafen von New York oder anderen Sichtpunkten des Weltverkehrs. Aber mein Blick wandert vom Tisch zum Fenster hinaus auf die Hügel, die sich in die Rheinebene senken, und weiter zu der Linie der Vogesen, und ich genieße die gleiche Freude, wie wenn ich die Bewegung von Gemüt und Sinnen, die der Blick erzeugt, aus den Augen eines geliebten Wesens schöpfe. So persönlich sind für uns die Züge dieser Landschaft. So angefüllt mit Erinnerungen, Versprechungen, Bekenntnissen.

Da sind Hügel – auf einem davon sitzt eine Ruine –, wirklich wie von spielenden Engelshänden zusammengeschoben, und auch die beiden Sperber im unendlichen Himmel haben nicht mehr Gewicht als das Phantasiegebild eines Kindes. Dort eine bitter zerraufte Tanne: sie trotzt an der Nordecke eines Vorberges, wo der Wind sie zerreißt, das Moos sie auffrißt ... Was sehe ich noch? Einen dieser selben Hügel, die sich eben noch fröhlich aneinanderduckten, jetzt aber, nah und groß gesehen, erhebt er sich, gewitterhaft aufglänzend unter dem Fetzen Himmel, der aus der Rheinebene herüberhängt. Alles an ihm ist Bewegung – Bewegung wie in einer alten Tragödie. Dann einen Vorberg, hinter dem die Hügel sich in hängende Weingärten verwandeln, und zuletzt stößt der Blick unter einem aufschwebenden Vorhang in die Ferne, wo die Umrisse der Vogesen sich mit denen der Wolken vermischen. Manchmal liegen Berge und Tal im Dunst, dann herrscht über der Ebene die Weite des Meeres. Jetzt ist die elsässiche Ebene zum Greifen nahe: morgen wird es regnen! Deutlich erkenne ich das Rheindorf, das dicht am Strom liegt, über die Ziegeldächer schweift das Auge, über den Rhein und die elsässische Ebene (mit der italienischen Pappel im Wappenschild), die Vogesen krönt am Abend ein lichtes Wolkengebilde, und alles strahlt in jugendlicher Anmut, in einem Singsang von Licht.

> Nimm diese grün und weißen Buchenhallen,
> die Berge dort, das Hochfeld über allen
> mit seinem Vortrupp kampfergrauter Kiefern,
> dem alle Stürme ihre Schlachten liefern,
> den Heidenfels, der in Mariae Himmel dringt,
> verklärt, wenn Aveläuten aus den Tälern singt,
> der Ebene goldenes Vlies von jedem Jahr,
> dies stand vollendet, lang, bevor ich war.

ANHANG

BENÜTZTE UND ZITIERTE LITERATUR

AHNNE, Paul: Le Visage romantique de l'Alsace. Strasbourg 1950
ANDLAU, Marc: Souvenirs d'un vieux château d'Alsace. Manuskript 1953
ASCHBACHER, Helmut: Vogesen und Straßburg. Pforzheim 1965
BAUCH, Kurt: Straßburg. Berlin 1942
BERCKHEIM: Souvenirs d'Alsace, Correspondance des Demoiselles de Berckheim et de leurs amis (1797–1848). Paris 1895
BUCHNER, Ernst: Martin Schongauer als Maler. Berlin 1941
DEHIO, Georg: Das Straßburger Münster. München 1920
ESPRIT NOUVEAU, herausgegeben von Le Corbusier
GÉRARD, Charles: L'ancienne Alsace à table. Paris 1877
HAGEN, Oskar: Mathias Grünewald. München 1919
HAUG, Hans: Straßburger Fayence. Darmstadt 1957
– L'art en Alsace. Paris 1962
HAUSENSTEIN, Wilhelm: Abendländische Wanderungen. München 1951
HOTZ, Walter: Handbuch der Kunstdenkmäler im Elsaß und in Lothringen. München 1965
HUYSMANS, Joris Karl: Mathias Grünewald, aus ›Geheimnisse der Gotik‹. München 1923
KASCHNITZ, Marie Luise von: Beschreibung eines Dorfes. Frankfurt am Main 1966
KAUTZSCH, Rudolf: Der romanische Kirchenbau im Elsaß. München 1944
LANCKOROŃSKA, Maria: Matthäus Gotthart Neithart, Sinngehalt und historischer Hintergrund der Gemälde. Darmstadt 1963
LAUTERBORN, Robert: Die geographische und biologische Gliederung des Rheinstroms, II. Teil. Heidelberg 1917
LEGROS, Jacques: Die Vogesen. Osnabrück 1963
MEIER, Michael: Grünewald, Das Werk des Mathis Gothardt Neithardt. Zürich 1957
MÜLLER, Henri: Das Elsaß. Paris 1962
MÜNDEL, Curt: Die Vogesen. Straßburg 1907
MÜNTZER, Désiré: Elsässisches Sagenbuch. Straßburg o.J.

OBERKIRCH, Henriette-Louise Baronne de: Mémoires de la Baronne d'Oberkirch. Paris o. J.
PINDER, Wilhelm: Deutsche Plastik vom ausgehenden Mittelalter bis zum Beginn der Renaissance, 2 Bde. Potsdam 1929
ROTT, Hans: Quellen und Forschungen zur südwestdeutschen und schweizerischen Kunstgeschichte im 15. u. 16. Jh. Stuttgart 1936/38
RUMPLER, Marguerite: L'Architecture religieuse en Alsace à l'époque romane. 1958
SAINT-HILAIRE, Frédéric de: Mémoires d'un page 1804-15. Paris 1848
SCHNEIDER, Reinhold: Schicksal und Landschaft, Freiburg 1960
SCHULZ, Eberhard: Der Rhein aus seinem Bett geholt. Frankfurter Allgemeine Zeitung, 1.8.1959
SITTLER, Lucien: Riquewihr. Straßburg 1964
– Fahrten und Wanderungen im Elsaß. Freiburg 1965
SOLMS-LAUBACH, Ernstotto Graf zu: Bärbel v. Ottenheim. Frankfurt 1936
STERN, Selma: Josel von Rosheim. Stuttgart 1959
STÖBER, August: Die Sagen des Elsasses, 1. Teil. Straßburg 1892
WACKERNAGEL, Rudolf: Geschichte des Elsaß. Basel 1919
WANDRUSZKA, Adam: Das Haus Habsburg. Stuttgart 1956
WEIGERT, Hans: Das Straßburger Münster. Berlin 1928
ZÜLCH, W. K.: Der historische Grünewald. München 1938

Ferner wurden die im Handel vorhandenen Führer und die Kataloge der Sammlungen in Colmar und Straßburg von mir herangezogen, sowie vor allem die reich illustrierten Hefte, die der Verlag Schnell & Steiner in München für einzelne Kirchen und Städte des Elsaß herausgegeben hat.

NAMEN- UND ORTSREGISTER

ADOLF von Nassau,
  deutscher König 147
Albany, Luise, Gräfin von 144
Alfieri, Vittorio, Graf 144
Altkirch 13
Ammerschweier 141
Andlau, Grafen von 61, 74, 75, 89,
  179, 181-187
Andlau 177-180
Andlau, Burg 186, 187, Abb. S. 156
Anould 147
Anthès, Baron d' 62
Avolsheim 267

BADENWEILER 82
Baldung-Grien, Hans 214, 234
Ballon d'Alsace (Welscher Belchen)
  55
Barr 188
Bartholdi, Frédéric-Auguste 134,
  135
Bastberg 313, 314
Bauch, Kurt 208, 210-215,
  229-231
Beatus Rhenanus, Historiker 171
Beichel, Desiderius 123
Bellefosse 278
Birchler, Linus 52
Börsch 198
Bongart, Hans 148
Brant, Sebastian 210, 211, 214
Breisach 97-101
Brion, Friederike 317, 318
Brumath 316
Bucer, Martin 171, 210

Buchner, Ernst 107, 108
Buchsweiler (Bouxwiller) 315,
  319-321
Büchner, Georg 271, 277
Bürgeln 83
Burgundische Pforte (Trouée de
  Belfort) 25, 39
Burkheim 95

CAGLIOSTRO, Alexander, Graf von
  282, 283, 289, 291
Calvin, Johannes 210
Capito, Wolfgang 210
Chamisso, Adalbert von 268
Chapuy, Nicolas-Marie-Joseph 134
Chateaubriand, François-René 297
Childerich IV., fränkischer König 73
Chlodwig, fränkischer König 16, 17
Chnodomar, König der Alemannen
  14, 15
Clemens de Badenwiler, 334
Col de la Schlucht 77, 147
Colmar, 20, 104-136, 139, 141
  Dominikanerinnenkloster
    Unterlinden 112-133
  Isenheimer Altar 118-133
  Dominikanerkirche 108, 109
  Häuser 110, 111, Abb. S. 154
  Martinsmünster 105-108,
    Abb. S. 153
Cotte, Robert de 232
Cussenstein, Meister Jean 180

DABO-DAGSBURG 268
Daucher, Hans 281

REGISTER

Dehio, Georg 32, 33, 57, 58, 143, 217, 222-224, 266, 280
Dieterlin, Jacques 27
Dietrich, Baron 274-276
Dietterlin, Wendel 215
Dürer, Albrecht 117, 118, 214

EBERSMÜNSTER 175-177
Ebhardt, Bodo 170
Ecclesiameister von Straßburg 222, 280
Egisheim 141, 143, 144, Abb. S. 156
Egisheim, Grafen von 18, 40, 73, 143, 151, 172, 269, 334
Ehrentrudiskapelle (im Kaiserstuhl) 97
Endingen 96
Enghien, Louis-Antoine-Henri de Bourbon-Condé, Herzog von 293-297
Ensinger, Ulrich 222
Epfig 185
E. S., Meister 116
Etichonen, Herzogshaus der 17, 18, 36, 175, 189
Etupes 46, 47

FÄSCH, Remigius 57
Ferdinand I., deutscher König 195
Fischart, Johannes 60, 211, 214-216, 218
Fleckenstein, Burg 327-329
Fleckenstein, Freiherren von 20, 327
Fouday 270, 276
Fridolin, Heiliger 17
Friedrich I. von Hohenstaufen Barbarossa, röm.-deutscher Kaiser 200, 201, 221, 286, 334
Friedrich II. von Hohenstaufen, röm.-deutscher Kaiser 19, 37, 95, 105, 171, 200, 333, 335
Friedrich III., röm.-deutscher Kaiser 169, 193
Friedrich II., Herzog von Schwaben 190
Friedrich der Große 320, 321
Fulda, Abtei 190

GEBWEILER (Guebwiller) 61-63, 74, 75, 139, 140, Abb. S. 161
Geiler von Kaysersberg, Johann 122, 131, 210, 211, 225, 234, 258-262
Gerhaert von Leyden, Nikolaus 148, 234, 254, 321, 322
Giedion, Siegfried 52
Girbaden über Mollkirch, Burg 269
Goethe, Johann Wolfgang von 80, 86, 93, 94, 207, 221, 224, 274, 277, 282, 298, 313, 315-318, 320
Graf, Urs 234
Grand Ballon (Großer oder Sulzer Belchen) 25, 76, 77, Abb. S. 68, 69
Graufthal 298
Grillparzer, Franz 38
Groß-Geroldseck, Burg 286
Grünewald, Matthias 113, 114, 118-133, 234
Guersi, Guido 122, 132
Gutenberg, Johannes Gensfleisch, gen. 243

HABSBURG, Haus 18, 19, 33-39, 40, 57, 59
Habsburg, Rudolf von 34, 36-39, 42-45, 94, 95, 98, 108, 113, 335
Haedrich, Marcel 26
Häusern 141
Hagenau 20, 194, 200, 333, 334, 335
Hagenauer, Nikolaus 123

Hammer, Hans 211, 225, 234, 281
Hammer, Meister 334
Hannong, Carl Franz 236
Hannong, Joseph Adam 238, 239
Hannong, Paul Anton 236, 237
›Hansi, Onkel‹ 169, 170, 189
Hartmannsweilerkopf 77
Hattstadt 141
Hausenstein, Wilhelm 133, 141, 142, 144, 145
Haut-Barr, Burg 286
Hebel, Johann Peter 80, 81, 86, 91
Hedio, Kaspar 210
Heinrich II., röm.-deutscher Kaiser 98, 178
Heinrich III., röm.-deutscher Kaiser 18, 143
Heinrich IV., röm.-deutscher Kaiser 165
Helmsdorf, Johann Friedrich 284, 285
Hemmel, Peter 281, 333
Henselin, Meister 105
Herrad von Landsberg 200, 201
Hirtzbach 42
H.L., Meister 95, 100, 101
Hohkönigsburg (Haut-Koenigsbourg) 168-170, Abb. S. 157-159
Hohenlohe-Bartenstein-Jagstberg, Karl Joseph, Fürst zu 331, 332
Hohenstaufen, Haus 19, 172
Hohneck-Massiv 77, 147
Hotz, Walter 57, 61, 199, 280
Hültz, Johann 222
Hugo, Victor 206, 218, 219
Humbrecht, Meister 105, 106
Hunaweier 141
Hunspach 318
Huysmans, Joris K. 122, 130, 131, 133

ISENMANN, Caspar 106, 113, 114, 116
Isle, Rouget de l' 217
Isteiner Klotz 26, 81
Ittenwiller 180

JOSEPH II., röm.-deutscher Kaiser 47, 50
Josel von Rosheim, Rabbi 194-196
Jüngling, Hans 189
Julianus, Flavius Claudius (Apostata), Cäsar 14, 15
Jung, Johann Heinrich, genannt Jung-Stilling 277, 317

KAGENECK, Grafen von 89, 90
Karl der Große 32, 33, 73, 147, 172, 199, 200, 255
Karl II. der Kahle, röm. Kaiser und König des westfränkischen Reiches 17, 18
Karl III. der Dicke, röm. Kaiser und König des ostfränkischen Reiches 178
Karl IV., röm.-deutscher Kaiser 148, 169
Karl V., röm.-deutscher Kaiser 74, 195, 196
Karl der Kühne, Herzog von Burgund 18, 60, 98
Karl Eugen, Herzog von Württemberg 135
Karl Ludwig, Großherzog von Baden 91
Karoline, Landgräfin von Hessen 320, 321
Kaschnitz, Marie-Luise von 88, 89
Kautzsch, Rudolf 34
Kaysersberg 20, 141, 147, 148, Abb. S. 155
Kerner, Justinus 82

REGISTER 347

Kiechlinsbergen 96
Kienzheim 141
Kindelin, Erhard 174
Klein-Geroldseck 286
Kolb, Annette 82, 83

LA HARPE, Jean-François de 47
Lanckorońska, Maria 118, 119, 122-124, 127-129
Largillière, Nicolas de 197, 235
Laufen 84
Lautenbach 76
Lavater, Johann Caspar 47, 317
Lebert, Henri 48, 49
Le Corbusier (Charles-Edouard Jeanneret) 52-54
Le Lorrain, Robert 233
Lenz, J. M. Reinhold 271, 277
Leo IX., Bruno, Bischof von Toul, Papst 33, 143, 144, 178, 201, 267
Leopold, Erzherzog von Österreich, Fürstbischof von Passau und Straßburg 266, 267
Lichtenberg, Burg 331, Abb. S. 307
Lichtenberg, Grafen von 166, 315, 319, 320, 323-325, 331
Lichtenberg, Jakob, Graf von 322-325, 331
Limburg, Burg 95
Löwenfink, Christian Wilhelm von 237, 238
Löwenstein, Burg 329
Longemer, See von 147
Lothar, röm.-deutscher Kaiser 18
Ludwig der Fromme, röm. Kaiser 17, 200
Ludwig I. der Deutsche, ostfränkisch-deutscher König 17, 18
Ludwig XIV., König von Frankreich 21, 60, 210, 216, 267, 281

Ludwig XV., König von Frankreich 184, 233
Lützelstein (La Petite Pierre) 298
Luther, Martin 195, 196
Luxeuil, Kloster 16, 190

MAGES, Joseph 176
Manderscheid und Blankenheim, Johann, Graf von, Fürstbischof von Straßburg 215, 266, 286
Marie Antoinette, Königin von Frankreich 241, 242, 288-292
Marlenheim 278
Marwitz, Bernhard von der 77, 78
Massol, Joseph 232
Maursmünster (Marmoutier) 17, 278-280, 286, Abb. S. 301
Max I. Joseph, König von Bayern 166, 253
Maximilian I., röm.-deutscher Kaiser 189
Mazarin, Jules (Giulio Mazarini), Kardinal 60, 329
Merian, Matthäus der Ältere 45, 80, 104, 150, 327, 335
Mérimée, Prosper 32
Metken, G. 175
Mömpelgard (Montbéliard) 45-50, 151
Molsheim 266, 267
Mülhausen (Mulhouse) 32
Müller, Henri 111
Müller, Théodore 134
Müllheim 80, 82
Münster 20, 146
Münster, Sebastian 97, 146
Münstertal 86-88
Mützig 270
Murbach 17, 20, 61, 64, 73-76, Abb. S. 71, 72
Murner, Thomas 131, 211

Nahl, Joh. August 232
Napoleon Bonaparte 91, 104, 294-297
Neuenburg 80
Neuweiler (Neuwiller-lès-Saverne) 17, 298-300, 313
Nideck, Burg 268, 269, Abb. S. 312
Niederbetschdorf 318
Niederhaslach 267, 268
Niederrotweil 95
Noë, Heinrich 76

Oberbetschdorf 318
Oberbronn 331
Oberehnheim (Obernay) 20, 188-190, 194, Abb. S. 306
Oberkirch, Henriette Luise, Baronin von 34, 47, 50, 152, 165, 241, 242, 277, 282, 283, 288
Oberlin, Johann Friedrich 270-277, 317, Abb. S. 308, 309
Oberrotweil 95
Oberseebach 318
Odilia, Heilige 199, 200, 202
Orschweier 141
Ottmarsheim 32-35, Abb. S. 70

Petrus Venerabilis, Abt von Cluny 64
Pezay, Marquis de 231
Pfaffenheim 141, 143
Pfirt (Ferrette) 40, 42
Philipp von Schwaben, deutscher König 209
Pigalle, Jean-Baptiste 243
Pinder, Wilhelm 220, 322, 323
Pinot, François 299
Pirmin, Heiliger 17, 73
Puschkin, Alexander Sergejewitsch 62

Rappoltstein, Grafen von 20, 115, 120, 121, 165, 166, 169
Rappoltsweiler (Ribeauvillé) 139, 140, 141, 165-168, Abb. S. 162, 163
Rathsamhausen, Ruine 274
Redslob, Robert 318, 319
Reichenweier (Riquewihr) 135, 140, 141, 150-152, 162
Reipertswiller 331
Retournemer, See von 147
Richardson, T. M. 212, 213
Ritter, Gabriel Ignaz 61
Rötteln, Burg 81
Rohan-Guéméné, Louis-René-Edouard, Prince de, Fürstbischof von Straßburg 281, 282, 287-293
Rohan-Soubise, Armand-Gaston, Prince de, Fürstbischof von Straßburg 231, 232, 239, 266, 287, 328
Ronchamp 50-55
Rosenberg, Alfons 274, 277
Rosheim 20, 190-193, 194, Abb. S. 164
Rothau 270
Rothmüller, Jacques 134
Rudolf, Meister, Vater u. Sohn 221
Rufach (Rouffach) 139, 141, 143

Ste-Odile, Kloster 198-202, Abb. S. 302-305
St-Jean-Saverne 283
Salins, Nicolaus Alfred 281
Sandmann, François-Joseph 134
St. Trudpert, Kloster 87
Sasbach 96
Schauenburg, Grafen von 89
Scheffel, Viktor von 193
Schickele, René 22, 23, 82, 83, 338
Schirmeck 270

Schleithal 318
Schlettstadt (Sélestat) 20, 139, 169, 171-174, Abb. S. 160
Schlumberger, Jean 62, 63
Schmitt, Pierre 114
Schneider, Eulogius 216
Schneider, Reinhold 148, 149
Schoch, Hans 253
Schongauer, Martin 99, 106-108, 113, 114, 116, 117, 234
Schweitzer, Albert 148, 149
Schwendi, Lazarus, Freiherr von 95, 111
Sesenheim 316, 317
Seyffer, Conrad 300
Sigolsheim 141
Specklin, Daniel 209, 323, 325, 331
Spener, Philipp Jakob 166
Sporer, Fidelis und Helene 61
Staufen 86
Steinbach, Erwin von 219, 221, 222, 225, 233
Stephanie, Großherzogin von Baden 90-92
Stieler, Karl 109
Stimmer, Tobias 214, 234
Stotzheim 181-184
Straßburg (Strasbourg) 14, 17, 20, 21, 115, 134, 139, 169, 194, 206-264
  Frauenhaus 233-235
  Gemäldegalerie 235
  Geschichte 206-218
  Häuser 228-231, 239
  Kirchen: Alt St. Peter 208, 244
    Jung St. Peter 244
    Saint-Thomas 243, Abb. S. 252
  Klein-Frankreich 244
  Münster 218-228, Abb. S. 212, 213, 245-247

  Museen: Münster-M. 233, 234
    Musée des Beaux-Arts 235, 236
  Palais: Hanau 253
    Rohan 232, 233
    Zweibrücken 253
  Plätze: Broglie 239, 240, 253
    Gutenberg 253
    Kleber 253
  Rathaus, Altes 253
  Stadtmauer 209, 228, Abb. S. 248 249
Sulzburg 84
Surburg 334

TAINE, Hippolyte 227
Talleyrand, Charles-Maurice de 296, 297
Thann 13, 56-60, Abb. S. 66, 67
Thierenbach 63, 64
Thumb, Peter 63, 87, 175
Trudpert, Heiliger 17, 87
Tschudi, Ägidius 45
Türkheim 20, 141, 145

UHLAND, Ludwig 202
Umkirch 90
Ungern-Sternberg, Alexander, Baron von 92

VALOIS DE LA MOTTE, Madame 289-291
Vauban, Sébastien le Prestre de 244, 331
Villeneuve, Louis-Jules-Frédéric 134
Vögtlinshofen 141
Vogtherr, Heinrich 214
Vollmar, Bruder, Baumeister 113
Voltaire, François-Marie Arouet de 135, 136

WACKENFELDT, Johann Heinrich 236
Walburg 333, 334

Waldersbach 272-276, Abb. S. 308, 309
Wamser, Christoph 266
Wasigenstein 329, 330
Wechtlin, Hans 214
Weiditz, Hans 214
Weigert, Hans 224-227
Weißenburg (Wissembourg) 20, 333, 335-337, Abb. S. 310, 311
Wettolsheim 141
Widemann, Georg 189
Wilhelm Egon von Fürstenberg, Fürstbischof von Straßburg 281
Wilhelm von Marburg, Meister 105

Wimpfeling, Jakob 117, 171, 210, 211, 257
Wintzenheim 141, 145
Wirth, Jakob 148
Witz, Konrad 116, 234
Wolfskehl, Charlotte 96, 97
Wurtzer, Matthias 176

XONRUPT-LONGEMER 147

ZABERN (SAVERNE) 280-283
Zaberner Steige 298
Zähringer, Herzogshaus 19, 20, 85
Zell, Matthäus 210
Zellenberg 141
Zülch, W. K. 132, 133

VERZEICHNIS DER EINFARBIGEN TAFELN

1 *Ruine Arnsberg;* Lithographie von Louis Pierre Alphonse *Bichebois* (1801-1850) für ›Les Antiquités de l'Alsace‹, 1839.

2 *Das Münster in Thann* von Westen; Lithographie von Alexandre Jules *Monthelier* (geb. 1804 in Paris) für ›Vues des Villes ... de l'Alsace‹ 1836.

3 *Das Münster in Thann* von Osten; Lithographie von Nicolas Marie Joseph *Chapuy* (1790-1850) für ›Les Antiquités de l'Alsace‹, 1839.

4-5 *Kloster Murbach* mit dem Großen Belchen; Lithographie von Nicolas Marie Joseph *Chapuy* (1790-1850) für ›Les Antiquités de l'Alsace‹, 1839.

6 *Oktogon der Kirche in Ottmarsheim;* Lithographie von Nicolas Marie Joseph *Chapuy* (1790-1850) für ›Les Antiquités de l'Alsace‹, 1839.

7 *Ostchor der Kirche von Murbach;* Lithographie von Louis Pierre Alphonse *Bichebois* (1801-1850) für ›Les Antiquités de l'Alsace‹, 1839.

8 *Kloster Murbach während des Abbruchs;* Lithographie von Frédéric *Piton* (1800-1871) für ›Vues des Villes ... de l'Alsace‹, 1836.

VERZEICHNIS DER EINFARBIGEN TAFELN

9 *Die Martinskirche in Kolmar;* Lithographie von Jacques *Rothmüller* (1804–1862) für ›Souvenirs de Colmar‹, 1826.

10 *Haus Pfister in Kolmar;* Lithographie von Adolphe de *Hastrel* (tätig 1845–1853).

11 *Ansicht von Kaysersberg;* Lithographie von Alexandre Jules *Monthelier* (geb. 1804 in Paris) für ›Vues des Villes … de l'Alsace‹, 1836.

12 *Schloß Andlau;* Radierung von J. A. *Silbermann* (1712–1783), Sohn des berühmten Orgelbauers. Tätig in Straßburg.

13 *Ruinen von Egisheim;* Radierung von Johann Friedrich *Helmsdorf* (1785–1850).

14–15 *Die Hohkönigsburg;* zwei Stahlstiche von Joseph *Skelton* (1785 bis 1850).

16–17 *Die Hohkönigsburg vor der Erneuerung;* Lithographie von Victor Vincent *Adam* (1801–1866).

18 *Chor der Kirche St. Fides in Schlettstadt;* Lithographie von Louis Pierre Alphonse *Bichebois* (1801–1850) für ›Les Antiquités de l'Alsace‹, 1839.

19 *Westfront der Kirche St. Leodegar in Gebweiler;* Lithographie von Louis Pierre Alphonse *Bichebois* (1801–1850) für ›Les Antiquités de l'Alsace‹, 1839.

20–21 *Ruine des Schlosses Rappoltsweiler;* Lithographie von Louis Pierre Alphonse *Bichebois* (1801–1850) für ›Les Antiquités de l'Alsace‹, 1839.

22 *Chor der Kirche St. Peter und Paul in Rosheim;* Lithographie von Nicolas Marie Joseph *Chapuy* (1790–1850) für ›Les Antiquités de l'Alsace‹, 1839.

23 *Die Krämergasse in Straßburg;* Lithographie von Samuel *Prout* (1783–1852) für ›Sketches in France‹, 1839.

24 *Die astronomische Uhr im Münster;* Holzschnitt von Tobias Stimmer, 1583.

25 *Das Münster über der Altstadt;* Lithographie von Nicolas Marie Joseph *Chapuy* (1790–1850) für ›Les Antiquités de l'Alsace‹, 1839.

26–27 *Stadtmauer am Falschen Wallgraben;* Lithographie von Frédéric *Piton* (1800–1871) für ›Strasbourg illustré‹, 1855.

28–29 *Wehrbauten an der Ill* (›Les Ponts couverts‹); Lithographie von Nicolas Marie Joseph *Chapuy* (1790–1850) für ›Les Antiquités de l'Alsace‹, 1839.

30 *Thomas-Kirche in Straßburg;* Lithographie von Samuel *Prout* (1783 bis 1852) für ›Sketches in France‹, 1839.

31 *Kirche in Maursmünster;* Lithographie von Nicolas Marie Joseph *Chapuy* (1790–1850) für ›Les Antiquités de l'Alsace‹, 1839.

32–33 *Die Heidenmauer in Odilienberg;* Lithographie von Louis Pierre Alphonse *Bichebois* (1801–1850) für ›Les Antiquités de l'Alsace‹, 1839.

34–35 *Krypta der Klosterkirche Odilienberg;* Lithographie von Nicolas Marie Joseph *Chapuy* (1790–1850) und Louis Pierre Alphonse *Bichebois* (1801–1850).

36 *Burg Lichtenberg;* Kupferstich von Matthäus *Merian* für ›Topographia Alsatiae‹, 1663.

37 *Straßenbild von Obernai;* Lithographie von Charles *Bour* (tätig zwischen 1844 und 1880).

38–39 *Waldersbach im Steintal;* Lithographie von Théodore *Müller* (1819–1879) für ›Panorama des Vosges‹, 1842.

40–41 *Plan von Weißenburg;* Kupferstich aus Braun und Hogenberg ›Civitates orbis terrarum‹, 1571 ff.

42 *Burg Nideck in den Nordvogesen;* Lithographie von Théodore *Müller* (1819–1879) für ›Panorama des Vosges‹, 1842.

Der Verlag dankt den Museen der Stadt Straßburg und dem Unterlinden-Museum in Colmar für die freundliche Genehmigung zur Reproduktion ihrer Bilder.

Die Wiedergabe der Blätter erfolgte nach Originalen aus dem Besitz des Kupferstichkabinetts in Straßburg, das dem Autor und dem Verleger seine Schätze in großzügiger Weise zugänglich machte, wofür besonders gedankt sei.

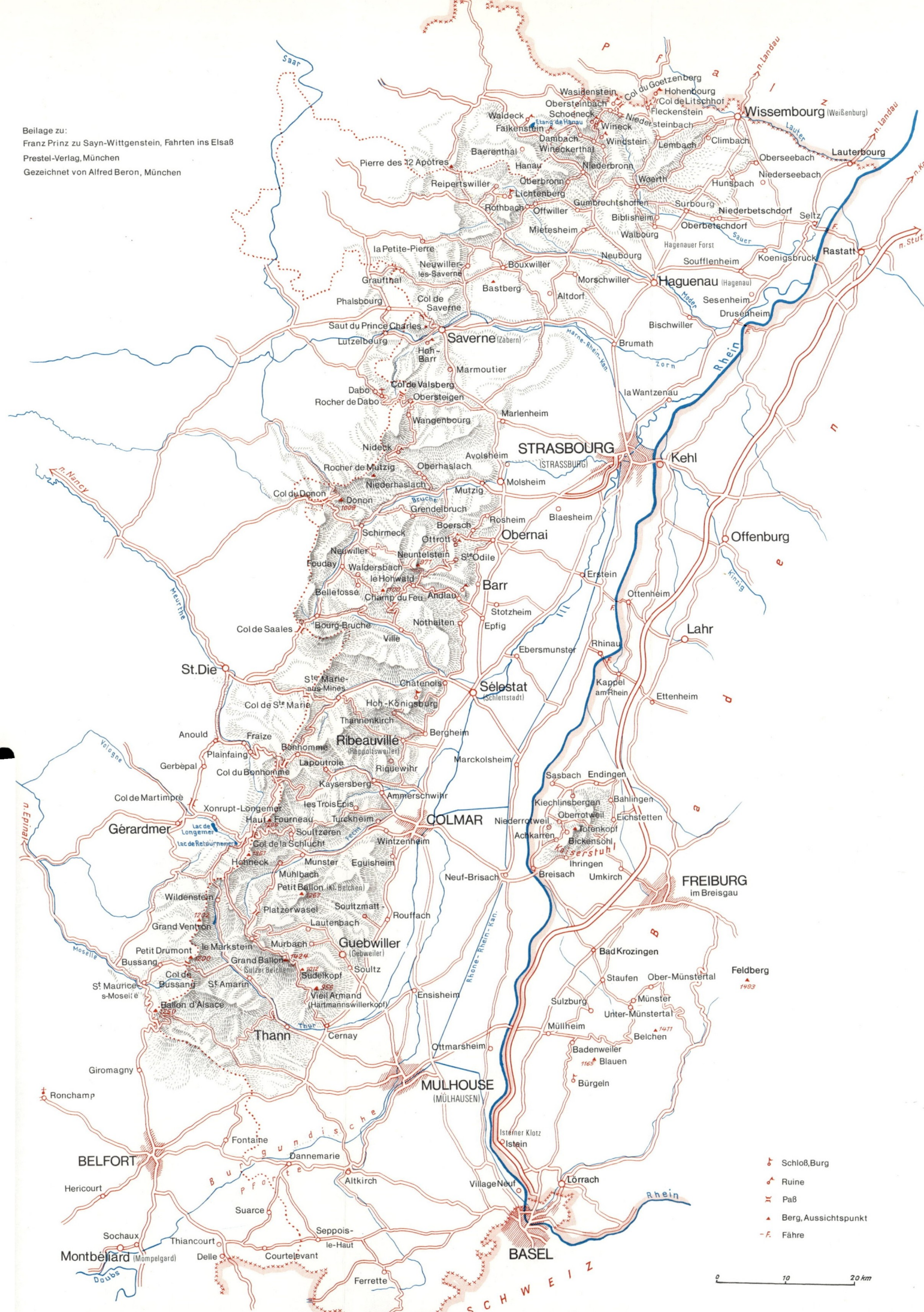